高校服务性劳动教育：理论与探索

蔡映辉　刘祥玲　著

科学出版社
北　京

内 容 简 介

本书基于比较法、文献法对国内外服务学习的理论、实践、课程、价值取向等问题进行了深入的理论研究，围绕汕头大学的服务性劳动课程管理模式，对实践活动中的具体情况进行归纳与分析，建立服务性劳动课程管理体系，将理论探索和本土劳动教育实践育人结合在一起，对国内高校刚刚开始的劳动教育，特别是服务性劳动教育实践，具有参考价值。

本书实践性强，有助于读者理解并认可服务学习的价值，为高校实施劳动教育，尤其是开设服务性劳动课程提供了全方位的实践指导，提供了丰富的课程案例，可供读者进一步学习和运用。

图书在版编目（CIP）数据

高校服务性劳动教育：理论与探索 / 蔡映辉，刘祥玲著. —北京：科学出版社，2021.10

ISBN 978-7-03-069933-6

Ⅰ. ①高… Ⅱ. ①蔡… ②刘… Ⅲ. ①服务业－劳动教育－教学研究－高等学校 Ⅳ. ①G40-015

中国版本图书馆 CIP 数据核字（2021）第 194454 号

责任编辑：郭勇斌 彭婧煜 方昊圆 / 责任校对：杜子昂
责任印制：张 伟 / 封面设计：众轩企划

科学出版社 出版
北京东黄城根北街 16 号
邮政编码：100717
http://www.sciencep.com
北京虎彩文化传播有限公司 印刷
科学出版社发行 各地新华书店经销
*
2021 年 10 月第 一 版 开本：720 × 1000 1/16
2023 年 1 月第二次印刷 印张：14
字数：276 000

定价：98.00 元

（如有印装质量问题，我社负责调换）

序

20 世纪 50 年代，“教育与生产劳动相结合”是劳动教育政策的主要表述，这一官方表述最大的问题是将“劳动”概念仅仅局限于“生产劳动”。政策形成的关键节点是 1957 年 4 月 8 日，《人民日报》以社论形式发表刘少奇同志 3 月 22 日在湖南长沙中学生代表座谈会上讲话的整理稿——《关于中小学毕业生参加农业生产问题》，号召广大青年投入生产劳动。列宁在《民粹主义空想计划的典型》一文中概括了尤沙柯夫主张中正确的一面：“没有年轻一代的教育和生产劳动的结合，未来社会的理想是不能想象的；无论是脱离生产劳动的教学和教育，或是没有同时进行教学和教育的生产劳动，都不能达到现代技术水平和科学知识现状所要求的高度。”[①]陆定一于 1958 年 8 月 16 日发表了《教育必须与生产劳动相结合》一文，其中他引用了列宁著作中尤沙柯夫的这段话[②]。

以上政策背景下，教育者的研究也局限于“劳动”＝“生产劳动”。萧宗六发表在《教育研究》杂志上的论文题目即为“怎样理解‘教育与生产劳动相结合’”[③]。成有信发表在《河北师范大学学报》上的刊文《简论教育与生产劳动相结合》，其中他将“教育与生产劳动相结合”定义如下：“教育与生产劳动相结合乃是现代社会条件下，从现代劳动过程中分离出来的教育这一独立社会过程，与现代生产过程这另一独立社会过程，这两个独立社会过程以现代科学为基础的不可分割的联系和结合。”[④]

成有信提到的“现代社会条件”，如果解析开来，其实既包含了现代社会场域的技术特征，也包含了“现代”相对于“近代”“古代”的时间特征。这两个场域特征在人工智能为代表的新时代已经发生了不同以往的巨大变化。“名可名，非常名。”时代之变迫使人们直面“劳动”概念作为“名”的本质特征，并在新时代为“劳动”概念赋予新的内涵。

实践往往走在理论前面。2020 年 3 月，《中共中央 国务院关于全面加强新时代大中小学劳动教育的意见》（以下简称《意见》）中明确提到三种劳动：日常生活劳动、生产劳动和服务性劳动。此外，《意见》对未来的劳动新形态保持了开放

---

① 列宁. 列宁全集：第 2 卷[M]. 2 版（增订版）. 北京：人民出版社，2013：463-464.

② 陆定一. 陆定一文集[M]. 北京：人民出版社，1992：594.

③ 萧宗六. 怎样理解“教育与生产劳动相结合”[J]. 教育研究，1999（6）：52-56.

④ 成有信. 简论教育与生产劳动相结合[J]. 河北师范大学学报（教育科学版），2003，5（2）：23-26.

态度，特别提出："适应科技发展和产业变革，针对劳动新形态，注重新兴技术支撑和社会服务新变化。"

服务性劳动不同于生产劳动。服务性劳动似乎并未直接、明确地生产出什么来，比如粮食、菜刀、机床、电力或者无人机，也不完全是"实现人与自然进行物质交换（保持能量以维持新陈代谢）的生命活动方式，即谋生（生存）的手段"。那么，为什么服务性劳动也是一种重要劳动形式呢？服务性劳动和生产劳动的共同点是什么？什么是劳动？

我曾提出，劳动具有四个重要因素。第一因素是手，第二因素是脑。与劳动分工以追求更高生产力的目标不同，劳动教育要促进学生手脑并用，促进学生在不同分工环节、不同工种间不断变换，以对劳动总目标和各环节都有"上手"的认识。完全不动手的"脑力劳动"其实不是劳动，只是动脑筋。劳动的第三个因素是劳动工具，第四个因素是面对真实现象，因而探索性劳动、艺术性劳动都是重要的劳动类型。

2020 年初，在中国抗击新型冠状病毒肺炎疫情（以下简称为新冠肺炎疫情）的战斗中，服务性劳动所具有的四个要素特征突出地呈现出来。

故事发生在 1 月 25 日大年初一上午，已经回到河南开封老家的北京大学公共卫生学院流行病与卫生统计系博士生韩雨廷看到学校转发的中国疾病预防控制中心召集志愿者的通知后，立即报名参加，第二天就从老家返回北京。他与 9 名同学一起，加入了中国疾病预防控制中心数据分析志愿者团队。数据分析工作一般开始于每天 0 点各地数据汇总之后，工作十分辛苦。

北京大学公共卫生学院同学们所参加的数据分析志愿服务对于抗疫十分重要，这些分析不但和我们每天的生活联系在一起，而且与我国疫情信息公开透明紧密联系，也与后期产业恢复、分区分级抗疫的决策关系紧密。这次志愿服务工作需要动手、动脑、使用计算机等数据分析工具，同时面对新型冠状病毒数据这一崭新现象，因而是典型的劳动。在劳动中，同学们还进行了创造，他们理顺了数据分析流程，编程促进了数据分析的系统化，在公益志愿劳动中进行了创造性探索。

抗疫中的志愿劳动本身有着"做中学"的意味，上手的学生能够对工作生发出真切意义，进而生发出工作动机、奉献动机，生发出对未知的好奇，因而是重要的劳动教育机会。

那么在哲学层面，服务性劳动有别于生产劳动的本质是什么？

海德格尔在其著作《存在与时间》中创造出许多新概念，其中动手的"操劳"与"生产劳动"概念类似，而"操持"（Fürsorge）则与"服务性劳动"概念类似。

在海德格尔的概念系统中，在生产劳动/操劳过程中，作为个体的人/"此在"领会到工具，整个世界也在生产劳动/操劳过程中向着"此在"开敞。尤为重要的是，“此在”对自己的认识也只有在生产劳动/操劳过程中才能准确地发生。“‘此在’首先在它所经营、所需用、所期待、所防备的东西中，在切近操劳着的从周围世界上到手头的东西中发现‘自己本身’。”[①]这意味着，“此在”对“我是谁”“认识你自己”这几个古老问题的回答，并非指向作为生物的自己，而是指向作为“此在”并与“此在”生产劳动/操劳的世界密切勾连在一起的一个环境/“场”的整体。这意味着，仅仅学习经典和理论而不劳动，则无法认识自己，无法成为一个完整的人。在生产劳动/操劳的语境中，“学以成人”仅仅有着残缺的正确性。“学以成人”+“劳动以成人”，才能构成“成人”和“认识你自己”的完整环节。

在生产劳动/操劳过程中，个体的人/“此在”会遇到他人，他人和“此在”因而以生产劳动为中介成为世界中的共同存在——“共在”。“此在”与其他“此在”之间相互成为“共在”，其“共在”并非静态的，而是需要被建构出来。“实际社会福利这种‘操持’就植根于作为‘共在’的‘此在’之存在建构中。”[②]“操持”概念在德文中，本身即兼有慈善机构、社会救济之类的含义[①]，因而与服务性劳动，特别是公益服务性劳动有着词源上的类似意义。操持当然是一种劳动，一种之前少被我们注意而具有典型性的劳动。

缺乏服务性劳动（操持）会导致“操持的残缺样式”，这是人们最常见的“平均的日常相处的特点”，就是“互相怂恿、互相反对、互不需要、陌如路人、互不关己”[②]，就是“邻国相望，鸡犬之声相闻，民至老死，不相往来”。但是在新时代，“世界是平的”，新冠肺炎疫情使得更多人迅速领会到“互不需要、陌如路人、互不关己”的时代已经过去。2020 年 1 月的武汉和整个中国和世界联系在一起，“互不关己”将导致“此在”和“共在”走向“不存在”。这就是为什么中国迅速承诺将新型冠状病毒疫苗作为全球公共产品提供给整个世界。

因而，服务性劳动（操持）必须向着积极的方向走，以达成“为同一事业而共同勠力”的状态，这是一种理想状态，是由“各自掌握了自己的‘此在’来规定的”。“这种本真的团结才可能做到实事求是，从而把他人的自由为他本身解放出来。”[③]

服务性劳动因而就是一种劳动，一种具有丰富内涵的劳动。

如果不关注教育，那么服务性劳动的重点仅仅在志愿服务。如果从教育者的角度看，服务性劳动在加入间断和考虑之后就成为服务性劳动教育；如果从学习者角度看，服务性劳动教育就会引发学生的“服务学习”（service-learning）。

服务学习概念于 20 世纪 60 年代在美国出现，在社会和政府大力支持下逐渐

① 海德格尔. 存在与时间（中文修订第二版）[M]. 陈嘉映，王庆节，译. 北京：商务印书馆，2016：172.
② 海德格尔. 存在与时间（中文修订第二版）[M]. 陈嘉映，王庆节，译. 北京：商务印书馆，2016：175.
③ 海德格尔. 存在与时间（中文修订第二版）[M]. 陈嘉映，王庆节，译. 北京：商务印书馆，2016：176.

成为基础教育和高等教育的重要部分，成为课程的一个部分。汕头大学在服务性劳动/服务学习方面的探索实践走在全国高校前列，早在 2010 年即以“在服务中学习、在学习中服务”为理念，在全校范围内设置了公益课程。在实践探索的同时，在教师、学生的共同努力下，公益课程的课程设置、评价、管理逐渐成形、完善。值得注意，在中国，服务性劳动教育/服务学习的本土实践在空间、时间场域中都有着与西方不同的内蕴，这使得汕头大学的先行探索有着中国特色、汕头特色的价值。

在实践探索的同时，蔡映辉、刘祥玲两位作者基于比较法、文献法对国内外服务学习的理论、实践、课程、价值取向等问题进行了深入的理论研究。这部将理论探索和本土劳动教育实践育人结合在一起的著作，对国内高校刚刚开始的劳动教育，特别是服务性劳动教育实践，具有参考价值。

劳动的教育意义能够发挥出来，需要一个时间因素，就是海德格尔称为“寻视操劳变式为对世内现成事物的理论揭示的时间性意义”①。这个时间因素，就是劳动需要停下来，中断一会儿，以产生“实践的阙然”；或者说，在“动”之后，安排一个“定”而不动的时间间断。在时间间断，教师引导学生进入对劳动全面整体的反顾、综观和考虑。服务性劳动教育育人的成果，或者是学生把考虑呈现出来，或者是把考虑深入下去、持续下去。《高校服务性劳动教育：理论与探索》第九章，呈现出汕头大学学生在服务性劳动中的反思和收获。这些未经雕琢的反思表明，汕头大学的劳动教育抓住了关键。当然，与服务性劳动教育可能具有的深刻育人价值相比，劳动教育的深入仍有着进步的空间。在城市、乡村等不同空间场域，服务性劳动教育仍有可能为学生的成长创造出更多可能，创造出自我和他人的自由解放。

是以为序。

是以共勉。

卢晓东

2021 年 10 月 15 日

① 海德格尔. 存在与时间（中文修订第二版）[M]. 陈嘉映，王庆节，译. 北京：商务印书馆，2016：484.

前　　言

一、服务学习适应立德树人与教育现代化的要求

党的十八大提出，把“立德树人”作为教育的根本任务，社会主义核心价值观教育覆盖到各级各类学校，立德树人成为学校开展教育教学活动的根本和基础。2018 年 9 月 10 日，全国教育大会在北京召开，中共中央总书记、国家主席、中央军委主席习近平出席会议并发表重要讲话。他指出，要努力构建德智体美劳全面培养的教育体系，形成更高水平的人才培养体系。要把立德树人融入思想道德教育、文化知识教育、社会实践教育各环节，贯穿基础教育、职业教育、高等教育各领域，学科体系、教学体系、教材体系、管理体系要围绕这个目标来设计，教师要围绕这个目标来教，学生要围绕这个目标来学。凡是不利于实现这个目标的做法都要坚决改过来①。教育部原党组书记、部长陈宝生多次在重要会议上强调立德树人的重要性，如他在 2019 年全国教育工作会议上强调，“德育要朝着体系化努力。德智体美劳，德是第一位的，具有根本性、引领性作用”②。

关于新时代如何“立德树人”，习近平强调，要在加强品德修养上下功夫，教育引导学生培育和践行社会主义核心价值观，踏踏实实修好品德，成为有大爱大德大情怀的人①。在“立德树人”是教育的根本任务的共识下，教育如何做到“立德树人”成为当前各级各类学校需要重点探索和实践的关键，如何将理念转化为行动是当下最紧迫、最重要的工作。

2019 年，中共中央、国务院印发了《中国教育现代化 2035》。文件提出了推进教育现代化的八大基本理念：“更加注重以德为先，更加注重全面发展，更加注重面向人人，更加注重终身学习，更加注重因材施教，更加注重知行合一，更加注重融合发展，更加注重共建共享。”③发源于美国的“服务学习”所倡导的理念与《中国教育现代化 2035》的基本理念不谋而合。

---

① 习近平在全国教育大会上强调 坚持中国特色社会主义教育发展道路 培养德智体美劳全面发展的社会主义建设者和接班人[EB/OL].（2018-09-10）[2021-01-04]. http://www.moe.gov.cn/jyb_xwfb/s6052/moe_838/201809/t20180910_348145.html.

② 陈宝生. 落实 落实 再落实——在 2019 年全国教育工作会议上的讲话[EB/OL].（2019-01-30）[2021-01-04]. http://www.moe.gov.cn/jyb_xwfb/moe_176/201901/t20190129_368518.html.

③ 中共中央、国务院印发《中国教育现代化 2035》[EB/OL].（2019-02-23）[2021-01-04]. http://www.gov.cn/xinwen/2019-02/23/content_5367987.htm.

“服务学习”是一种体验学习方式，它将学术学习和社区服务相结合。它是一种全人学习过程，即在认知、动作技能、情感意志等方面均衡发展，培养健全人格，往往会涉及各个领域的学习。第一是认知领域，涉及学生的认知和智力发展；第二是动作技能领域，涉及行动或技能的发展；第三是情感领域，涉及学习的情绪和个人发展。体验学习可以被看作是人的内部世界和外界环境积极交互的过程。美国体验学习大师大卫·库伯（David Kolb）的体验学习循环圈中的四个步骤：“具体体验”“反思观察”“抽象概括”“行动应用”的各个环节的行动主体都是学习者。学习者在学习中起主体作用，只有发挥了学习者的主体作用，才能真正实现深度学习，提高教育质量，实现教育的现代化。正如钟启泉教授所言：“21 世纪的学力目标主要定位于对方法论知识、价值性知识的把握和创造性思维能力、语言表达能力、实践能力的形成。换言之，传统的‘3R’（读、写、算）时代业已终结，崭新的‘3C’[关怀（care）、关切（concern）、关联（connection）]时代已经来临。从学校课程发展的角度来看，现代学习理论对‘发现、体验、合作、反思’的学力目标的强调意味着，编制综合课程所采用的‘主题—经验—表达’的‘登山型’的模式将比编制分科主义课程所用的‘目标—成果—评价’的‘阶梯型’模式更具优越性。”①

“立德树人”“全面发展”“知行合一”“融合发展”是新时代的教育质量观。“服务学习”在美国等国家发挥着重要的公民教育的功能，这与我国“立德树人”的教育使命如出一辙，是推动社会主义核心价值观进入学生头脑、培育学生健全人格和美好心灵的有效途径之一。

二、服务学习满足我国新时代劳动教育的需求

全国教育大会上习近平总书记对劳动教育作了新的指示，要在学生中弘扬劳动精神，教育引导学生崇尚劳动、尊重劳动，懂得劳动最光荣、劳动最崇高、劳动最伟大、劳动最美丽的道理，长大后能够辛勤劳动、诚实劳动、创造性劳动。②劳动教育作为五育之一，重要性被凸显，新时代劳动教育的理念被重塑。为进一步落实劳动教育，两份重要的政策文件在 2020 年相继发布，一份是 2020 年 3 月《中共中央 国务院关于全面加强新时代大中小学劳动教育的意见》（以下简称《意见》），另一份是 2020 年 7 月教育部发布的《大中小学劳动教育指导纲要（试行）》（以下简称《指导纲要》）。《意见》指出，劳动教育需要遵循教育规律，还需要体现时代

---

① 钟启泉. 现代课程论（新版）[M]. 上海：上海教育出版社，2003：2.

② 习近平在全国教育大会上强调 坚持中国特色社会主义教育发展道路 培养德智体美劳全面发展的社会主义建设者和接班人[EB/OL].（2018-09-10）[2021-01-04]. http://www.moe.gov.cn/jyb_xwfb/s6052/moe_838/201809/t20180910_348145.html.

特征如“适应科技发展和产业变革”“注重新兴技术支撑和社会服务新变化”“提高创造性劳动能力”等。关于劳动教育的主要内容，《意见》明确了日常生活劳动、生产劳动和服务性劳动是劳动教育的三大主要内容。《指导纲要》中明确指出，普通高等学校要将劳动教育有机纳入专业教育、创新创业教育……专业类课程主要与服务学习、实习实训等相结合开展各类劳动实践。服务学习所具备的服务性劳动要素使其可作为实施劳动教育的载体之一，尤其符合新时代大学劳动教育所应具备的创造性劳动的时代特征。

三、服务学习的价值

提到服务学习的价值，我们先来说说核心素养和社会责任。“核心素养”一词成为近年来国际教育界的热点，其中，比较有代表性的是经济合作与发展组织（Organization for Economic Cooperation and Development，OECD）和欧盟对于核心素养的研究。[①]OECD 在 1997 年 12 月启动的“素养的界定与遴选：理论和概念基础”项目中指出：核心素养是指覆盖多个生活领域的，促进成功的生活和健全的社会的重要素养。它将核心素养体系概括为“人与社会”“人与自己”“人与工具”三个方面，对世界各国的“核心素养”模型均产生了深远影响。

2016 年 9 月 14 日，《中国学生发展核心素养》正式发布，其分为文化基础、自主发展、社会参与三方面，共涉及“责任担当”等 6 个二级指标。其中社会参与方面提到，“社会性是人的本质属性。社会参与，重在强调能处理好自我与社会的关系，养成现代公民所必须遵守和履行的道德准则和行为规范，增强社会责任感，提升创新精神和实践能力，促进个人价值实现，推动社会发展进步，发展成为有理想信念、敢于担当的人”[②]。中国学生发展核心素养的提出，要求各级各类教育以核心素养为依据来选择学习内容，设计教学方法和相应的评价标准，推动核心素养的养成。

除了我国将“责任担当”作为学生发展核心素养外，近年来，世界各国（地区）与国际组织构建的学生核心素养模型也将其包含在内。2016 年 6 月，世界教育创新峰会（World Innovation Summit for Education，WISE）与北京师范大学中国教育创新研究院共同发布《面向未来：21 世纪核心素养教育的全球经验》报告。报告从全球范围内选取了有代表性的 5 个国际组织和 24 个国家或地区（或称经济

① 蔡映辉．刘祥玲.学生“社会参与”核心素养的培养途径研究——以服务学习课程为例[C]//李和章，庞海芍．素质教育与一流大学建设——中国高等教育学会大学素质教育研究分会 2017 年年会暨第六届大学素质教育高层论坛论文集．北京：高等教育出版社，2017：469-475.

② 《中国学生发展核心素养》正式发布[EB/OL]．（2016-09-14）[2020-08-20]．https://www.sohu.com/a/114389183_100928.html.

体）的21世纪核心素养框架，总结归纳出未来公民所必需的21世纪核心素养（表0-1），其中“沟通与合作”“信息素养”“创造性与问题解决”“自我认识与自我调控”“批判性思维”“学会学习与终身学习”“公民责任与社会参与”七大素养被各国际组织和经济体高度重视①。由此可见，“社会责任”被多个国际组织和经济体列为未来公民所必需的核心素养之一。

表0-1　由29个素养框架中提取的18项核心素养②

维度		素养
领域素养	基础领域	语言素养、数学素养、科技素养、人文与社会素养、艺术素养、运动与健康素养
	新兴领域	信息素养、环境素养、财商素养
通用素养	高阶认知	批判性思维、创造性与问题解决、学会学习与终身学习
	个人成长	自我认识与自我调控、人生规划与幸福生活
	社会性发展	沟通与合作、领导力、跨文化与国际理解、公民责任与社会参与

（一）服务学习是培养学生社会责任感的有效方法之一

在过去四十年或更长的时间里，世界各地高等教育中有大量的服务学习实践，它们的成果已经被记录在大量同行评议的期刊文章和书籍中。服务学习旨在让学生了解自己的个人优势和身份，增强他们的同理心、社会责任感和社会正义感。服务学习被发现与许多积极的结果有关，包括更敏感和移情、对社会正义的更多承诺、提高文化能力或多元文化技能，以及减少刻板印象等。

越来越多的研究表明，精心设计的服务学习体验有利于学生、学校和社区成员，其中对学生来说的一个重要方面是有关社会责任感的提升。服务学习建立在社会责任教育的基础上，所以它的一个关键作用是可以提高学生的社会责任意识，这一般被解释为学生通过了解社区的问题和需求，激发了自身学习的动力，通过运用知识来承担责任、回报社会，产生效能感，也促进了社会责任感的提升。

（二）服务学习适应高校立德树人根本任务的要求

立德树人是高校的根本使命。布鲁贝克（Brubacher）认为，“大学要教授伦理史，提供有关道德这一社会现象的资料，甚至提供有关道德的哲学理论。但要

① 面向未来：21世纪核心素养教育的全球经验[EB/OL].（2016-06-11）[2020-08-20]. https://www.sohu.com/a/82462849_263856.html.

② 师曼，刘晟，刘霞，等. 21世纪核心素养的框架及要素研究[J]. 华东师范大学学报（教育科学版），2016，34（3）：29-37.

清楚地认识到，仅仅承认什么是正确的决不能保证行为一定正确……正如纽曼所说，‘课堂里可以提供对待正确事物的认识态度，但它不是一个培养德行的好场所。后者需要实践，实践需要时间’”[①]。

传统的德育大多局限在课堂讲授方面，较难内化为意识和行为。服务学习课程将立德树人教育从单纯的课内理论讲授向理论与实践结合、课内外于一体的范式转变。服务学习发挥了高校服务社会的功能，为学生搭建了回报社会、奉献社会的平台，为学生提供了学以致用的实践检验机会。此外，服务学习的公益劳动行为有利于唤起良知和爱心，且人人可为。服务学习通过行动聚焦解决社会问题，追溯问题的根源和分析可能产生的影响，帮助学生形成系统解决问题的思路和方法，培养学生分析问题和解决问题的能力，将社会变成培养德行的场所，因此，服务学习是落实立德树人的有效方式之一。

（三）服务学习成为探索人才培养模式改革的有效之路

将服务学习引入高等教育的重要原因之一是它可以提高学生的学习效果。传统的高等教育大量依赖说教的方式，学生被动接受。在这种模式下，聚焦点是积累信息，而不是发展好奇心和独立思考能力，学生游走于书本课堂和真实社会两个分离的世界里。服务学习课程以真实问题为基础，有效连接了书本课堂与真实社会。课程以解决社会问题为出发点，引导学生将所学知识与技能应用于服务。通过批判性反思，发展重要的元认知技能，对学生的自信心、自尊心、领导力、社会意识都有积极的影响。学生对多样化、贫穷、正义和不平等的态度和价值观都有所改变。与此同时，学生的组织协调能力、人际交往能力、问题解决能力、调查研究能力、环境适应能力得到很大提高。此外，传统的课堂是权威型的，由教师起主导作用。服务学习课程中学生主导项目的进展，促进民主课堂、主动学习、深度学习的产生，同时也发展了自身可以迁移到未来职业的技能。

服务学习的理念若能被推广到更多课程中，将会对教育教学改革和教育管理产生滚雪球一样的效应，推动人才培养模式的有效改革。然而，目前服务学习在我国尚不流行，在高校的应用也不普遍，这也是本书写作的意义之一，希望以服务学习为载体，带动服务性劳动教育在高校的应用和发展，进一步落实劳动教育。

四、本书的研究内容及研究方法

本书在文献研究的基础上，搜集和分析了国内外服务学习理论和实践方面的

① 布鲁贝克.高等教育哲学[M]. 王承绪，郑继伟，张维平，等译. 3 版. 杭州：浙江教育出版社，2001：86.

论文和专著，形成了第一章“服务学习的历史及研究概述”、第二章“服务学习与服务性劳动课程概述”、第三章“服务性劳动课程功能”及第四章“服务性劳动课程的价值取向”。

运用经验总结法，围绕汕头大学的服务性劳动课程管理模式，对实践活动中的具体情况进行归纳与分析，建立服务性劳动课程管理体系，形成了本书的第五章“服务性劳动课程设置与管理”。

运用访谈法、问卷调查法、田野研究法等，对参与服务性劳动课程的教师和学生进行调研，了解服务性劳动课程设置的状况及影响因素，了解服务性劳动课程对师生的影响；深入调查了大学生在修读课程后是否实现了课程目标；了解大学生在课程实施中的表现及课程的教育功能；参与观察学生如何实现服务性劳动课程目标，观察教师在服务性劳动课程实施各环节的相关工作。运用文本分析法，根据服务性劳动课程中学生撰写的调查报告、反思心得体会等，分析大学生在服务性劳动课程中的表现及收获，总结分析服务性劳动课程的育人效果，最终形成了本书的第六章“服务性劳动课程对人才培养的成效分析”。

运用个案研究法及文本分析法，围绕汕头大学开展的服务学习示范课程建设项目，开展个案课程研究工作，形成了本书的第七章“服务性劳动课程案例”、第八章“服务性劳动课程调研报告案例”、第九章“服务性劳动课程学生反思录”。这些内容可为国内其他高校开设服务性劳动课程，开展服务性劳动教育提供借鉴和参考。结合中国高等教育发展的现状和新时代要求，形成了第十章“服务性劳动课程推广的机遇与挑战”。

本书由全国教育科学规划项目（BIA160112）资助出版。北京大学卢晓东教授为本书作序和提供了指导，在此表示感谢！同时对王晓莉、王润、毛金德、方炼、冯媛、孙泽伟、张丽玲、陈益纯、陈瑜、林蓉、黄仕娜、曾凡奇、曾锐等老师及严茂红、杨秋嘉、陈践美、周艳华四位硕士研究生提供的帮助一并表示感谢！

目　　录

第一章　服务学习的历史及研究概述

第一节　服务学习的起源与发展历程

“‘服务学习’一词是1967年由美国南部地区教育董事会（Southern Regional Educational Board）首先提出的。”[①]随着美国历史和政治环境的变化，服务学习逐步从边缘走上教育的舞台，越来越多人将其看作教育改革的途径，目前已制度化为美国教育体系中的一个重要部分。研究表明，服务学习是将学习放在情景中、让疏离社会的青年人积极参与、将解决问题带入学校、提供职业探索机会、增强学校和社区关系的有力工具，一系列的研究建议将服务学习作为青年发展的策略。这个概念很快在全世界扩散传播开来。现今，服务学习的理念在美国等发达国家已经深入人心，成为欧美发达国家和一些亚洲国家高等教育课程体系中不可或缺的重要组成部分。对服务学习的研究最早、最成熟的当数美国，因此，以下对美国服务学习的起源和发展历程进行简要介绍。

一、美国服务学习的发展历程

纵观服务学习在美国的发展，从最初处于边缘地带，到走上教育的舞台，经历了与社会、政治不可分割的时代变迁。约翰·杜威（John Dewey）的实用主义教育哲学对服务学习有着深远的影响。杜威反对传统的灌输教育，认为教育即生活，主张从实践中学习，从体验中学习，注重反思和经验的转换等，这些教育思想与杜威所追求的理想的民主社会是分不开的，他将个人、教育、民主与社会联系在一起。杜威的思想成为服务学习的理论基础，实用主义思想在美国逐步兴起。随着苏联发射了第一颗人造卫星，美国政府开始恐慌，认为经济和军事的落后归咎于教育，教育要迅速变革，重点发展基础学科和科技。美国大力发展经济和军事的需求，使得教育重新回到了传统的灌输式教育。杜威的实用主义思想在他的晚年开始没落，在1940—1985年不再流行，实用主义受到了人们的诟病[②]。20世纪末，

① 周加仙.美国服务学习理论概述[J].外国教育研究，2004，31（4）：14-18.

② Speck B W，Hoppe S L. Service-Learning：History，Theory，and Issues[M]. Westport：Praeger Publishers，2004：12.

杜威的实用主义教育哲学、服务学习再次引起了人们的兴趣，这是因为随着美国社会物质财富的剧增，社会精神财富却日益贫乏。个人主义盛行，青年人不关心政治，更不关心社会，人与人之间疏于联系。美国教育开始思考如何转变青年人的人生观，服务学习再次受到了人们的关注，它将社区服务与学术课程相结合，促进了青年人团队合作，使他们关心社区和政治，转变了他们的人生观和价值观，等等，这些积极作用被越来越多的学者发现，于是，服务学习在各级各类教育中流行起来。

为了支持和发展服务学习，美国采取了多种措施推进服务学习的发展。

一是通过立法将服务学习提高到国家战略的高度。美国联邦政府 1990 年出台了《国家和社区服务法案》（National and Community Service Act of 1990），1993 年，时任美国总统的克林顿签署了《国家和社区服务信托法案》（National and Community Service Trust Act of 1993），这两个法案明确、巩固了服务学习在美国高校的地位和作用，推动服务学习朝着科学化、正规化、系统化方向发展。2002 年 5 月，时任美国总统的乔治•沃克•布什颁布了《公民服务法案》（Citizen Service Act of 2002），进一步完善了 1990 年、1993 年的法案，倡导提升服务学习的质量。除了联邦政府外，州政府也加强立法，落实服务学习项目。如美国最早将完成服务学习作为毕业条件的马里兰州，早在 1985 年就明确规定高中生必须完成一定时数的服务学习才能取得毕业资格；费城则在 2002 年规定，5 年级和 9 年级的学生必须完成一项公民计划（如服务学习）才能顺利毕业。立法方式促进了服务学习在美国的普及和发展，推进了服务学习项目，是服务学习取得长足发展的关键因素之一。

二是制定和完善扶持和激励政策。美国制定了一系列支持服务学习项目的政策，吸引更多的个人或企业关注并投入到服务学习项目中来。如通过成立各类服务学习组织，对社会非政府组织、社会非营利组织给予不同程度的免税资格，鼓励社会团体参与服务学习项目，为服务学习活动提供服务场所和机会，调动了个人和企业向社会慈善机构捐助的积极性。与此同时，美国政府保障学生从事服务学习需要的各项开支，并合理给予学生适当的物质奖励。

三是建立资金筹措和使用机制。为了保证服务学习的顺利开展，需要一些额外的资金支持，如培训费用、交通费用、物资费用、教师酬劳、学生津贴等。美国服务学习的资金主要源自政府拨款、慈善捐献、私人基金会和合作基金会等几个方面。合理申请和使用这些基金为服务学习项目的顺利开展提供了有力保障，也调动了全民参与志愿服务的热情。

四是成立专业化的组织和机构。美国政府于 1981 年设立了青少年服务学习中心，为服务学习活动提供技术援助、培训服务，并开发各种资源材料，这标志着专业化社区服务的成熟开展，也使更多的学生参与到服务中来；在 1989—1990 年，先后建立国民服务办事处和光明基金会，旨在在全国范围内推动服务学习的开展；1989 年，成立国家服务委员会，这标志着服务学习在组织建设上真正走向成熟；

1990 年，成立全国服务学习交流中心，它作为一个重要的资料库，提供有关服务学习的各种信息和指南；1993 年，成立国家和社区服务组织，该组织在联邦政府直接监督与支持下开展多种高等院校与中小学服务学习项目；2005 年，成立全国服务学习合作组织及全国服务学习委员会。

五是搭建服务学习综合性网络。服务学习综合性网络是指由国家、社会服务学习组织等相关部门和机构建立的大型互联网络。综合性网络的主要作用包括以下四个方面：第一，作为服务学习项目发布和推广的重要窗口，使更多的服务学习项目能够迅速与需要的社区相对接，提高了服务学习项目的推广和应用；第二，为服务学习的参与各方提供经验交流的有效平台，进一步密切学校、教师、学生、社区之间的关系；第三，为服务学习项目的开展进行有效融资，使资金保障落到实处；第四，作为相关法律、政策和新闻信息的公示板，使服务学习的宣传和实施更加科学有效，为社区、学校及个人之间的密切联系提供了良好的平台。

六是学校主动适应变革，发挥主体作用。服务学习在美国等地得以迅速发展，离不开各级各类学校的支持和主动适应，服务学习在美国已经成为贯穿 K-12 教育体系①及大学阶段的一种全国性创新教育实践。具体表现如下：第一，将服务学习纳入教育体系。据美国国家教育统计中心（National Center for Education Statistics，NCES）1999 年的研究发现，美国近 60%的公立学校为学生开设过服务学习课程，32%的公立学校（其中一半为高中）已将服务学习列入教学计划。实施服务学习课程，需要人力、物力、财力等方面的支持。人力资源主要是要激励教师们积极参与课程和项目，并提供相应的培训，将服务学习纳入正规的课程中。物力资源是指学校要成立专业化的组织机构，据 2004 年美国校园联盟的调查报告，在美国 410 所高校中，86%设有专门的服务学习办公室（或中心），负责保障该校服务学习工作的有序开展，如北卡罗来纳州立大学格林波若分校的领导与公民参与办公室（The Office of Leadership & Civic Engagement，OLCE）、斯坦福大学 1987 年成立的哈斯公共服务中心（Haas Center for Public Service）等。第二，成立相关联盟、协会，开展理论与实践研究。1985 年美国校园联盟成立，它是美国大学的校长联盟，目的在于在校园和学术氛围里促进公众参与服务学习活动，目前共有 1100 多所大学加盟。美国校园联盟等组织在促进服务学习的发展方面发挥了积极作用。1997 年，“学习及公民联盟”成立，该组织致力于推动公民参与及利用志愿者服务力改善学生学习。2003 年，美国大学协会与校园联盟联合设立“通识教育与公民参与中心”，旨在研究大学通识教育与社区

① K-12 教育体系中，K 代表 Kindergarten（幼儿园），12 代表 12 年级（相当于中国的高三）；K-12 是指从幼儿园到 12 年级的教育。

参与及服务的相关性。美国校园联盟、体验教育协会（Association for Experiential Education，AEE）、服务学习与领导国际伙伴（International Partnership for Service-Learning and Leadership）等组织及高校教师针对服务学习开展了深入研究，多次举办全国性的研讨会，出版了相关专著，创办了服务学习学术期刊，有效地促进服务学习的专业化发展，心理学、社会学、语言学、社会学等学科都参与了有关服务学习的实证研究，使服务学习的理论架构更加完善。近年来，为促进共同研究发展，建立学生交换计划、课程发展、计划评估等互助网络，亚洲服务学习网络成立，它针对亚洲地区对服务学习有兴趣的大学及大专教育机构（目前已有日本、韩国、泰国、印度、印度尼西亚、菲律宾、中国香港等国家和地区的高校加入该网络）促进了服务学习在亚洲的发展。第三，建立专业性网络，为服务学习提供必要的指导。专业性网络，是指由学校、相关科研机构和学者等建立的服务学习专题网页，如斯坦福大学的哈斯公共服务中心专题网站（http://haas.stanford.edu/）。这类专业性网络的核心作用是为服务学习提供必要的技术指导和人员保障。如教师可以通过服务学习专题网页就学生和社区普遍关注的服务学习开展过程中的学术性难题进行系统讲解和论述，为学生开展服务学习提供参考；科研机构可以在网上公示近期的相关学术成果，为服务学习项目开展提供必要的数据和理论支持。

七是政府、企业和其他组织合力营造良好环境。服务学习在美国的出现和发展，与美国的主客观条件有很大关系。在美国，除了社会政策、立法和教育之外，社区发展被认为是解决社会问题的另一根本方案，因此，美国志愿者服务工作和服务学习活动得到了政府、企业和非营利组织的大力支持。

二、亚洲地区高校服务学习的实施现状

20 世纪末至 21 世纪初，服务学习的教育模式在亚洲地区得到迅速传播和发展，并开始在中国高校中萌芽发展。亚洲地区的中国、新加坡、日本、菲律宾、印度尼西亚等国家均有高校陆续加入到推广服务学习的行列，这些高校的服务学习现状详见表 1-1。

表 1-1　亚洲地区高校代表实施服务学习现状列表

国家	高校名称	实施年份	组织单位	毕业条件/承载学分	是否必修/必修起始年份	课程实施时间	服务学习设计
中国	汕头大学	2010 年	教务处	1.5 学分	是/2012 年	45 小时	开设独立的服务学习基础或专业课程； 在志愿服务活动中融入服务学习

续表

国家	高校名称	实施年份	组织单位	毕业条件/承载学分	是否必修/必修起始年份	课程实施时间	服务学习设计
中国	北京师范大学-香港浸会大学联合国际学院①	2006年	义工服务发展中心	1学分	2006—2009年必修，2009年后选修	36小时	开设独立的服务学习标准课程
	香港岭南大学②	2004年	服务研习处	1门服务学习课程/将附有服务研习元素的课程增加1学分	是/2016年	30小时	开设独立的服务学习基础或专门课程； 将服务学习作为课程作业评分的一部分； 将服务学习融入实习课程； 在研究方法课程或专题研究课程中加入服务学习元素
	香港理工大学③	2012年	服务学习办公室	3学分	是/2012年	35—52小时	开设独立的服务学习专业课程
	香港中文大学崇基学院④	2000年	服务学习中心	3学分	否	120小时	香港本地、内地服务学习计划（作为通识选修课）； 国际服务学习计划
	台湾天主教辅仁大学⑤	1998年	服务学习中心	2—3学分	否	由教师自定	服务学习通识课程； 专业课程中融入服务学习
	台湾中山大学⑥	2011年	通识教育中心服务学习教育组	1学分	是/2011年	36小时左右	服务学习通识课程
	台北医学大学⑦	2004年	服务学习中心	无学分	是/2009年	80小时	服务学习基础课程； 服务学习专业课程
印度尼西亚	佩特拉基督教大学⑧	1994年	社会行动中心	无学分	是	1个月	多学科的国际服务学习项目——社区外展计划（COP）； 服务学习融入专业课程
日本	国际基督教大学⑨	2002年	服务学习中心	1学分	否	1年	社区服务学习； 国际服务学习

① 资料来源：https://wpe.uic.edu.cn/About_Us/Centers.htm.

② 资料来源：https://www.ln.edu.hk/cht/osl/home/service-learning-graduation-requirement.

③ 资料来源：https://www.polyu.edu.hk/CoP/2012/service_learning/.

④ 资料来源：http://www.cuhk.edu.hk/ccc/slp/.

⑤ 资料来源：http://slc.fju.edu.tw/.

⑥ 资料来源：ctdr.nsysu.edu.tw.

⑦ 资料来源：http://osa.tmu.edu.tw/files/11-1001-189.php.

⑧ 资料来源：http://www.petra.ac.id/.

⑨ 资料来源：https://www.icu.ac.jp/academics/sl/index.html.

续表

国家	高校名称	实施年份	组织单位	毕业条件/承载学分	是否必修/必修起始年份	课程实施时间	服务学习设计
印度	罗耀拉学院①	1978年	服务学习部	无学分	是	120小时	农村工作营
菲律宾	西利曼大学②	不详	服务学习研究所	1学分	否	1—4周	服务学习项目； 服务学习融入专业课程
新加坡	新跃社科大学③	2014年	服务学习和社区参与办公室	无学分	是/2014年	每月至少1次，坚持2年	涵盖基本服务学习主题的必修基础课程； 国际服务学习（ISL）项目与社区合作伙伴/机构合作

结合表1-1，亚洲地区高校服务学习的实施情况总体呈现如下特点。

1. 通过立法或制定实施计划等方式将服务学习提高到国家战略的高度

20世纪末，亚洲地区一些国家和地区通过立法或制定实施计划等方式将服务学习纳入教育体系。如我国香港地区义务工作发展局早在1981年就将服务学习引入香港，向学校推广服务学习模式；1984年服务学习被教育系统正式采用，近年来发展日趋成熟。我国台湾地区近年来也十分重视服务学习，2000年制定《推动中等学校学生参与服务学习实施计划》，将服务学习纳入正式的教育体系，并且成为大学教育不可或缺的一部分。新加坡于1989年成立了国家青年议会，目的是增强青年人对社会的归属感，并于2001年1月成立了专门负责统筹服务学习的部门。

2. 将服务学习纳入教育体系

在美国服务学习模式的带动下，亚洲地区高校基于服务学习理念开展了相关课程或项目，以设计服务学习通识教育课程、开展服务学习项目或将服务学习融入专业课程为主，发展历程大多在10—20年。表1-1所列的亚洲地区高校大多成立了服务学习中心或办公室等专门机构来统一指导课程实施。学校在设立服务学习办公室时，赋予办公室行政事务和学术研究双重功能，提供相关资讯，协助教师们与社区联系，制作服务学习指导手册，开展评估，为服务学习的发展提供支持和保障；约60%的高校将服务学习赋予学分，并将完成服务学习作为学生毕业的必要条件。

① 资料来源：https://www.loyolacollege.edu/outreach/home.

② 资料来源：http://su.edu.ph/schools-colleges/institute-of-service-learning/.

③ 资料来源：http://isotope.suss.edu.sg/servicelearning/.

3. 借助外部企业或公益力量发展服务学习

企业和非营利组织的支持与合作，为亚洲地区高校服务学习的发展提供了重要的补充力量。企业、非营利组织多方面与高校合作，并在经费（慈善捐献、基金会捐款）上给予服务学习有力的支持。如亚洲基督教高等教育联合委员会（United Board for Christian Higher Education in Asia）从20世纪90年代起支持国际服务学习伙伴在亚洲引入服务学习、资助机构启动服务学习项目，建立机构，参加服务学习会议；在地区、国家和国际层面推广服务学习。

4. 国际服务学习交流合作日渐频繁

对学生来说，国际服务学习合作项目带来了冲击力强烈的异地文化和风土人情，提供了与多国学生学习交流的机会，对拓展多学科思维和国际视野产生了积极正面的影响。亚洲地区，尤其是印度尼西亚、日本、中国台湾、中国香港、韩国等国家和地区的高校在开展国际服务学习合作方面进行了有益探索，建立了良好的合作伙伴关系。如印度尼西亚的佩特拉基督教大学通过社区外展计划（Community Outreach Program，COP）与十余所高校建立了合作伙伴关系，以多学科、国际化、进驻乡村、为社区赋权为特点，在多种族多文化冲突的背景下，让学生在解决问题中了解了社区文化，带动学生了解本地、思考国际。

5. 建立了专业性服务学习网络

亚洲服务学习网络（Service-Learning Asia Network，SLAN）始建于1996年，最初的领袖学校是日本的国际基督教大学，2011年在第三届亚太地区服务学习研讨会期间，领袖学校移交给中国的香港岭南大学，2017年移交给新加坡的新跃社科大学。目前有来自中国、日本、韩国、新加坡、印度、印度尼西亚、菲律宾、越南等国的高校成员近30个。SLAN促进了成员之间的信息共享，促进成员之间的合作和学习，在提高服务学习专业发展的同时，丰富服务学习国际交换的内容。此外，个别地区或国家也建立了内部的服务学习网络，如中国香港、中国澳门、菲律宾都在本地区或本国成立了高校服务学习联盟。

6. 开展了深入广泛的服务学习研究

在SLAN的推动下，成员召开了系列研讨会，推动服务学习的研究和发展。各国高校的服务学习研究呈现出由宏观到微观、由理论到实践、由实践到模式发展的良好趋势，研究内容包括理论和概念模型建构、服务学习案例研究、服务学习与学科专业结合研究、服务学习成效评估、服务学习产出研究、社区合作参与研究、海外服务学习项目成效研究、服务学习在教师教育方面的作用等。

第二节　服务学习研究概述

一、国外研究情况

服务学习起源于美国，其研究成果相对来说系统而丰硕，既有关于服务学习概念、理论基础和历史演进等理论体系的研究，也有针对具体实施和组织保障分析的实践研究，并逐步影响到英国、南非、新加坡、印度、泰国、印度尼西亚等国家。综合来看，国外学者对服务学习的研究成果可以总结为如下几个方面①。

1. 服务学习的理论基础和思想取向研究

关于服务学习的理论基础，美国学者早就展开了系统的论述。服务学习是一种体验学习，其理论基础根植于认知与发展心理学、实用主义哲学及民主哲学。美国学者认为服务学习的理论基础可以追溯到杜威的经验学习理论、库尔特·勒温（Kurt Lewin）的群体动力学研究和让·皮亚杰（Jean Piaget）的认知发展理论。库伯于1984年创立的教育学理论——体验学习模式（experiential learning model，ELM）理论对服务学习的影响最为深刻与广泛，几乎所有研究服务学习的学者都会引用库伯的 ELM 理论。对于服务学习要达到什么教育目的，美国诸多学者对此展开了相关的论述。其中代表性的有两种目标：慈善和变革。与此相对应的模式分别是阿贝尔（Abel）基于美国传统慈善主义思想取向下的慈善模式和罗伯特·埃克雷（Robert Exley）的公民参与思想取向下的公民参与模式。慈善主义思想取向的服务学习模式认为，服务学习的教育目的在于学生积极参与社区活动，自愿向社区和他人提供服务，在服务中发现自己在社会中应承担的角色、应负担的社会责任，以培养学生的公民责任感，增进利他行为。公民参与思想取向的服务学习模式与为了培养学生社会责任感的慈善主义思想取向的服务学习模式不同，它指出，学校是促进和维护民主的重要机构，强调服务学习具有改造社会的潜力。

2. 服务学习课程基本模式研究

在国外高校，服务学习课程实施模式依据各高校对服务学习课程概念的理解和重视程度，以及学校的传统、使命、经费状况等方面的差异而不同。综合国外学者的研究成果，以服务学习与课程关系的角度及学生进行服务的时间长短为依据，服务学习课程实施模式可以分为：一次性和短期的服务学习、连续

① 陈践美. 服务学习课程实施个案研究[D]. 汕头：汕头大学，2015：4-7.

的课外服务学习、课程中的服务学习和集中的服务学习四种模式[①]。一次性和短期的服务学习课程实施模式主要适用于专业定向阶段和一年级的学生，用以引导学生参加服务学习项目。一次性和短期的服务学习课程实施模式又可分为不同的类型：学生自发组织的小组活动、学校组织的全校性服务活动、与课程相关的服务性学习活动和专业定向活动等。

连续的课外服务学习也称为连续的辅助课程服务学习，是美国高校中最为常见的一种服务学习课程实施模式，是大学生课外活动的重要组成部分。在实施过程中，根据主题的不同，连续的课外服务学习又可分为不同的类型：培养大学生领导能力的服务学习活动、宗教组织的服务学习活动、大学生联谊会的服务学习活动等。

要真正发挥服务学习的作用，就必须使之融入本科生的课程之中，开展课程中的服务学习。实施与课程相结合的服务学习模式，将服务学习引入到本科生的课程中，可以引导学生将其所学的学术知识和服务情境结合起来，探索不同社会问题的根源及解决办法，审视所学知识的目的和功用。在课程中的服务学习模式中，学生学到的东西远远超过传统课程模式。课程中的服务学习在具体的实施中，又可分为不同的类型：第四个学分选修（美国高校一门课程是三个学分，学生可以通过选择参与社区服务，来获得第四个学分）和独立服务学习模块、服务学习作为课程组成部分、服务学习作为课程主要要求、服务学习作为实习课程及以研究为基础的服务学习课程等模式。

为了最大限度地发挥服务学习的作用，美国许多高校采取集中的服务学习模式，集中的服务学习指“持续一段时间内，通常是一个学期或一个暑假，学生集中大部分时间（一般是每周 10 小时以上）用于社区服务，其余的时间学生正常学习和生活，深入社区服务学习的经验不仅为学生提供在社区工作的机会，而且让其生活在社区之中。在这种情况下，陌生的文化成为学生各方面生活的背景”[②]。集中的服务学习模式克服了以上几种模式中学生参与服务的时间过短、体验不够深刻等弊端，加深了学生的体会。

3. 服务学习课程实施相关研究

服务学习课程的实施是最受美国学者关注的研究领域之一，这方面的研究成果也特别丰富，美国关于服务学习课程实施的论文、调查报告、专著层出不穷，全面系统，这些研究成果为服务学习课程在美国的实施提供了理论上的支持。雅

① Jacoby B. Service-Learning in Higher Education：Concepts and Practices[M]. San Francisco：Jossey-Bass，1996：113-207.

② Jacoby B. Service-Learning in Higher Education：Concepts and Practices[M]. San Francisco：Jossey-Bass，1996：183.

各比（Jacoby）所著的《高等教育中的服务学习：概念与做法》系统分析了服务学习课程的理论和实践，详细介绍了服务学习课程在美国的实施和发展情况，书中详细阐述了服务学习课程的一些重要观点，如什么是服务学习，在高校中如何开设好服务学习课程，如何处理好服务与学习之间的关系使之与学习、教学和研究有机结合等问题。①

霍华德（Howard）在《实践 I：服务性学习教师案例手册》中提出了服务学习的 10 条教学原则，即："①学生获得学分是因为学习而不是服务；②建立安排服务学习的标准；③为学生制订学习标准；④不能放松对学生的学习要求；⑤建立服务学习的教育机制；⑥最大限度地减少学生在课堂学习与社区学习中的角色差异；⑦引导学生学会如何从服务学习课程中有所收获；⑧做好学生在学习结果方面的不确定性和变化的应对准备；⑨重新审视教师在教学中的作用；⑩最大限度地发挥服务学习课程在培养学生社会责任感方面的作用。"②

罗伯特·西格蒙（Robert Sigmon）在《协作者》中提出了服务学习的三个原则，即："被服务者控制所提供的服务；服务的目的是使被服务者通过自己的行动改善处境；服务者也是学习者，他们对于自己的学习有相当的控制力。"③1989 年美国的体验教育协会提出了"服务与学习相结合的有效实践原则"（principles of good practices in combining service and learning），包括"服务学习活动应具有挑战性且以追求公共利益为目的；实现学生学习目标和服务的有机结合；明确组织和个人的职责；确保参与服务学习项目的成员的多样性；学生要积极、真诚、有组织地参与服务活动；根据变化的情况，灵活地将服务与需要结合起来"①。此外，美国的大学学习机会推广联盟（Campus Outreach Opportunity League）等组织也曾提出规范服务学习实施的原则。

总之，国外对于服务学习的研究比较全面系统，有服务学习的推介书籍，有深入研究服务学习的专著、论文，还有官方的法案；既有宏观研究、个案研究、独立问题研究，也有实证调查报告。国外研究服务学习实施的重点是如何引导学生反思，以及如何处理服务与学习的关系。这些研究为本书提供了视角。

二、国内研究情况

国内关于服务学习的相关研究起步晚，研究还很浅薄，但目前呈现不断深入

① Elaine K，Ikeda. Additional Resources[J]. New Dirctions for Higher Education，2001（114）：97-100.

② Howard J. Principles of Good Practice for Service-Learning Pedagogy [EB/OL]. [2020-08-14]. https://www.weber.edu/WSUImages/ccel/docs/BestPractices.pdf.

③ Jacoby B. Service-Learning in Higher Education：Concepts and Practices[M]. San Francisco：Jossey-Bass，1996：30.

的趋势。除了香港、澳门及台湾地区外，内地（大陆）已有部分高校如汕头大学、云南大学、南开大学、四川大学、中国青年政治学院等，开始进行服务学习的实践，并相应地进行了理论上的探讨与研究。

在理论研究方面，在CNKI数据库平台中，国内自2001年开始出现关于服务学习的论文（香港、澳门及台湾地区未纳入统计），就文献资料的情况来看，关于服务学习最早的两篇论文是2001年连进军发表在《开放教育研究》第5期上的《美国学校的服务学习运动述评》，以及赵希斌、邹泓发表在《比较教育研究》第8期上的《美国服务学习实践及研究综述》。近几年，服务学习的研究成果呈迅猛增长的趋势。以“服务学习”为关键词在CNKI数据库中进行检索[①]，中文文献共有464篇，其中发表在《复旦教育论坛》《中国高教研究》《江苏高教》《高教探索》等核心期刊上的论文共74篇，检索到的硕士学位论文51篇，博士学位论文4篇。对这些文献资料进行梳理，发现这些文献可分为以下三类。

第一类是对美国服务学习的介绍。这类文章多从服务学习的内涵、发展历史、理论基础、课程实施的原则、课程实施和评价等方面入手，对美国开设的服务学习课程展开全面介绍。刘宝存等[②]从服务学习的内涵、实施原则、课程模式以及服务学习的作用和影响方面对美国的服务学习进行了详细的介绍，认为，“学生的积极参与、服务活动的精心组织、社区的需要与学术性课程的融合及反思是服务学习的共识；从服务学习与课程的关系角度来看，服务学习可以分为一次性和短期的服务学习、连续的课外服务学习、课程中的服务学习及集中的服务学习四种模式”；并介绍了美国相关的服务学习实证研究对学生发展、社区和学校的影响。周加仙[③]从服务学习的含义、特征、发展历史及理论基础等四个方面对美国服务学习进行了全面的介绍。杨春梅和王艳霞[④]对马里兰大学服务学习课程开发模式进行了详细介绍。马里兰大学服务学习课程开发以库伯的体验学习模式作为依据，把体验学习划分为四个阶段，即具体体验、反思观察、抽象概括和行动应用。以此为参照，马里兰大学服务学习课程的开发模式可概括为“准备—行动—反思—评价”。作者详细介绍了马里兰大学在各个阶段的具体操作，对国内大学开发服务学习课程具有很大的参考价值。这类文献有助于我们了解服务学习的基本情况，但是研究有待进一步深入。

第二类是探讨服务学习的借鉴作用。这类文章分别从大学生社会实践活动、公民教育、思想政治教育等视角谈服务学习的借鉴意义，把服务学习作为实施公民教育、思想政治教育、大学生社会实践活动的有效途径。其中有代表

① 检索时间为2019年2月5日。
② 刘宝存，王维，马存根. 美国高等学校的服务性学习[J].比较教育研究，2005，26（11）：43-47.
③ 周加仙.美国服务学习理论概述[J].外国教育研究，2004，31（4）：14-18.
④ 杨春梅，王艳霞.马里兰大学服务学习课程开发案例研究[J].高教探索，2013（5）：88-91.

性的是2004年单玉发表在《外国教育研究》第11期上的《“服务学习”（SL）与负责任公民的培养——美国学校公民教育中“服务学习”方法的运用及其启示》，该文介绍了服务学习在公民教育中的运用，以及服务学习教育模式在培养负责公民中所起的作用。吕迪[①]提出了从教育理念、教育方法和教育途径三方面入手，从服务学习视角开展公民教育的策略。王雷洪[②]阐述了服务学习在公民教育开展中的运用和作用，以及我国的公民教育应该如何从服务学习的角度深入开展。赵明玉[③]从服务学习与公民教育的关系发展中揭示了公民教育是服务学习的核心目标，并研究了美国公民教育的多种途径、服务学习的公民教育效果。这些研究的共同点是侧重对服务学习实施及其作用的介绍和分析，而对服务学习整体的系统研究与分析尚没有形成。

第三类是关于中国台湾、中国香港、日本、新加坡、英国等地服务学习的研究。服务学习课程在我国台湾开展得比较成熟，大陆与台湾在文化上一脉相承，目前共有50余篇文章介绍了台湾的服务学习模式，详细阐述了台湾开展服务学习课程的成功经验。此外，还有少量文章介绍了中国香港、日本、新加坡、英国等地的服务学习开展情况，为我们呈现了更广阔的视野。

第四类则是从学科教学的角度探讨服务学习课程，如服务学习在医学、体育、语文、心理、服装和绘画等学科教学的运用。这类文章侧重于把服务学习作为一种教学方法，对个别学科如何运用服务学习提出针对性的建议。

在著作方面，目前中文版的关于服务学习的著作共有9本，其中2本是国外学者的译著：《服务学习：先驱们对起源、实践与未来的反思》[斯坦顿（Stanton）等著，童小军等译]和《服务学习指导大全》（凯瑟琳·伯杰·科著，益公益交流中心译）。其余7本分别是蓝采风、许为民的《服务-学习：在高等教育中的理论与实践》；彭华民的《服务学习：社工督导志愿服务新模式》；王杨的《高校思想政治教育服务学习研究》；马学嘉的《高等教育新思维：中国特色的服务研习》；向荣等的《服务-学习：从教育创新到社会创新》；顾林生的《社会服务学习概论》；史家教育集团的《服务学习 志在家国》。这些著作为大中小学开展服务学习提供了很好的借鉴。

在服务学习的实践方面，我国香港地区和台湾地区的服务学习发展得较早，也逐步成熟，纳入了教育体系。在美国服务学习模式的带动下，我国台湾、香港一些大学如台湾天主教辅仁大学、香港岭南大学、香港中文大学、香港理工大学等也专门成立了服务学习中心或办公室等机构来统一指导课程进度和实践服务性劳动课程的精神。

---

① 吕迪. 基于服务学习的高校公民教育对策研究[J]. 江苏高教，2013（2）：126-127.

② 王雷洪. 公民教育中服务学习的实施方略与意义探新[D]. 上海：华东师范大学，2007.

③ 赵明玉. 公民教育视阈中的美国服务学习研究[D]. 长春：东北师范大学，2005.

总体来说，随着对服务学习的多重正面影响的研究，该理念已逐步在越来越多的国家和地区流行起来，如英国、德国、南非、新加坡、印度尼西亚、印度、菲律宾、中国台湾、中国香港、中国澳门等，而中国大陆（内地）学者对服务学习课程的研究尚处于起步阶段，过多地集中在服务学习“是什么”、“为什么”及“有何功效”等方面，而对于“如何做”则相对偏少，对服务学习课程本身的设计、实施、评价与管理缺乏系统深入的研究和探讨。这也是本书所要重点探讨的内容。2010—2020年，汕头大学借鉴服务学习理念，共开设服务性劳动课程363门次，15 148人次学生修读了课程，1363人次教师承担课程教师角色，是中国内地（大陆）高校中第一所将服务性劳动课程作为本科生必修课程的高校，累计为487个单位服务超过53万个小时。服务地遍布潮汕及周边的中小学、社区、乡村、城镇、福利院等单位或机构，并拓展到福建、陕西、四川等地。本书期待将汕头大学实施了十余年的以服务学习理念为基础的服务性劳动课程实践经验转换为可操作的思路和方案，让更多想要尝试开设服务性劳动课程的高校和教师从理论走向行动。

第二章　服务学习与服务性劳动课程概述

第一节　服务学习的内涵

服务学习是一种体验学习。“1967 年罗伯特 •西格蒙和威廉 •拉姆斯（William Ramsey）在美国南部地区教育董事会的报告中第一次正式使用了‘服务学习’这个词汇”[①]，之后服务学习在美国各级各类高校中广泛开展，美国研究服务学习的学者对这一领域产生了浓厚的兴趣。由于人们对服务学习的理解不完全一致，关于服务学习概念的阐述出现了分歧。“在过去二十年里，至少有 200 种服务学习的定义，将服务学习作为经验、计划、教学法和哲学。”[②]美国 1990 年的《国家和社区服务法案》、1993 年的《国家和社区服务信托法案》、2002 年的《公民服务法案》等从官方的角度对服务学习的定义进行了阐述。美国高等教育协会、美国教育改革服务学习联盟（Alliance for Service-Learning in Education Reform）、美国全国和社区服务委员会（United States Commission on National and Community Service）、美国国家教育统计中心（National Center for Education Statistics）、美国的体验教育协会等高等教育专业机构和服务学习专门组织也从不同的角度对服务学习的定义进行了界定。

“1990 年美国《国家和社区服务法案》对服务学习下了广泛的定义。根据该法案，服务学习包括了四层含义：第一，服务学习是一种学习方式，学校和社区密切合作，学生主动参加经过精心完善组织的服务以获得学习和发展，同时，这些活动能够满足社区的真正需求。第二，服务学习活动与学生的学术课程相整合，学生要反思他们在真正的服务中所做与所见的一切。第三，服务学习活动使学生有机会以新学到的技能和知识运用于他们社区中的真实情境中。第四，服务学习活动鼓励学生将在学校学到的知识推广到社区中去，并发展对他人的关心。”[③]

美国高等教育协会在《学科中的服务学习》中，将服务学习定义为：“服务学习是学生通过精心组织的服务进行学习并获得发展的一种方法。这种服务要满足社区

---

① Giles D E Jr，Eyler J. The theoretical roots of Service-Learning in John Dewey：Towards a theory of Self-Learning[J]. Michigan Journal of Community Service Learning，1994（1）：77-85.

② 唐克军，蔡迎旗. 美国学校公民教育[M]. 北京：中国社会科学出版社，2012：163.

③ 蓝采风，许为民. 服务-学习：在高等教育中的理论与实践[M]. 杭州：浙江大学出版社，2011：26.

的需要，与高等教育机构和社区协调安排，帮助形成学生的公民责任感。它必须与学生的学术课程整合，强化学术课程，并安排结构性的时间让学生来反思服务经验。”

美国教育改革服务学习联盟在《以学校为基础的服务学习质量标准》中，将服务学习定义为：“服务学习是一种教学方法，通过这种教学方法，学生运用新学到的学术知识和技能解决自己社区中的实际问题。”

美国的体验教育协会对服务学习的定义如下：“学生有明确的学习目标，并且对体验过程中所学的东西进行积极反思的任何有组织的服务体验活动。”①

在文献中，人们一直在寻求服务学习的定义，但没有公认的服务学习的定义。被引用较多的定义之一是美国马里兰大学负责社区服务的雅各比的定义，她在其所著的《高等教育中的服务学习：概念与做法》中认为：“服务学习是体验教育（experiential education）形式的一种，学生通过参加旨在满足人们和社区需要，并为学生的学习提供精心安排的结构性活动而得到发展。反思性和互惠性是服务学习的核心概念。”②“服务学习”除了是一门课程的学习和教育的经历外，它还是一种教学方法。服务学习术语的可互换性让定义更难。这些术语包括：社区志愿学习、基于社区的学习、基于服务的学习、社区服务。还有不同形式的体验教育的词汇，例如，志愿服务和实习教学。这些术语如何不同取决于活动的得益处。例如，实习的主要受益方是学生。而志愿服务是为了服务被服务者。服务学习在服务与学习之间跨界，因为它既有利于学生，也有利于被服务者，所以服务学习重视互相依存和互惠。

尽管有必要对服务学习的理论和实践上有一些基本的理解，但一个定义也是有局限的。正如布廷（Butin）指出，“寻求定义会限制而不是促进实践”③，他还认为“服务学习是一种教学法，它在复杂模糊的世界中产生”④，进一步说，学生有机会创造自己的知识和理解，暗示一些产出可能是“非预期的”⑤，“从这点来看，可以理解服务学习课程多样化是正常的，它允许学生有不同的多样的经历，并对社区有互惠的利益”⑥。

---

① Furco A. Service-Learning：A Balanced Approach to Experiential Education[EB/OL].[2021-01-04].http://educacio-cp89.webjoomla.es/wp-content/uploads/03-Furco-1-English.pdf.

② Jacoby B. Service-learning in Higher Education：Concepts and Practices[M]. San Francisco：Jossey-Bass，1996：5.

③ Butin D W. Service-learning in theory and practice：The future of community engagement in higher education [M].New York：Palgrave Macmillan，2010：17.

④ Butin D W. Service-learning in higher education：Critical issues and directions[M].New York：Palgrave Macmillan，2005：98.

⑤ Billig S H，Waterman A S. Studying Service-Learning：Innovations in Education Research Methodology[M]. London：Routledge，2014.

⑥ Deeley S J. Critical Perspectives on Service-Learning in Higher Education[M]. London：Palgrave Macmillan，2015：19.

综合以上定义可以看出，尽管人们对服务学习的定义存在分歧，但都认为服务学习包含了一些共同的特征。

一是基于课程的基础，将服务与学习结合起来。服务与学习相结合是服务学习的基本特征，其主要目标在于教育学生不仅要学会服务，而且要通过服务加深对课程内容的理解，并通过体验来培养学生的社会责任感和行动技能。服务与学习二者在课程中具有某种程度的平衡关系，这也是为什么服务学习一词中间经常有连字符号与使用英文大写字母，如“服务-学习”（SERVICE-LEARNING），它们代表平衡与并重的观念。

二是服务性劳动课程要与学术结合起来。高等学校的服务学习不同于中小学，大学是一个“传递深奥的知识，分析、批判现存的知识，并探索新的学问领域”[①]的地方。作为一个学术组织，学术性是大学的本质属性，故作为课程的服务学习不单是服务，更是研究问题的服务，有深层次反思的服务。

三是强化学校与社区的联系。杜威认为“一切教育都是通过个人参与人类的社会意识而进行的”[②]。服务学习中的社区问题是真实的，学生倾注了精力并运用知识来满足那些需求。分享资源的合作伙伴在学校、社区、个人和组织之间发展。为了能让学生参加社区活动，学校可以采取服务学习的方式与社区建立互惠关系。

四是培养学生的社会责任感。服务学习是一种体验学习，强调“做中学”，学生在社区服务过程中了解社会，分析服务对象存在的问题，并运用自己所学知识为社区或群体的完善付出劳动。在这个过程中，学生的亲身参与提高了他们的社会责任意识，增强了他们的社会责任感。

五是强调学生在实际服务中对服务和课程进行结构化反思，并撰写反思报告。有学者认为反思是服务学习最为核心的要素，没有了反思，就不能称之为服务学习。学生可以将服务活动与专业或任何知识的学习自我整合；但这种整合或平衡关系的达成，必须借由过程中最核心的“反思”才能获得。因此，任何一门将学术性专业知识或课程的学习与服务活动相结合的课程，让学生通过反思，不断地检视与修正、学习与成长，皆可视为服务学习。

六是服务学习也可以被定义为一种灵活的教学方法，它可以融入任何课堂环境。服务学习可以与研讨会、讲座、实验室或课程相结合。学生可以选择单独服务或小组服务，也可以选择全班一起服务。学生的学习效果可以通过多种方式展示出来，如通过提交反思报告、发表文章，向感兴趣的社区成员作口头介绍，提供基于社区的研究成果，等等。

---

① 布鲁贝克. 高等教育哲学[M]. 王承绪，郑继伟，张维平，等译. 3版. 杭州：浙江教育出版社，2001：13.

② 杜威. 学校与社会·明日之学校[M]. 赵祥麟，任钟印，吴志宏，译. 2版. 北京：人民教育出版社，2005：3.

第二节　服务学习课程的内涵和特点

课程是教育活动的核心和基础，也是教育教学改革的核心。课程问题涉及培养什么样的人和怎样培养人这两个基本问题，它不但影响教育质量，也直接关系到社会的发展。“服务学习有着将社区服务与学术课程结合起来的课程与教学取向”①，因此其多以课程的形式存在。

从课程理论方面来看，服务学习课程较契合“社会中心课程”理论和“学习者中心课程”理论。“‘社会中心课程’理论的代表人物是弗莱雷（Freire）和布拉梅尔德（Brameld），其课程目的是培养学习者的公民意识和民主意识，进而通过改变社会来建立一种新的社会秩序和社会文化。这种课程理论主张，课程是以现实世界中的问题为基础的，内容应围绕当代社会重大问题来组织，而不是学术性科目或学生个体的身心发展和成长。具体来说，‘社会中心课程’理论一是主张学生尽可能多地参与社会，学科课程有一定的价值，但重在学生将其所学运用于社会，并从社会中有所收获；二是课程要以广泛的社会问题为中心，学生应对这些问题非常敏感，因此课程应该为认识和解决这些问题提供背景知识，以培养学生的批判意识。”②“学习者中心课程”理论的代表人物是杜威。这种课程理论主张，课程要以学习者的需要和兴趣为基础，通过给予学习者探索的机会、尊重他们的好奇心、给予他们进行个人化选择和承担责任的机会，帮助他们实现自己的梦想。

从课程内容所固有的属性来看，服务学习课程介于学科课程和活动课程之间，既注重传授知识，又注重学生主体活动经验，发挥学生学习的主体性，打破传统学科框架。学习者通过解决所面临的各种问题获得经验，促进发展。因此，服务学习课程具有科学性、主体性、综合性和经验性的特点。

从课程内容的组织方式来看，服务学习课程往往综合有关联的几门学科，所以更多的是一种跨学科、跨年级的综合性开放式课程。该课程有助于当前与未来的生活，能够同地区社会协作实施。其特点是学习途径多样化，范围的扩大，适应教学内容及其探究方法的学习方式，教师作用的分化。在服务学习课程中，教师往往组织成教学小队，以发挥每个教师的个性与专长，综合教师团队之力来完成课程教学和服务指导。“为什么必须‘综合’呢？这是因为，在急剧变化的现代，单靠学科中心的课程是无法应对现实的。现实的世界性课题不是一门学科能够处

① 张华. 论“服务学习”[J]. 教育发展研究，2007（9）：1-8.

② 教育学专业基础综合考试指南编写组. 教育学专业基础综合考试指南[M]. 2 版. 上海：华东师范大学出版社，2007：66.

置的，唯有通过跨学科的综合课题的探究，才能赋予学生的学习以现实的意义，而且，这种学习能够培养批判性思考力和问题解决能力。第二个理由是，现实课题的学习需要独特的探究方式。第三个理由是，这样的学习能开拓学生的视野，活跃学生的思维。”①

从课程管理的要求来看，服务学习课程可以是必修课程，也可以是选修课程，目前亚洲地区开设服务学习课程的高校中约有60%将其作为必修课程来开设。

从课程的基本价值倾向来看，服务学习课程兼顾知识本位、学习者本位和社会本位。

从课程的表现形式或对学生的影响方式来看，服务学习课程一般作为正式课程，是学校有目的、有计划实施的课程，属于学校正规学术性课程和计划内课外活动，所以一般都是显性课程。即一方面它是有目的、有计划、有组织的学习活动，另一方面学生参与这类课程是有意识的。

结合服务学习和服务学习课程的特点来看，服务学习课程有其基本的内涵，主要是：通过设计，引导学生关注真实世界中存在的实际问题；通过学习，设计解决问题的方案；通过服务，解决真实社区情境中的问题；通过体验，从更广阔的视野和生活情境来看待和理解他人；通过反思，加深对所学知识的理解和技能的运用。与此内涵相对应，服务学习课程呈现以下主要特点：在课程主题上，以关注现实的社会问题为题材；在课程目标上，注重培养学生的社会责任感；在课程内容上，强调将社区服务与知识的学习结合起来；在课程实施上，强化学校与社区的联系；在课程评价和表达上，强调学生对服务和学习进行结构化反思。

服务学习以课程为基础的特征，使得“服务学习”越来越多地以课程形式出现在各级各类学校教育中。有些学者直接将服务学习定义为一种课程模式，如游柱然和胡英姿②认为，“服务学习是一种有开创意义的美国高校全人教育理念与课程实践模式”。关于服务学习课程的定义，本书较认同张华的定义，即“‘服务学习’课程模式是指在教师组织指导下，配合学科及课程设计，规划具体学习目标，探讨社区需求，把课堂教学与无偿的社会服务相结合，在服务过程中深化对知识的理解和运用能力的一种课程模式”③。服务学习课程是高校实施服务学习的重要形式，其预期学习结果一般包含提升公民意识、提高对知识的理解和运用能力、增进人与人之间的交流和理解等。服务学习课程具有服务性劳动的基本要素，具备了劳动教育的雏形，也可以作为学校实施劳动教育的载体。此外，“由于服务学

---

① 钟启泉. 现代课程论（新版）[M]. 上海：上海教育出版社，2003：35.

② 游柱然，胡英姿. 美国高校服务学习课程的教育作用及启示[J]. 黑龙江高教研究，2010（7）：32-34.

③ 张华. 关于“服务学习”课程模式研究的几个问题[J]. 教育探索，2006（2）：22-23.

习对促进学生全面发展具有广泛的价值，对学生的内在生命发展来说更具吸引力，可丰富劳动教育的形式和载体”①。

第三节 服务学习课程的理论基础

服务学习课程设置源自三个相关的理论基础：第一，杜威的实用主义教育哲学；第二，库伯的体验学习模式；第三，人本主义课程范式。

1. 杜威的实用主义教育哲学

虽然杜威没有提到过服务学习，但是学界普遍认为服务学习的理论根源是杜威的实用主义教育哲学。实用主义的基本前提是，“学生们学会反思社会经验，在此经验基础之上验证假设。通过这种学习，培养反思性思维。借助反思性思维解决几乎所有的社会问题”②。具体来说，首先，杜威认为，“教育就是经验的持续不断的重组或重构”，“这种经验的重构或重组既能增强经验的意义，又能提升指导后续经验进程的能力”③，“一个课程计划必须考虑学习内容要适应现有社会生活的需要；选择教育内容时，必须要以改善我们的共同生活为目的，使将来的生活比过去的生活更加美好”④。杜威提出“教育即生活”的主张，揭示了教育与生活的逐渐疏离，认为教育需要不断地返回生活世界。这些哲学理论引导服务学习课程以真实的社会问题为出发点，为学生提供“从经验中学习”的机会。其次，杜威在《民主主义与教育》一书中提到，“单纯的活动并不构成经验，当一个活动能够继续深入到承受的结果之中，并且当行动所引起的变化反过来反映在我们自身所发生的变化中时，这样的不断变动才具有意义，让我们有所收获。若没有某种思维或反思的因素，便不可能产生有意义的经验”⑤。这与服务学习课程中强调的“反思”是产生学习不可或缺的核心要素是一致的。最后，杜威认为学校教育的最高目的是道德教育目的，只有当正式的学习科目使人增长学问的同时也影响其品格的形成时，把道德教育目的作为教育的最高目的才有意义。一切能发展有效参与社会生活的能力的教育就是道德教育。这与服务学习课程所发挥的公民教育和道德教育的功能一致。服务学习的实施模式是杜威教育哲学的体现形式之一。

---

① 刘祥玲. 高校以服务学习课程开展劳动教育的路径探析[J]. 中国高教研究，2020（10）：49-53.

② 钟启泉. 现代课程论（新版）[M]. 上海：上海教育出版社，2003：219-220.

③ 杜威. 民主主义与教育[M]. 陶志琼，译. 北京：中国轻工业出版社，2014：77.

④ 杜威. 民主主义与教育[M]. 陶志琼，译. 北京：中国轻工业出版社，2014：194-195.

⑤ 杜威. 民主主义与教育[M]. 陶志琼，译. 北京：中国轻工业出版社，2014：141-146.

2. 库伯的体验学习模式

“近年来之所以强调体验学习，一是旨在改造死记硬背书本知识的应试教育的弊端，二是学生借助生活体验进行学习的机会减少，缺少同大自然的接触和社会生活体验。”①正如多少世纪以来教育家们所论述的，教育是经验的产物。卢梭在《爱弥儿》中写道：“不要给你的学生任何形式的口头教训。他只能从经验中接受教训。”②美国体验学习大师库伯在总结了杜威、勒温和皮亚杰经验学习模式的基础之上提出自己的体验学习模式。该模式已成为服务学习的理论基础，并被广泛采用。杜威认为，“教学进程中儿童的思维发展大体经过五个阶段：一是从情景中发现疑难，二是从疑难中提出问题，三是提出解决问题的假设，四是根据收集到的资料，推断哪一个假设能解决问题，五是通过实践、实验等验证与修改假设”③。库伯将杜威的五步教学法改造为一个四阶段的循环过程：具体体验—反思观察—抽象概括—行动应用。这四个阶段是服务学习体验不可或缺的阶段：学生参与服务体验，通过反思整合在课堂上学到的抽象概念，更好地了解自己的体验并开展行动。然而，并不是每一种体验都能产生知识，体验学习主张学生通过与环境的交互和对经验的有效使用来学习。简单地说，就是做中学。但它不仅仅是做。体验学习强调对经验的反思，并努力尝试判断学到了什么。这个获得信息的过程是服务学习“反思”概念的基础。见图 2-1。

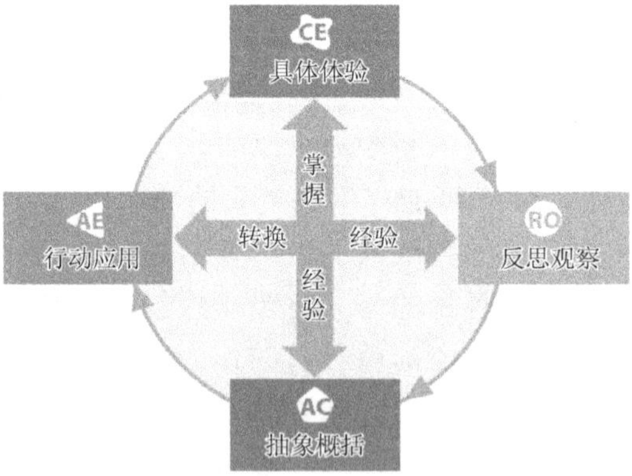

图 2-1　库伯的体验学习模式④

① 钟启泉. 现代课程论（新版）[M]. 上海：上海教育出版社，2003：359.

② 卢梭. 爱弥儿[M]. 叶红婷，译. 北京：台海出版社，2016：106.

③ 谭琳. 赫尔巴特四步教学法与杜威五步教学法之比较[J]. 教育实践与研究，2008（21）：4-7.

④ Kolb D A. Experiential Learning：Experience as the Source of Learning and Development[M]. 2rd ed. Upper Saddle River：Pearson Education，Inc.，2014.

根据库伯的理论，体验学习模式是基于解决由行动/反思、体验/概括两个辩证逻辑所驱动的学习模式的动态学习观点。学习是一个过程，在这个过程中，知识是在掌握经验和转换经验的结合中产生的①，掌握经验是吸收知识的过程，转换经验是个人解析信息并依靠信息而行动的方式。体验学习模式描绘了两个辩证相关的掌握经验的相关模式：具体体验和抽象概括；两个辩证相关的转换经验的模式：反思观察和行动应用。学习源自解决这四种学习模式之间的创造性的张力，这个过程被理想地描绘为一个学习圈或者螺旋。库伯用可操作的定义概括了体验学习过程的特征："学习是体验的转换并创造知识的过程。"②这一界定强调了体验视野中学习过程的几个重要方面：第一，强调适应于学习的过程，而不是内容或者结果；第二，知识是一个转换的过程，是连续不断的创造与再创造，而不是可获得或可传递的独立过程；第三，学习转换的体验包含主观形态和客观形态两种体验；第四，要理解学习，必须理解知识的本质是什么，反之亦然。库伯认为，体验学习模式，含有 6 个必要组成部分：

（1）最好将学习看作过程，而不是结果。为了提高学习效果，主要的聚焦点应该是让学生参与到可以最好帮助他们提高学习效果的过程中，这个过程包含对所付出努力的反馈。"必须把教育理解为经验的不断改造；教育的过程和目的是完全相同的东西。"

（2）所有的学习都是再学习，在学生处于对某一主题的信念和想法的过程中时是对学习最有利的，这样他们的信念和想法可以被检验，并可以整合成新的、更具体的想法。

（3）学习需要解决和适应与世界相冲突的冲突。冲突、不同和反对是学习过程中的动力。在学习的过程中，个人需要在反思、行动、感知和思考的模式中反复地循环。

（4）学习是适应世界的整合过程，不仅仅是认知的结果，还涉及整个人的功能整合——思考、感觉、认知和行动。

（5）学习是个人与环境交互作用的结果，在皮亚杰的观点里，学习是在已有概念中吸收新的经验，并让已有的概念在适应新经验的辩证平衡过程中，产生新的概念。

（6）学习是产生知识的过程。

在体验学习中需要的是直接的体验伴随着有意识的批判反思。根据库伯的理论，学习是基于体验的过程，它是个人与环境交互作用的持续现象，最终引起转

① 钟启泉. 现代课程论（新版）[M]. 上海：上海教育出版社，2003：359.

② 库伯. 体验学习：让体验成为学习和发展的源泉[M]. 王灿明，朱水萍，等译. 上海：华东师范大学出版社，2008：33.

变。库伯认为在期望与经历的交互作用中，产生了学习。服务学习就是体验学习的一种，是学生进行服务和反思的循环。体验学习在理论和实践上都适用于服务学习，它是服务学习理论范式的基本因素。

3. 人本主义课程范式

"20 世纪 70 年代兴起的人本主义教育运动，是在抨击学问中心课程的'非人性化'的浪潮中应运而生的。"①这段时间也正是服务学习的萌芽期。第一，人本主义课程范式认为，现代的课程不仅要教授现代科学的最新内容和方法，而且要从社会适应性这一角度来教授科学。靠孤立的、分科的科学是难以解决社会问题的，这与服务学习主张的跨学科的方法一脉相承。第二，人本主义课程范式认为，学校课程必须同青少年的生活及现实的社会问题联系起来。学习就是学生去发现经验。教学内容不能同学生的生活经验毫无关系。这与服务学习强调的从真实的社会问题着手一致。第三，人本主义课程强调，在教育目的方面，人本主义课程除了纯粹的智力发展外，情绪、态度、理想、雄心、价值，对于教育过程来说也是应当关注的正当领域。除此之外还要发展学生自尊和尊他的思想意识。单纯地着眼于智力活动或伴有大脑活动的抽象智力的发展，人格是不能获得健全的成长的。人本主义课程的构想之一就是"融合教育"，主张在集体学习与个人学习中，将认知性、情意性诸领域相结合，也可以同传统的课程与正常的学校计划统整起来，通过实践与现实经验结合，或对特定材料作出反应，发展决策、问题解决、价值明确化等技能。这与服务学习所发展的态度、价值、决策、问题解决等意识和技能一致。第四，人本主义课程的结构中，福谢依的并行课程论强调，学校课程要使"生物的人培养成历史的、社会的存在——自我实现的人"，就得考虑由知识课程、情意课程及体验（或"综合"）课程组成。体验课程（综合课程）是借助知识课程和情意课程的统整，即认知与情意的统整，旨在实现整体人格的课程，它包括综合地运用各门学科的知识。在新辟的课时里（包括校外活动）的"体验学习"，其特征和意义在于：①通过自然、社会和人们的具体的关系与交互作用进行学习，从而培育同他人的沟通能力和合作能力，共享人们对于自然和社会的见解；②由于直接诉诸感性，学习效果好，有助于引发儿童自身的"发现"与"兴趣、爱好"，重建每一个儿童的学习经验，将所习得的学科知识和旧有经验加以运用、发展和统整；③有助于调动五官的作用，形成身体、感性、技能、认知的"统整的知识"和波拉尼所谓的"默会知识"——"个人知识"。人本主义课程中的体验课程的特点与服务学习如出一辙，其将知识课程与情意课程相整合的特点，正如服务学习将"学习"与"服务"相整合一样，

① 钟启泉. 现代课程论（新版）[M]. 上海：上海教育出版社，2003：158-187.

旨在培养学生知情意的统一，帮助学生实现自我。第五，人本主义课程的实践条件中包含的以下内容与服务学习一致：①社区也是教育者，必须同学校进行相互交流；②社会实验课程，在教育工作中的价值应当受到重视；③作为社会动物的人，需要学习以社会的本质及其可能行为中心内容的新的社会科课程；④必须构成并行课程。其一是已经构成的学科课程，其二是解决紧急问题、适应现实生活的课程。第六，人本主义教学理论基础上发展起来的全人教育的观点构成了服务学习的理论基础。“全人教育（整体教育）理论的基本观点在于根治‘病态的教育’，如耽于竞争却忘却合作；醉心奢侈浪费却任凭资源枯竭；仰赖管理制度却忽略活生生的人类同胞的接触和依赖关系。”[①]全人教育的十大原则包括“人性优先、尊重每一个人、重视体验学习、向全人教育转型、重新认识教师的作用、选择的自由、真正民主型社会的创造、全球教育、求得共生的生态型教育、灵性与教育”[②]。全人教育力求形成这样一种教育：“培养学生形成一种实感；并且通过这种实感，培养一种责任感——对自己、对他人以及对地球的责任感。这种责任感不是外加的沉重的包袱，而是自身从这种关联的感受之中获得力量，并且由此自然地升腾起来的。”[③]

第四节　服务学习与服务性劳动课程

服务学习以解决真实的社会问题为驱动开展学习和服务，满足了劳动的四个核心要素：手、脑、劳动工具和面对真实现象[④]。由于杜威的教育理论著作是服务学习的理论基础之一。而“‘从做中学’——杜威的这一经验主义教育原则，从某种意义上说，也是教劳结合的一种方式”[⑤]。以课程形式存在的服务学习，有三个基本的要素，“服务”“学习”“反思”，即除了要开展服务性劳动外，课程还要有明确的学习目标、学习内容和反思环节，这些也是其与志愿服务、社会实践的显著区别。

习近平总书记在2018年全国教育大会上强调，要在学生中弘扬劳动精神，教育引导学生崇尚劳动、尊重劳动，懂得劳动最光荣、劳动最崇高、劳动最伟大、劳动最美丽的道理，长大后能够辛勤劳动、诚实劳动、创造性劳动。劳动教育是中国特色社会主义教育制度的重要内容，具有树德、增智、强体、育美的综合育人价值，对培养新时代社会主义建设者和接班人具有重大意义。2020年《中共中

---

① 钟启泉. 现代课程论（新版）[M]. 上海：上海教育出版社，2003：190.

② 钟启泉. 现代课程论（新版）[M]. 上海：上海教育出版社，2003：191-199.

③ 钟启泉. 现代课程论（新版）[M]. 上海：上海教育出版社，2003：200.

④ 卢晓东，曲霞.大学劳动教育课程框架、特征与实施关键：基于劳动要素的理论视野[J]. 中国大学教学，2020（2/3）：8-16.

⑤ 钟启泉.现代课程论（新版）[M]. 上海：上海教育出版社，2003：105.

央 国务院关于全面加强新时代大中小学劳动教育的意见》和教育部《大中小学劳动教育指导纲要（试行）》两个文件先后颁布，2021 年 4 月《中华人民共和国教育法》的修订，将劳动教育上升到国家立法高度，国家对劳动教育的重视程度达到前所未有的高度，采取有效措施切实加强劳动教育是新时代全党全社会必须高度重视的重要内容。

劳动教育的内容主要包括日常生活劳动、生产劳动和服务性劳动。它具有以下含义：①劳动教育有其核心目的，可归纳为两个方面，一是形成正确的劳动价值观，包括观点、态度、情感、精神，二是培养良好的劳动素养，包括习惯、知识、技能和能力；②尽管一般的劳动、实习实训、志愿服务、服务学习、社会实践等可作为实施劳动教育的载体，但不能将他们简单等同于劳动教育，需要对这些活动进行改造以达到劳动教育的核心目的；③劳动教育除了可促进社会的进步发展外，更重要的是促进人的身心全面发展，凸显其对个体内在生命力的发展，更有助于发挥其育人价值；④劳动教育需要融合教与学的理论，开展精心的设计和实践，其中反思是将劳动转化为劳动教育的关键环节。[①]服务性劳动作为新时代劳动教育的主要内容之一，是一种适合高校大学生身心全面发展的创造性、复合型劳动形式。

劳动教育与服务学习有联系也有区别。首先，服务学习的社区服务属于服务性劳动的范畴，是劳动教育的主要内容之一；其次，反思是两者的关键环节，教育部《大中小学劳动教育指导纲要》将“反思交流”作为关键环节，指出“围绕劳动价值意义的建构，引导学生总结、交流，促进学生形成反思交流习惯”“避免停留在简单的苦乐体验上”[②]；最后，促进人的全面发展是两者的共同目的，但服务学习侧重于对学生的公民责任感的培养，劳动教育的核心目的是形成劳动价值观和劳动素养。

综上，服务学习与劳动教育有一定的交集，由于其对促进学生全面发展具有广泛的价值，对学生的内在生命发展来说更具吸引力，可丰富劳动教育的形式和载体。此外，“真实劳动、探索性/创造性劳动是大学劳动教育的核心特征”[③]。相对于日常生活劳动、生产劳动来说，服务性劳动更能发挥高校大学生群体的创造力优势和专业优势，在帮助大学生了解社会、解决问题、提高社会责任感等方面也更适合。

《中共中央 国务院关于全面加强新时代大中小学劳动教育的意见》指出，“普

---

① 刘祥玲.高校以服务学习课程开展劳动教育的路径探析[J].中国高教研究，2020（10）：49-53.

② 教育部关于印发《大中小学劳动教育指导纲要（试行）》的通知［EB/OL］.（2020-07-09）[2020-08-14]. http://www.moe.gov.cn/srcsite/A26/jcj_kcjcgh/202007/t20200715_472808.html.

③ 卢晓东，曲霞. 大学劳动教育课程框架、特征与实施关键：基于劳动要素的理论视野[J]. 中国大学教学，2020（2/3）：8-16.

通高等学校要明确劳动教育主要依托课程”。[①]教育部《大中小学劳动教育指导纲要（试行）》强调，“服务性劳动教育让学生利用知识、技能等为他人和社会提供服务，在服务性岗位上见习实习，树立服务意识，实践服务技能；在公益劳动、志愿服务中强化社会责任感……普通高等学校要将劳动教育有机纳入专业教育、创新创业教育，不断深化产教融合，强化劳动锻炼要求……专业类课程主要与服务学习、实习实训、科学实验、社会实践、毕业设计等相结合开展各类劳动实践，注重分析相关劳动形态发展趋势，强化劳动品质培养”[②]。由此可见，基于服务学习理念的服务性劳动课程（以下简称“服务性劳动课程”）可作为高校开展服务性劳动、落实劳动教育的有效载体，它以课程形式，让学生利用专业知识、技能等为他人和社会提供服务，在公益劳动、志愿服务中强化社会责任感，树立服务意识，实践服务技能。

① 中共中央 国务院关于全面加强新时代大中小学劳动教育的意见[EB/OL].(2020-03-26)[2020-04-02]. http://www.gov.cn/zhengce/2020-03/26/content_5495977.htm.

② 教育部关于印发《大中小学劳动教育指导纲要（试行）》的通知[EB/OL].（2020-07-09）[2020-08-14]. http://www.moe.gov.cn/srcsite/A26/jcj_kcjcgh/202007/t20200715_472808.html.

第三章　服务性劳动课程功能

第一节　课 程 功 能

功能，是指一个事物系统所具备的对周围其他事物发生作用的能力或者根本属性，也是事物存在的一个基本前提。事物的功能只有在与其他事物相互联系的过程中才能显现出来。就此，相互联系和相互作用是事物功能的表现方式。离开相互联系，任何事物功能的存在就无法进行合理有效的判断。

教育系统是一个大系统，是由多种要素构成的统一整体。在这个宏大的系统中，教育的各个要素并非杂乱无序地堆砌在一起，而是处于有机的联系和相互作用之中。组成教育系统的各个子系统，通过“协同”与“合作”不断地相互作用、相互影响，最终构成了一个相对稳定和持久的教育系统。教育系统中的课程是子系统之一。

课程在教育中担当了一种承上启下的连接作用，它使得宏观的教育愿景变为具体的、可操作的微观教学实践。因此，全面认识课程在教育系统内的功能，有助于正确认识课程功能。认识课程功能要立足于教育系统中对课程本身的学术研究，也要我们偶尔间“跳出”课程本身，在更加宏观的视野下“鸟瞰”课程在整个教育系统中究竟能发挥什么样的作用①。课程以其共通性的话语表述和适切的功能定位，对教育和教学起着决定性作用。对于课程功能的把握，不仅要求我们对课程本身有深刻的理解，同时也要时刻关注到教育系统之中的课程功能究竟能发挥何种作用。唯其如此，课程才能发挥出最有效的教育教学功能。

课程功能是指课程在教育活动中所起的作用。课程在不同时期有不同的功能，如中世纪时期新出现的大学课程主要是通过文化的传递培养人，“不是为了某种特定的职业或专业，也不是为了研究或科学，而是为了智力而训练智力，是使智力能够感知其合适的对象，是为了最高级的文化”②。18—19 世纪，德国教育家洪堡认为，大学课程功能是双重的，即对科学的探求和人的个性与道德的修养。由此，柏林大学的课程设置不再只是为传授知识服务，而是增加了探究科学知识的内容。到了 20 世纪初，以威斯康星大学提出的大学为社会服务的目标开始，美国

---

① 杨晓奇. 教育变革中的课程功能：定位失范与恰当调适[J]. 教育发展研究，2012，32（6）：40-43.

② 杜希民，周燕来，于东红. 大学课程的价值取向特征[J]. 西安电子科技大学学报（社会科学版），2008，18（1）：131-135.

强调大学课程的经济功能。在不同时期，不同的利益主体强调了课程功能的不同侧面和维度。但不管何种功能，都不能过于注重传授知识，把传授知识和态度情感、价值观的培养割裂开来甚至对立起来，导致课程应有的教育功能不能完整地发挥。服务学习课程在这一点上恰恰避免了这种不足，甚至可以说是一个将传授知识和态度情感、价值观有机地统一起来的典型案例。下面，我们将从服务性劳动课程的实践参与者角度分析课程的功能。

第二节　服务性劳动课程功能概述

服务性劳动课程是高校课程体系中的一类课程，却不是所有学校都会开设的课程（至少目前尚属少数），其中的原因也许是经费投入、人力投入、或是对其重要性的认识不足。因此，有必要对服务性劳动课程的功能进行分析，为服务性劳动课程开设的必要性提供依据。服务性劳动课程的实践参与者包括了学校、学生和社区（或称“实践服务单位”），三者是服务性劳动课程实施必不可少的主体，服务性劳动课程对这三个主体具有独特的功能。

一、对学校的功能

1. 塑造新型的师生关系

服务性劳动课程采用的是“课程需求调研—课程方案设计—课程实施—课程反思与评估”的学习过程。学生在教师的指导下组成不同服务内容的小组，根据服务地的需求调研结果，设计服务活动方案，小组根据方案相对独立地进行服务，最后再以小组的形式呈现服务结果、交流课程反思。在这一系列学习过程中，学生以小组的形式一起分析问题，一起探寻解决问题的办法。学生不是被动的接受者，而是成为了课程学习的主体，成为主动学习的伙伴。学生只需要在策划和服务过程中接受教师的指导，因此，教师不再是课程的决定者，而是组织者和引导者。师生关系与传统的灌输式教育相比，发生了实质性的改变。

这种改变带来的效果不仅体现在学生这个主体上，同样可以在某种程度上激发教师的专业创造性，促进课程功能的有效发挥。年轻学生活跃的思维和富于创造性的实践活动设计，可以达到“教学相长”的目的，教师可从学生的创意中汲取有用信息，得到启发，从而获取课程发展的动力。对教师来说，这种课程授课方式与学生的学习方法还可以迁移到其他课程中，在其他课程中采用学生主动学习、主动探究的教学方法，促进教师不断尝试新的教学方法，促进教师教学能力的提升。因此可以说，服务性劳动课程改变了传统的师生关系，释放出更大的能量。这种在共同的教育教学活动和学习生活中，秉持以人为本的教育理念，按照主体平等、民主协商、合作共赢等要求，在课程实施过程中逐步形成和发展起来的既严肃活泼又积极健康的师生关系就是新型的师生关系。具体来说，这种师生关系在课程中的表现如下：一是贯穿在整个课程实施过程中师生之间的平等对话，不存在教师的话语霸权。在课程实施过程中，从调研到服务，通过有效的沟通对话，师生之间的情感得到充分交流，并通过教师的指导，引导学生向善向好，实现师生的和谐相处。二是从课程的设计环节开始，就遵循学生是学习实践活动的主体这一原则，营造知识面前人人平等的学习氛围，在严肃活泼、民主自由的学习氛围中激发学生热情学习、快乐学习。三是在课程的服务过程中，师生通过持续不断的沟通，共同讨论决定课程实施细节，共同商讨解决问题的方法，达成师生的有效交往。四是在课程的反思与评估环节，坚持实事求是，师生共同反思课程实施中存在的问题与不足，共同形成课程的评估意见，并探索进一步完善课程、创新课程的方法，促使课程与学生的学习走向新的成功。服务性劳动课程在师生关系中的这些表现，不断拓宽师生交互活动的渠道与空间，深化师生交往活动的广度与深度，为创新人才培养提供了有力保障。

2. 拓展实施教学的范围

服务性劳动课程的教学实施范围从学校拓展到社区，使教学从学校走向社会。普通课程特别是理论课程的教学实施场域通常在校内、在教室、在课内，而服务性劳动课程的实施场域则主要集中在校外、在机构、在课外，打破了常规的教学场域边界，打破校内与校外的区隔，使学生能够领会到“生活教育”的真谛。这是杜威“生活即教育”“社会即学校”教育理念的现实体现。课程让师生走出校园，走入社会这个大课堂，增强对社会问题的敏感度，增加社会阅历；贯通了教室与机构，实现了无缝对接，打破了将教室视为知识学习唯一殿堂的常规思维；而且在服务过程中，服务机构的督导和同学间的共同服务、共同解决问题使得社区成为知识应用、理论教学与实践教学的大课堂，知识学习和技能培养、素质养成合为一体、相得益彰。与此同时，在社区服务的语境中，由于服务对象的独特性和服务方法的多样性，学生能获得来自实践经验沉淀的情境知识，这种知识是最有生命力的知识[①]，服务性劳动课程要求教师在提供社会工作服务之前协助学生树立明确的学习目标，鼓励学生在项目执行或服务递送时有意识地巩固和反思课堂之所学，注重知识迁移，避免理论与实践的分离。借助于服务学习，情境知识在情境性学习中不断生产，在权变的环境中不断累积。

---

① 冯敏良. 社会工作实践教学与理论教学的融合研究[J]. 扬州大学学报（高教研究版），2018，22（2）：110-114.

3. 对学生进行思想道德教育和劳动教育

大学生作为接受过高等教育的群体，在他们真正步入社会后，其思想道德水平的高低在一定程度上影响他们未来的职业生涯和发展方向[①]。良好的思想道德素养能够指引大学生在今后的工作和生活中向着更好的目标发展，给大学生自身的进步和成长带来帮助，还能实实在在地成为大学毕业生提升生活质量和社交能力的基础。思想道德素养作为高校人才综合素养最重要的部分之一，对于高校人才总体质量具有较大影响，做好大学生思想道德教育，是我国社会发展进步的必然要求。涂尔干认为，“德育的主要内容和途径就是教授道德原则，目的在于使个人在道德上社会化，并认为有责任在行动上坚持遵循它们，教育的主要内容和途径并非说教也非灌输，而是需要解释”[②]。涂尔干虽然意识到解释在德育中的重要性，但并未发现有力的抓手和道德实践的渠道。服务性劳动课程，由于其课程的体验性及其注重反思学习的特征，形式多样的服务活动载体远比一般思想教育的空洞说教来的实在，以活动的形式育人也是学生乐于接受的一种方式。在课程实施过程中，“知行合一”的服务实践更加强调社会责任感和担当精神，以社情民意让学生们真正地、深层次地理解社会主义核心价值观的内涵及作用，使学生们在社会现实中响应社会主义核心价值观的倡导，开展具体的社会服务，把课本内容转变为现实，增强其运用社会主义核心价值观抵制不良风气、解决问题的能力，是一种强有力的思想道德教育模式。此外，学生通过善行义举，将专业知识和技术运用到解决问题中，发展了劳动技能。课程的服务环节培养了学生的劳动素养，帮助学生树立正确的劳动价值观，珍惜劳动成果、热爱劳动、诚实劳动、尊重劳动者的价值观，对劳动的认识和收获更为深刻。

二、对学生的功能

科学的人的本质观认为，人的本质属性包括自然性、社会性和自由自觉性（也称能动性），其中最主要的是人的自由自觉性。服务性劳动课程在开发、管理、组织、实施等各环节体现了学生自由发展的特性，让学生在自由的创新、合作、探索中，实现自由发展。课程通过让学生开展服务活动，发挥社会发展功能，学生通过自由的实践，获得身心自由的发展。服务性劳动课程不是单一的传授知识，教学也不能再是领着学生去掌握外在的知识，而是通过“知识的境域性”的理解，

① 袁海燕. 以社会主义核心价值体系引领大学生思想政治教育研究[J].首都教育学报，2010，4（3）：76-78，85.

② 苏振芳.涂尔干对道德教育理论的贡献及其意义[J]. 福建师范大学学报（哲学社会科学版），2012（5）：145-150.

促使学生身心素质全面发展，突出人所独具的智慧、情感，特别是其主体性、能动性和“自由精神”。

1. 提供服务实践的经验

《论语》开篇讲到“学而时习之，不亦说乎”，这里讲的“学”主要是向实际学，向群众学，学做人做事；这里讲的“时习之”，不是讲经常温习功课，而是讲要经常实践所学到的东西。[①]只有到实践中去体会和思考，才有可能求得真知，提高素质。课程要让学生走进实践，融入实践。服务性劳动课程中，学生走出校园，关怀独居孤寡老人，帮助脑瘫儿童，关注农村女童等，为弱势群体提供力所能及的服务，在帮助这些弱势群体的过程中获得实际的服务经验，在真实情境中进行体验。

服务性劳动课程的内容具有多元性，不仅有认知领域，还有非认知领域。人的全面发展不仅表现在智能方面，还有精神方面，而非认知领域对青年一代的价值观、伦理、审美、情感等的形成与发展具有直接的深刻影响。在服务过程中，学生会遇到很多无法预设的问题，学生需要进行思考，与同伴进行讨论，寻求教师的指导，甚至需要经过多次的讨论与争辩，最终才有可能解决问题。这是一个不断实践、不断探究的过程，通过这个过程，学生能把所学到的理论知识与实践结合起来，获得丰富的实践服务经验。

2. 发展批判思考的能力

现代课程观认为，知识的获得不是单向的、静态的、师传生受的给予，而是在“体验课程”“情景课程”“合作课程”“探究课程”中建构和生成的。真正的课程教学过程是教师与学生创新教育经验的过程，是在课程实施中发挥学生的自主性、能动性和创造性的过程，是师生双方个性自由和解放的过程。学生在服务过程中，将自己掌握的丰富的感性知识加以去粗取精、去伪存真、由此及彼、由表及里地改造，形成对客观事物更深刻、更正确、更完全的认识，并不断反省问题产生的原因，寻求解决问题的方法。在遇到与书本上相关知识不一致或实然与应然的条件不一的现实时，学生需要理性地看待现实存在的问题，学会在感性和理性的交融中分析问题；在服务活动结束和课程结束之时，还要对课程进行评价，不仅评价自身通过课程学习的收获，而且要评价课程对服务地的作用，提出进一步完善课程的方法。这些计划性或临时性的反省与讨论，有助于培养学生批判性分析与思考的能力。

---

① 杨叔子，姚启和.对知识、能力、素质三者关系的探讨[J]. 煤炭高等教育，1998（3）：1-4.

3. 培养公民意识，增进社会参与的能力

学生在社区服务过程中事必躬亲，甚至与服务对象一起体验他们的经历，可以养成勤劳、自律、合作、具有人文关怀、参与公共事务、回馈社会等品质。同时，学生在服务过程中与服务对象直接接触，可以增进自身与社区群体的沟通。通过了解社区群体的实际生活，提出改善社区生活的建议，提高了参与社会服务的能力，有助于使学生成为一个人格健全和有真正学识、修养的人。再者，学生在服务后，看到自己的努力为社区或群体带来的或多或少的变化，可以获得成就感，获得正面的成长经验，并愿意继续投入学校、社会及国家的服务。这是教育帮助学生为将来的职业、生活做准备，从而促进社会发展的体现；是使学生的公民意识和参与社会的能力内化的过程，也是学生个体把服务实践中所学到的知识和能力经过自己的选择、吸收、融会、创新，渗透到骨子里，融化到血液里，内化为自己的品质和修养，进而使个体学会如何做事、如何思维、如何做人的过程。久而久之，知识和能力将内化为他们内在的个性心理品质，指导他们正确处理人与自然、人与社会、人与人的相互关系。

三、对社区的功能

社区（community）概念最早可以追溯至拉丁文 communis，即普遍、共同之意。按照社会学家滕尼斯（Tonnies）的界定，社区乃是一种以血缘、地缘和心灵/邻里关系/友谊为基石的、不同于社会的人类联结模式，滕尼斯指出，“关系本身即结合，或者被理解为现实的和有机的生命——这就是共同体的本质，或者被理解为思想的和机械的形态——这就是社会的概念。……一切亲密的、秘密的、单纯的共同生活……被理解为在共同体里的生活”①。尼斯贝（Nisbet）进一步指出，“社区乃是一种社会性的结合，其具备感情和谐、深层、丰富、延续等显著特征”②。也有学者在滕尼斯等多位学者的研究基础上，提出应多维度考量、理解社区，社区除了是一种人类联结方式外，还是一种情感、一种价值、一种物质性实体、一种方法/视角、一面旗帜等。③回溯既有研究文献，大多数学者认为社区从其本质而言乃是社会的基本单元，具有社会性、媒介性和公共性，其包含着区域（area）、共同关系（common ties）和社会互动（social interaction）三种元素；同时社区也具有方法论属性，即多主体以社区为互动场域和实践空间，共同嵌入社区情境和

① 滕尼斯.共同体与社会[M]. 林荣远，译. 北京：商务印书馆，1999：52-53.

② Nisbet R A. The Sociological Tradition[M]. London: Heinemann, 1967: 6.

③ 王红艳. 理解社区：从还原入手[J]. 学海，2012（3）：16-23.

社区结构网络之中，才能真正实现社区对社会的嵌入；而社区公众通过感受、理解和认同社区，形成一种共同的社区精神和公共空间，进而才能更大限度地凸显社区互助要义，推进社区共同体建设[①]。服务性劳动课程所服务的社区，正是基于这样的要义，将高校的社会服务职能与社区的建设结合起来，将社区的建设与学生的发展结合起来，实现社区、高校与学生的三赢。

1. 获得实质性的帮助

社区最直接获得的，就是社区或社区里的相关群体得到师生的帮助与服务，这有利于帮助社区解决一些实际问题，如通过关爱智力障碍儿童（以下简称智障儿童）、关爱麻风病康复村老人的课程，学生直接服务于社区的福利院与康复村，为这些弱势群体带去温暖，减少这些社区某些时间段服务人员的投入；对海洋保护、青少年帮扶的宣传，增强社区居民的环保意识、互帮互助意识及家庭对子女身心健康教育的意识等，提升社区居民的综合素质。

2. 带动社区新的思考

学校师生的服务，为社区注入新的动力，形成新的冲击，促使社区对相关方面进行新的思考。如“潮州山区基础小学教育服务”课程，大学生为潮州山区的一些条件简陋的小学开展教育服务。除了为小学开展课程教学，还在服务过程中对该小学第二课堂活动的开展现状进行了调研，归纳出第二课堂不能满足学生需求的原因：学校设施场地不足；缺乏专业老师；对第二课堂的重视程度不够；学生没有与老师进行主动沟通；家长没有实际行动，只是祈求外界的帮助；当地教育行政主管部门未能有效改善学校的教学环境；等等。并在此基础上提出了解决的建议，主要是：①学校要尽量保证学生的第二课堂课程的正常上课；②老师要与学生主动交流，了解学生内心的真实想法；③老师可以采取新颖的上课方式提高课堂效果；通过征求学生意见，酌情收班费和寻求赞助等方法，解决资金短缺和场地不足的问题。这些建议将为该小学进一步开展第二课堂活动和提升第二课程活动质量提供参考，进而促进该社区小学教学质量的提升。

每门服务性劳动课程都在不同方面为社区的发展发挥良好作用。社区成为高校德育工作推进的重要实践平台，青年学生借助服务性劳动课程，在生活世界中践行道德教育的内在标准与操作性规范，实现立德树人。社区通过与高校师生的共同作用，在高校德育与智育的功能耦合中得到帮助，吸收新思想、新信息，实现教育对生活的实践指导，以及生活对教育的逆向启示。同时，通过引入服务性

① 徐选国. 从专业性、本土性迈向社区公共性：理解社会工作本质的新线索[J]. 社会科学战线，2016（8）：184-193.

劳动课程，推动多方协同治理，借助社区组织或社区团体的形式增强社区对学生的吸引力，调动学生参与社区活动、社区建设的积极性与自主性，将专业知识积极运用于实践之中，将德育寓于智育实践之中，促使高等教育中德育、智育与劳育的有机融合，构建出一个个充满沟通理性的和谐社会。

总的来说，服务性劳动课程对学校、学生和社区三者有着其他理论课程所没有的独特作用。在提高大学生参与社区建设的积极性，增强社会责任感，避免采用单一的工具理性思维追求人生的目标，将教育与实践相连接、课堂与生活相结合，突出学生主体性功能的发挥，积极推动社区共同体的建立方面尤其重要。陶行知先生主张教育同实际生活相联系，提倡日常生活应该成为高等教育必备的要素，高等教育必须要回归到社区的生活世界中，以实现教学、实践、生活及思维等多个场域的有机结合。在目前社区对高校育人的重要影响被严重忽视、社区作用的发挥极为有限的情形下，深入审视服务性劳动课程对高校人才培养质量提升、学生素质养成和社区发展的作用，进而深入探讨服务性劳动课程的功能属性尤为必要。

第四章　服务性劳动课程的价值取向

第一节　课程的价值取向

价值取向是价值主体按照当前的认识水平，以一定的客观价值标准为依据，在价值实践过程中表现出的心理倾向与行为趋向。①

课程价值取向是人们基于对课程总的看法和认识，在制订和选择课程方案及实施课程计划时所表现出的一种倾向性。②不同的课程价值取向不仅会影响人们对课程的整体认识，它对课程开发过程的各个环节如课程目标的确定、课程内容的选择、课程实施及课程评价等都有着至关重要的作用。

由于受不同的价值理论的影响，人们在课程实践中自然会形成各种不同的价值倾向。只要从事一定的课程实践活动，其必然会持有某种相对稳定的课程价值取向。美国学者米勒（Miller）曾把课程价值取向分为七种，分别为行为取向、学科取向、社会取向、发展取向、认知过程的取向、人本主义取向、超个人取向；默里・普云特（Murray Print）则提出了五种课程价值取向，分别是学术理性主义取向、认知过程取向、人本主义取向、社会重建主义取向、技术学取向。③他们两人从课程实践出发对课程价值取向的研究，为我们勾画了一幅实践课程价值的全景图，体现了人们在课程实践中对课程目的、内容及其实施等方面关注角度的不同。

从历史与现实的角度考察和分析，课程价值取向可以归结为三种基本的价值取向，分别是：知识本位的课程价值取向、社会本位的课程价值取向、人本位的价值取向。知识本位的课程价值取向强调系统知识的学习，强调为未来生活做准备，这是教育之所以产生和发展的最初原因所在，课程内容主要是人类长期以来积累下来的文化知识，其不足之处是过于强调知识则可能造成死记硬背，学到不少与现实生活和社会生活相去甚远的死知识。另外，知识本位的课程价值倾向也容易把学校作为一个封闭的系统，使之成为一个与外界联系甚少的象牙之塔，这也不利于学生的发展和社会与学校的互动。社会本位的课程价值取向则认识到了课程对国家和社会发展的巨大作用，注重课程与外部因素的互动，其不足之处是过于强调课程的社会服务功能而容易把学生作为工具来训练，这又背离了教育的

---

① 王德如. 课程文化自觉的价值取向[J].教育研究，2006，27（12）：72-78.

② 刘志军. 课程价值取向的时代走向[J].教育理论与实践，2004，24（10）：46-49.

③ 马云鹏. 国外关于课程取向的研究及对我们的启示[J].外国教育研究. 1998（3）：38-43.

根本目的。人本位的课程价值取向则认为课程应从学生兴趣、需要出发来安排课程，把课程作为发展人的个性的基本手段，不足之处在于常常忽视系统知识的学习和全面能力的培养。这三种课程价值取向都有其存在的合理性，同时也各有其局限性。

第二节　不同价值取向的服务性劳动课程

课程价值问题是一个复杂的问题，涉及多种因素的交互作用，从每个因素、每个角度出发，都可以形成不同的价值倾向。从一般的意义上，不同价值取向有其各自拥有的优势和局限性，但由于课程价值的多元性和复杂性特点，人们很难判定某一种或几种课程价值取向是正确还是错误。我们只能说，不同的课程价值取向是人们在不同的背景下，从不同的时代条件出发，考虑课程的不同方面形成的。对于服务性劳动课程这一类别的课程来说，由于服务目的和服务内容的不同，会体现出侧重点不同的价值取向。

1. 侧重于知识本位价值取向的服务性劳动课程

这类课程主要是指与专业知识结合较为紧密的课程，即侧重于培养学生用专业知识为社区服务，突出课程的专业性。某种意义上也可以定义为“专业素养”课，与专业实践实习有某些共通之处，但又不同于专业实践实习。如游泳与救生、水上救援知识培训服务、走向海洋——海洋国土意识及海洋生态保护宣教行动等课程。

2. 侧重于社会本位价值取向的服务性劳动课程

这类课程主要是指面向社区需求，根据社区需要发挥高校服务作用的课程，侧重于学生服务对社区或相关群体的改善，发挥学生服务对社会改革与发展的作用。如助蕾行动——关怀农村女生成长、“相约蓝天”创意研习服务和公益摄影等课程。

3. 侧重于人本位价值取向的服务性劳动课程

这类课程主要是指培养学生综合素质与非智力因素，侧重于在服务学习过程中提高学生的综合素质的课程，即侧重于发挥通识教育课程功能的课程。如曙光义教服务学习课、公益营销、农村健康促进计划等课程。

第三节　服务性劳动课程的当代价值取向特点

以上三种不同侧重的价值取向的服务性劳动课程，没有严格的区别，每类课程都或多或少包含着其他两种价值取向。在当前时代的推动下，三种课程价值取向越来越体现出相互依存、相互作用的趋势。

1. 服务性劳动课程体现了新型的知识观

知识是个人完善的基础，同时也是个人为社会服务的前提。高科技知识的发展是以人为中介，并由人创造的。高科技知识只有掌握在有丰富人文内涵的人手中，才能够真正服务社会，促进社会良性发展。从这一角度看，不仅人的发展与社会的发展是统一的，而且知识的发展与人和社会的发展也是同步进行的，三者是互为条件、互相促进的。因此，新的课程价值取向应努力适应新时代的变革要求，吸收各种不同课程价值取向的优点和长处，弥补自身的不足，三种课程价值取向有机整合，这才是课程价值取向正确的发展方向。例如“走向海洋——海洋国土意识及海洋生态保护宣教行动”这门课程，不仅需要应用高科技技术探讨海洋生物和海洋环境的保护，还要对学生开展人文教育，在重视知识价值的同时，强调人文精神的养成，强调树立保护海洋的意识，强调对自然、对世界的人文关怀。此外，在服务学习过程中还要对海洋社区的居民进行海洋保护知识的宣传，提高当地居民的环保意识，为当地社区净化环境出谋献策。

值得一提的是，服务性劳动课程中学生学习的知识已经从单纯的知识的识记与掌握转变为知识的建构，学生能够体验到知识的形成过程，实现了知识“从断定结果存在的有效性向确定过程的重要性转化”，服务性劳动课程“不只是传递知识的工具，也是创造和重新创造我们文化的工具”①。服务性劳动课程通过学习主体之间的互动及学习主体与知识的互动，使学生获得教育性经验，达到自我实现的目的。另外，教师在进行服务性劳动课程设计时，将知识的传授改变为学习主体的发现创造。服务性劳动课程的课程价值观，是把知识的学习作为工具和手段，在让学生了解知识的可变性和不确定性的基础上，培养学生的质疑问难的批判精神，鼓励学生在劳动体验中开展对知识的不断探求。因此，学生学习的过程变成了一个在已有的基础上不断发现和创造的过程，在此基础上，培养学生适应迅速变化的社会，迎接知识经济的挑战。

2. 服务性劳动课程体现了新的社会服务观

服务性劳动课程的社会服务明显体现在课程活动与社会活动的互动。正是学校课程与社会不断进行的信息交流，课程服务才能充分利用周边的社区条件，开发多方面、全方位的服务课程。而某些课程还充分考虑了应对全球化和知识经济的挑战，服务于社会整体的发展，使课程的社会服务功能得以真正体现，使服

① 多尔. 后现代课程观[M]. 王红宇，译. 北京：教育科学出版社，2000：186-188.

务性劳动课程不仅成为训练学生适应社会的工具，而且通过培养有创造意识、创新精神和劳动素养的人来服务社会，通过服务性劳动课程培养学生正确的劳动价值观和良好劳动品质，培养出能够创造未来社会的人。如服务性劳动课程“助蕾行动——关怀农村女生成长”，近三年来，课程组带领一百多名女生到汕头市龙湖区渔洲中学、金平区广大实验学校、金平区山兜小学、金平区金凤幼儿园等单位，展开了丰富多彩、充满欢乐同时又给予学生深思的服务活动，服务对象是从幼儿园、小学、初中到高中的女生，因为这些女生都正在经历或未来将要经历青春期，课程的目的是帮助这些来自农村的女生更好地与青春期相遇，解开她们的困惑，学会自我保护；帮助她们认识性别和认识自己，意识到性别刻板和偏见对女生成长和发展的束缚，让她们敢于畅想未来，更加自信、快乐地成长。在这样的课程中，学生不仅可以在服务过程中了解到现代社会女生面临的问题与困惑，而且可以进一步地用她们的专业知识去为这些女生解困答疑，与她们共同成长，从而促进社会的发展。在服务他人的同时成就自己，成就社会，是服务性劳动课程新的社会价值取向。

3. 服务性劳动课程体现了人文精神的最终追求

在现代条件下，关注人、培养具有完整意义的人已经成为时代发展的共识。无论是网络社会对个性发展的要求，还是全球化和知识经济对高素质、全面发展的人的需要，都提出了课程对于培养人和发展人的问题。如何培养和发展人，要求当代课程价值取向必须依托深厚的文化底蕴寻求答案，我们的答案就是人文精神。[①]所谓人文精神，是指整个人类文化所体现的最根本的精神，是指向人的主体生命层面的终极关怀。它以追求真善美等崇高的价值理想为核心，以人的自由和全面发展为终极目的。[②]以人文精神为归宿的课程价值取向体现了人的存在价值对课程价值的要求。人的存在价值作为价值体系中的一种元价值，是其他一切价值形式的基础和依据。课程价值作为价值体系中的一个分支，也必然受人的存在价值的制约。人文精神作为指向主体生命层面的终极关怀，充分体现了人的存在价值中对人的尊严、自由和权利的确认。因此，强调人文精神的课程价值取向突显了人的存在价值的价值追求。以人文精神为目的的课程价值取向体现了“以人为本”的现代发展观的基调。当代课程价值取向是在对当代社会特点分析的基础上形成的，网络社会、全球化和知识经济都从不同角度对人的发展提出了要求。这一要求归结为一点，就是“以人为本”。“以人为本”不仅成为当代经济发展的基石，而且还是社会可持续发展的基点。当代社会不只强调经济进步，还提出了“可

① 刘志军. 课程价值取向的时代走向[J].教育理论与实践，2004，24（10）：46-49.

② 孟建伟. 论科学的人文价值[M]. 北京：中国社会科学出版社，2000：259.

持续发展”的战略，即在经济发展的同时，还要保持人与社会的同步发展、人与自然的协调发展。当代课程价值取向正确地反映了这一时代要求。如“公益摄影”课程，学生们在拿起相机记录身边风景、抓住每一个感人瞬间的同时，用一颗颗热诚的心，在社区传递着温暖与感动，留下有价值的影像，传播着有意义的内容，把公益与摄影有效地结合起来。课程除了讲解公益和摄影的理论知识外，还走到户外进行公益实践，在提高学生摄影水平的同时，更注重培养年轻人对社会、文化、自然等方面的关心和服务意识，使他们获得基本的策划、执行公益项目的知识和能力。比如，在关注和保护古村落方面，通过用摄影的方式展现潮汕古村落的风土人情和历史文化信息，唤起更多年轻人对身边正在消失的传统文化的关注，唤起人们对古村落的关注和保护，同时也让学生更深入地了解社会，学会关心和帮助他人。在每一期课程结束后，学生们还通过摄影展、电子报、在媒体上发表等方式来向社会展示实践成果，呼吁更多的人关注潮汕古村落。与此同时，课程还衍生出其他成效。师生们在用摄影实践走访汕头市平湖新村、达濠古城、马滘古盐栈遗址、前美古村，以及潮州市龙湖古寨、揭阳市石牌村等 10 个古村落的过程中，发现古村落里的空巢老人问题亟待社会关注。他们不仅面临精神上的孤独，还遭遇生活上的困难。为了帮助这些空巢老人，学生们在学校团委的支持下策划了一起“关爱潮汕古村落空巢老人”的公益项目，取名“暖巢计划”，从“暖巢镜头”、“暖巢诉说”和“暖巢行动”三个方面关爱空巢老人。据同学们介绍，很多古村落的老人都没有跟家人合影过，甚至跟老伴儿连一张合照都没有，他们看见同学们在拍照，便拉着孙子、孙女一起端端正正地坐着。因此，同学们便为有需要的老人合影，并在冲洗后送给他们留做纪念。拍照之余，同学们还陪老人聊天，听他们诉说自己的故事。此外，对于一些有困难的老人，同学们还开展义诊、按摩、捐赠等爱心活动。他们用这种方式让古村落的空巢老人感受到了温暖。课程拓展了学生的视野，让他们学到了更多课堂以外的知识，促进了和谐社会的建设，而且对学生人文精神建设发挥了极大作用。

这种以人文精神为价值追求的课程价值取向真正摒弃了单纯的知识本位、社会本位和人本位三种课程价值取向的缺陷，吸取了其合理的内核，成为我们新时代的课程价值取向。服务性劳动课程由于其独特的课程目标和课程内容，其课内外相结合的课程实施方式，完全符合新时代的课程价值取向。

第五章　服务性劳动课程设置与管理

服务性劳动课程的设置是将理念转化为行动的关键，本章旨在以汕头大学实施了近十年的无专业无年级限制的通识教育必修核心课程——服务性劳动课程为实践案例，讲述服务性劳动课程在中国内地的本土化实施经验。

第一节　服务性劳动课程的设计理念

开设服务性劳动课程首先要对课程开展教学设计。“一般而言，薄弱的、盲目的教学设计有两种类型，我们称之为传统设计的‘两个误区’，这两个误区在从幼儿园到大学的整个教育过程中都是明显存在的。‘活动导向的设计’的不当之处在于‘只动手不动脑’——就算学生真的有所领悟和收获，也是伴随着有趣的体验偶然发生的……学生们认为自己的任务只是参与，认为学习只是活动，而不是对活动意义的深刻思考。第二种类型就是‘灌输式学习’，即学生根据教材（或教师通过课堂讲稿）逐页进行学习（讲授），尽最大努力在规定时间内学习所有的事实资料……因此，‘灌输式学习’就像走马观花式的欧洲之旅，没有总括性目标来引导。”[①]为了避免这两个误区，本书认为，服务性劳动课程教学设计需要遵循三个理念：以学生为中心、以学习结果为导向、持续改进。

一、以学生为中心

以学生为中心具有以下几层含义。

首先，以学生为中心，最根本的是实现从以“教”为中心向以“学”为中心转变，即从“教师将知识传授给学生”向“让学生自己去发现和创造知识”转变。[②]具体来说，就是将传统的以课堂、教师、教材为中心，向以学生、学习、学习过程为中心转变。其理论基础来源于建构主义学习理论。建构主义学习理论主张以学习者为中心，强调学生是信息加工的主体，是知识意义的主动建构者；认为知识

① 威金斯，麦克泰格. 追求理解的教学设计[M]. 2 版. 闫寒冰，宋雪莲，赖平，译. 上海：华东师范大学出版社，2017：16-17.

② 刘献君. 论“以学生为中心”[J]. 高等教育研究，2012，33（8）：1-6.

不是由教师灌输的，而是由学生在一定的情境下通过协作、讨论、交流、互相帮助（包括教师的指导和帮助），并借助必要的信息资源主动建构的，训练了学生的高层次技能（如问题解决方法、推理能力、信息反馈等），使学生学会学习，对学习结果进行开放式评价，学会合作学习等。[①]建构主义学习理论强调"知识的建构"，认为知识是个体与外部环境交互作用的结果，不是通过教师传授得到，而是学习者在与情境的交互作用过程中自行建构的，因而学生应该处于中心地位，教师是学生的协助者。教师们不应将学生看作等待被知识填满的空容器，而是应把学生看作通过在和现实情况基本一致或相类似的情境中建构意义的活跃学习者。

其次，以学生为中心，需要转变教师的教学观念和角色。在教师指导下的、以学习者为中心的学习，既强调学习者的认知主体作用，又不能忽视教师的指导作用，教师是意义建构的帮助者、促进者。学生是信息加工的主体，是意义的主动建构者，而不是外部刺激的被动接受者和被灌输的对象。这就需要广大教师转变传统的教学观念和角色，教师的角色应该包含如下几个重要任务：了解学生的个性特点、激发学生的学习兴趣、调动学生的学习积极性和主动性、提供必要的学习资源和学习支持、引导学生生成新的知识经验、评估学生的学习效果。相比灌输式教学来说，以学生为中心的教学，要求教师付出更大的努力。

最后，以学生为中心，需要关注学生的全面发展，并为之创造相应的学业支持条件。要注重培养学生的自主学习能力，发展学生的个性特长，培养学生的核心素养，使之能够更好地适应未来社会的发展。

二、以学习结果为导向

以学习结果为导向（outcome-based education，OBE）的教育模式将学习结果作为出发点来设计教学。"为什么关注结果是最好的？'以终为始'关注预期学习结果，才能产生合适的教学行为，才会引导学生产生合适的学习行为。"[②]"马伦（B. Malan）系统地总结了与 OBE 起源紧密相关的教育运动和教育思想。一是泰勒运动。著名的泰勒原理（确定教育目标—选择教育经验—组织教育经验—评价教育经验）就是围绕'教育目标'这个核心展开课程设计的。二是布鲁姆的掌握学习理论。该理论认为：若能提供充裕的学习时间，绝大多数学习者都能达成学习目标。实际上，这构成了 OBE 教育模式得以成立的支撑假设之一。OBE 在很多方面吸纳了掌握学习理论的特征：弹性的时间框架去实现教学目标；使用不

---

① 何克抗. 建构主义——革新传统教学的理论基础（上）[J]. 电化教育研究，1997（3）：3-9.

② 威金斯，麦克泰格. 追求理解的教学设计[M]. 2 版. 闫寒冰、宋雪莲、赖平，译. 上海：华东师范大学出版社，2017：15.

同的资源去创设丰富的教育环境；使用形成性教学评价来反馈学习产出以改善教与学等。”①

以学习结果为导向的思路是：在清晰目标的基础上创新培养模式，通过 OBE“逆向设计”的原则，将学生的预期学习结果（intended learning outcomes，ILOs）作为一条强力的纽带把课程的特色与定位贯彻于教学设计和教、学、评的方法中。教师在制定一个专业的人才培养方案、设计一门课或一个教学单元时，首先要清楚要达到的预期学习结果是什么，其评估证据是什么，然后选择最有效的教、学、评方法有效地帮助学生获得课程预期学习结果。

以学习结果为导向，可以参考格兰特·威金斯（Grant Wiggins）和杰伊·麦克泰格（Jay Mctighe）等的逆向设计模板②，将设计阶段分为三个阶段进行：确定预期结果、确定合适的评估证据、设计学习和服务体验（图 5-1）。

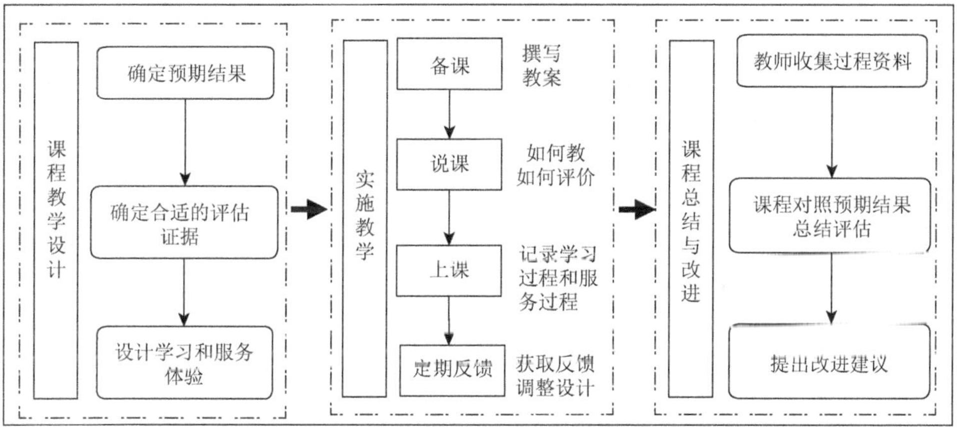

图 5-1　以学习结果为导向的服务性劳动课程实施路径

参照格兰特·威金斯和杰伊·麦克泰格的逆向设计模板，服务性劳动课程在设计的每个阶段，需要注意以下几个核心问题。

1. 第一阶段：确定预期结果

（1）课程将达到什么目标（例如：学习结果、服务结果、课程目标）？泰勒（Tyler）认为，“教育目标的三个来源是：对学生的研究、对当代社会生活的研究和学科专家

① 顾佩华，胡文龙，林鹏，等. 基于“学习产出”（OBE）的工程教育模式——汕头大学的实践与探索[J]. 高等工程教育研究，2014（1）：27-37.

② 威金斯，麦克泰格. 追求理解的教学设计[M]. 2 版. 闫寒冰，宋雪莲，赖平，译. 上海：华东师范大学出版社，2017：23.

对目标的建议。最为有效的陈述目标的形式，是以这样的措辞来表述：既指出要使学生养成的那种行为，又言明这种行为能在其中运用的生活领域或内容”。①

（2）学生将理解什么？（如大概念或“核心概念”是什么？期望他们获得的特定理解是什么？可预见的误解是什么？）

（3）什么样的启发性问题能够促进探究、理解和学习迁移？

（4）学生将会获得哪些关键知识和技能？习得后，他们能做什么？

（5）学生将能够做到……

在设计服务性劳动课程中，最重要的阶段也是确定预期结果的阶段。因为其他阶段都将取决于预期结果的确定，而且各个阶段的教育计划也是旨在达到教育目的、教育目标的手段。正因为如此，泰勒主张：“如果我们要有组织地、理智地研究教育计划的话，我们首先就必须明确教育目标。”

2. 第二阶段：确定合适的评估证据

（1）学生通过哪些真实的表现性任务证明自己达到了预期的理解目标？通过什么标准评判理解成效？

布鲁姆的教育目标分类学将教育目标分为三个方面：认知领域、情感领域、动作技能领域。其中认知领域从低级到高级分别是知识、领会、应用、分析、综合和评价；情感领域分为接受、反应、价值判断、组织、价值观或价值观体系的个性化；布鲁姆没有参与动作技能领域的教育目标分类制定，在这一领域比较有影响的是哈罗（Harro）和辛普森（Simpson）的研究。哈罗将动作技能领域分为反射动作、基本动作、知觉能力、体能、技巧动作、有意的沟通；辛普森将动作技能领域的目标分为知觉、准备、指导的反应、机械练习、复杂的外显反应、适应和创造。依据教育目标分类，我们可以确定合适的评估学生的证据。

（2）学生通过哪些其他证据（例如：观察、作业、日志、设计、报告）证明自己达到了预期结果？学生如何反馈和自评自己的学习？

3. 第三阶段：设计学习计划（“WHERETO”）

哪些学习体验和教学能使学生达到预期的结果？设计将如何：

（1）W = 帮助学生知道此课程（单元）的方向（where）和预期结果（what）？帮助教师知道学生从哪（where）开始（先前知识、兴趣）？

（2）H = 把握（hook）学生情况和保持（hold）学生兴趣？

（3）E = 武装（equip）学生，帮助他们体验（experience）主要观点和探索（explore）问题？

① 泰勒. 课程与教学的基本原理[M]. 施良方，译. 北京：人民教育出版社，1994：36.

（4）R＝提供机会去反思（rethink）和修改（revise）他们的理解及学习表现？

（5）E＝允许学生评价（evaluate）他们的学习表现及其含义？

（6）T＝对于学生不同的需要、兴趣和能力做到量体裁衣（tailor）（个性化）？

（7）O＝组织（organize）教学使其最大限度地提升学生的学习动机与持续参与的热情，提升学习效果？

三、持续改进

“持续改进”是不断提升服务性劳动课程学习效果和服务效果的有效策略。这个前提需要在服务性劳动课程过程中积极获取多方面的反馈。这也是持续改进课程质量的关键。

反馈的目的是及时获取对教师有帮助的、真实的反馈，它和正式的课程评估不同，一般采用匿名的方式，重点在于收集如下两个问题：对你来说，本周课程/本次服务哪些部分起作用，简要说明原因；哪些部分没有起作用，简要说明原因。

服务性劳动课程的反馈可以让学生、社区伙伴、被服务者或教师回答。比如，这一项目成功了吗？被服务者满意吗？社区伙伴满意吗？流程合适吗？对学生有意见吗？准备充分吗？项目合适吗？哪些部分发挥了作用？哪些没有发挥作用？项目怎样改进？等等。以此为基础，及时调整教学设计，往复循环，形成持续的螺旋上升的过程，不断提升学习效果和服务的针对性和实效性。

第二节　服务性劳动课程的目标设置

“泰勒认为，‘教育的真正目的不在于教师完成某种活动，而在于在学生的行为范型中引起某种重要的变化’。因此，教育目标的叙述，首先应当是关于在学生身上引起的认识作用、思考作用、理解、技能、鉴赏、态度等等的行为变革，其次是教师从事的活动——以便在学生中引起所期望的变化——的种类。”[①]且教育目标的选择与确定，应尽可能地具体化、明确化，以便作出反馈和评价。

教育目标是具体化了的教育目的，课程目标是教育目标的具体化，因此服务性劳动课程的目标设置需要体现国家、地方或学校的教育目标，以此来设计学生应该了解哪些内容，具备哪些技能，产生怎样的行为。国家、地方或学校的教育目标为我们设计服务性劳动课程提供了框架，指导我们设计和评估教学内容和服务内容。除了外部的目标外，学生的内部需求因素也是需要重点考虑的。如学生们在课前的知识储备、兴趣爱好、专业技能等都会影响课程的学习、服务和评估。

---

① 钟启泉. 现代课程论（新版）[M]. 上海：上海教育出版社，2003：347-348.

服务性劳动课程的目标设置是课程设计的关键环节。在明确了学生的预期学习结果和评估依据之后，才能使教学设计符合内容标准，才可能产生合适的教学行为，使学生收获预期学习效果。这与传统的从教材、教学方法和教学活动来设计课程是相反的。“以学习结果为导向逆向设计课程，使课程展示出实现预期学习结果的最佳方式，是最好的教学设计方式。只有明确知道预期结果，我们才能专注于最有可能实现这些结果的内容、方法和活动。”①

服务性劳动课程的目标包括学习目标和服务目标。作为一门课程，需要注意，所有目标的重要性不能等同。只有明确了优先次序后，教师才会明确重点是什么，讲什么，不讲什么，哪些内容可以弱化，而不是一味地从头到尾灌输讲授。此外，服务性劳动课程与其他课程不同的是，除了学习目标外，服务性劳动课程还要依据社区的真正需求来设立服务目标。并不是任何社区需要都可以成为服务目标，大学作为一个教育机构，自诞生以来最重要的目标是实现其教育职能，服务性劳动课程只有在最大限度地实现其教育目标时才能更好地实现服务目标，因此，只有那些能更好地满足学生成长需求的才能优先成为服务目标。每个目标的实现都需要各方面的支持和配合，因此，在制定服务性劳动课程目标时，不能由一方面单独完成，各方面要进行有效的沟通，才能实现学校、学生和社区的互惠共赢。

学习目标的设置可以从以下几方面来设计或选择：国家层面的核心素养目标、学校的通识教育人才培养目标或专业培养目标。服务目标的设置则需要结合服务地的需求调研，服务对象的需求，以及学生的知识、技能所及范围等因素综合考虑。除了确定目标外，还需要明确基本问题。通过提出基本问题，来强调大概念，也就是教学设计的核心，同时学生们也可以围绕基本问题和大概念来开展学习。服务性劳动课程的目标来源可以有多种，如现有的计划或活动，注重考查是否能够满足或提高学生的学业水平，如高校常年组织的义教支教活动或三下乡活动；或者从课程、内容和技能出发，延伸到既能满足社区需求，又能发挥学生所学的课程，如海洋知识宣教；或者源自一个主题或一个学习单元，确定服务学习与内容和技能之间的关联，如环保法的普及或增强青少年的法律意识等；也可以源自学生的需要或者社区的需要等。综合来说，其目标可分为两大类别：第一大类是产生促进学生发展的学习结果，包含知识、技能、情感、态度、价值观等多方面；第二大类是满足社区或服务对象的需求。其中通用的服务性劳动课程预期学习结果一般包含：①树立正确的劳动意识、劳动态度和价值观，养成热爱劳动的行为习惯；②运用知识和技能来解决服务场景中出现的复杂问题；③作为公民来反思自己的角色和责任；④为需要帮助的人提供帮助，减轻痛苦，或解决问题，或倡导议题，让学生产生

① 威金斯，麦克泰格. 追求理解的教学设计[M]. 2版. 闫寒冰，宋雪莲，赖平，译. 上海：华东师范大学出版社，2017：15.

社会责任感；⑤理解所学知识和服务之间的关联。

如关爱智障儿童课程在结合以上框架和布鲁姆的教育目标分类法后，设定了如下预期学习结果：正确描述公益、服务学习概念；培养勤俭、奋斗、创新、奉献的劳动精神，为他人和社会提供服务，树立服务意识，实践劳动技能，在公益劳动、志愿服务中强化社会责任感。能够根据课程要求，设计智障儿童康复训练的方案。理解智障儿童的心理和行为特点；能够开展智障儿童方面的调查研究，表达智障儿童的现状；能够根据智障儿童的特点，策划相关活动方案，帮助智障儿童实施康复训练。增强学生的公民意识与社会责任感，使其形成包容、负责、关爱的价值观。关注与智障儿童相关的社会热点问题；在公益服务实践中，关爱智障儿童，并就公益服务、包容、关爱的理念进行宣传与推广。

蓝采风和许为民认为，课程设计的重点包括：①期待的学习目标是什么？②如何协助学生达成这些目标？③社区在教学中扮演何种角色？④如何确定是否高品质的课程内容？⑤如何测评学生的学习效果？⑥如何测量对社区的影响及平衡？[①]这些可以作为课程设计阶段重点需要回答的问题。

关于如何确定是否是高品质的服务性劳动课程，可以参照表 5-1 的总结，以及美国全国青少年领导力委员会制定的 12 年级服务学习优质实务标准。

表 5-1　服务学习不同程度的影响[②]

	强大影响	良好影响	部分影响	最小影响
满足社区需求	在教师的适当协助下，在学生当前开展的研究中挖掘社区需求	在教师的适当协助下，从学生以往开展的研究中挖掘社区需求	臆测社区需求	老师的教学需求排第一，社区的需求排第二。计划书只考虑学生需要
与社区协调合作	老师或学生积极、直接与社区合作	社区成员在项目中担任顾问	直接告知社区成员项目计划	社区成员碰巧很知情或完全不知情
与学科课程整合	服务学习作为一种整合了学习和服务的教学策略	服务学习作为一种教学工具，加入到课程学习和服务中	服务学习是课程的一部分，但没有清楚的关联。强调服务的重要性	服务学习纯属课堂辅助，服务只是一个服务项目或善行
促进学生反思	学生思考、分享，产生个人和团队反思	有思考、分享、产生团队反思	学生互相分享，但没有反思	没有时间进行反思，只提供事件的始末
运用在现实生活中习得的知识或技能	所有的学生直接应用新技能或知识于社区服务	所有的学生运用某些新技能或知识	相比其他学生，有些学生更投入社区服务，或很少参与社区服务	知识大部分在课堂使用，没有服务经验
发展互惠的意识	反思呈现个人跟社区间的情感成长和服务的重要性	反思呈现社区服务的重要性	反思只探讨社区服务方案的优缺点	反思局限在个人认为服务方案的优缺点上
改善被服务者的生活品质	促进改变或提高洞察力；减轻痛苦；解决问题；倡导议题	服务带来的变化促进状况本已很好的社区变得更好	改变主要是装饰性的，但给社区带来了新的、独特的益处	改变主要是装饰性的，社区获得的益处很少，或不新颖、不独特

① 蓝采风，许为民. 服务-学习：在高等教育中的理论与实践[M]. 杭州：浙江大学出版社，2011：60.

② Peace Corps World Wise Schools. Looking at Ourselves and Others[M]. Washington，D. C.：Peace Corps，1998：6.

美国全国青少年领导力委员会制定的 12 年级服务学习优质实务标准如下①：

（1）有意义的服务。服务学习让参与者积极投身于有意义且与个人相关的服务活动。

（2）连接课程。服务学习旨在作为一种教学策略，以达到学习目标或学业标准。

（3）反思。服务学习融合多种具有挑战性的反思活动，这些反思活动持续进行，激发大家深入思考并分析自身及其与社会的关系。

（4）差异性。服务学习促进对差异性的理解及所有参与者之间的相互尊重。

（5）青少年的声音。青少年在成人指导下规划、实施和评估服务学习体验，服务学习为青少年提供了强有力的发声平台。

（6）伙伴关系。服务学习伙伴关系是合作互惠并针对社区需要的。

（7）进展监控。服务学习让参与者参与到对实施质量和实现具体目标的进展情况不断进行评价的过程中，并将评价结果用于今后的课程改进和可持续发展。

（8）持续时间和强度。服务学习要有足够的时间跨度和强度，以应对社区的需要并取得具体的成果。

此外，在确定服务性劳动课程目标前，了解每位学生的学习目标，可以帮助教师调整课程内容和重点，帮助学生在小组分工协作过程中，发挥个人的优势；设定必要的、适合个人的挑战机会，让学生能有机会突破自己的舒适区。服务性劳动课程学生目标设定表可参考表 5-2。

表 5-2 服务性劳动课程学生目标设定表（课前）

姓名：________学号：_________年级：__________专业：______________

兴趣：____

特长：____

1. 对课程的期待：

2. 对教师的期待：

3. 对自己的期待：

4. 你觉得你是否是一个领导者？为什么？

5. 在下列几种核心能力中选出一项你最想提升的：

（1）沟通与表达能力

（2）社会责任及担当

（3）团队合作与领导力

（4）探究与批判思考能力及问题解决能力

（5）其他，请写出：_________________

6. 你为什么觉得这项能力很重要？

---

① National Youth Leadership Council. K-12 Service-Learning Standards for Quality Practice [EB/OL].（2019-12-13）[2021-01-04]. https://nylc.org/standards.

续表

7. 它可以为你带来什么好处？
8. 有哪些方法可以帮助你提升这项能力？
9. 你计划如何着手提升这项能力？

第三节　服务性劳动课程的评估证据

确定了课程目标后，第二个阶段是思考如何判断学生是否实现了目标，即确定服务性劳动课程的评估证据。这个阶段经常会被课程设计者忽视，因为大多数教师在确定了预期结果后，容易直接进入到他们比较擅长的教学设计阶段。预期结果的评估证据需要做到有效、可靠、充分，这要求设计者要充当评估者的角色。格兰特·威金斯和杰伊·麦克泰格[①]提出了三个基础性问题，可以让我们深入思考该阶段的任务。第一个问题是我们需要什么类型的证据证明学生达到了教学目标和理解？如学生日志、周志、设计方案、调查报告、反思报告等。第二个问题是假定已经开发了一些特定的、与需求相关的任务，那么，在学生的反应、作品或行为中，哪些具体特征可以用来判断他们达到了哪些预期效果？第三个问题与监测评估的信度和效度有关，我们所计划的证据能使我们推断出学生的知识、技能和理解吗？也就是要思考证据与目标的匹配度如何。在思考了课程的评估证据后，还需要将其细化为每个单元的目标及其对应的评估证据。

确定了对应学习结果的评估证据后，有经验的评估者在教学过程中会使用多种方法和形式来收集评估证据，如通过定期的口头反思、小组汇报、小组讨论、提交反思日志、观察行为表现等方式。

服务性劳动课程的服务实践属于表现性任务，具有真实评估的特征，所以我们可以运用 GRASPS 来架构表现性任务，评估学生对服务学习的理解和运用。每一个字母对应一个任务元素——目标（goal）、角色（role）、对象（audience）、情境（situation）、表现或产品（performance/product）和标准（standards）[②]。我们仍以关爱智障儿童课程举例，在服务实践的某个阶段，学生的评估证据如下：

目标：设计适合智障儿童的游戏，提高他们的手脚协调能力及运动能力，改善运动控制，诱发正常运动活动，从而预防废用性肌萎缩等疾病。

---

① 威金斯，麦克泰格. 追求理解的教学设计[M]. 2 版. 闫寒冰，宋雪莲，赖平，译. 上海：华东师范大学出版社，2017：169.

② 威金斯，麦克泰格. 追求理解的教学设计[M]. 2 版. 闫寒冰，宋雪莲，赖平，译. 上海：华东师范大学出版社，2017：177.

角色：游戏活动的设计者、组织者和协助者。

对象：康复中心的智障儿童。

情境：你面临两个挑战：①设计适合智障儿童的游戏，确保无危险性且能改善运动控制；②清楚地呈现游戏规则，使组织者能据此开展游戏。

表现或产品：设计一份游戏实施方案，详细说明游戏规则及注意事项，安排好人员分工。

标准：每个游戏有针对性地训练儿童的肢体运动；准备的游戏、食品等适合智障儿童；在与智障儿童沟通的过程中耐心，认真倾听并指导他们；注意儿童安全，密切关注每个儿童的动态，以免造成儿童或自身的受伤；与智障儿童相处和谐，按照动作技能要求完成康复训练活动；在沟通过程中深入了解智障儿童的生存情况及智障儿童所在学校面临的各种困境。

第四节　服务性劳动课程的体验设计

确定了服务性劳动课程的学习结果和评估证据后，下一阶段则要考虑如何设计服务性劳动课程的学习体验和服务体验。服务性劳动课程是一种特定的课程模式，其学习体验部分的基本要素可以有三种：①课程的共同部分；②课程的不同部分；③课程内容特定的课时比例。服务体验部分旨在依据项目设计方案开展服务。

以汕头大学的服务性劳动课程为例，每门课程的课内教学一般安排在45学时左右，其中理论讲授、公益项目设计点评、总结分享环节是各课程的共同部分，一般安排13学时左右，公益服务实践环节一般安排32学时左右。此外，学生在课外一般还需要花费大约55学时开展调研、阅读、设计项目和服务准备工作，以及反思、回顾总结等活动。课程学时安排见表5-3。

表5-3　汕头大学服务性劳动课程学时安排示例

教学安排		建议学时数/小时
课内	理论讲授（与课程相关的辅导、培训或者工作坊）	7—9
	公益项目设计点评	2—3
	公益服务实践	32
	总结分享	2—3
课外	调研、阅读、设计项目和服务准备工作	约30
	反思、回顾总结	约25

一、与课程相关的辅导、培训或者工作坊

服务性劳动课程的导论内容一般需要介绍“服务-学习”的内涵，马克思主义劳动观，阐明劳动在学生成长中的重要作用。明确课程的学习目标、服务对象、服务目标、服务的时数及安排、课程要求、评估的标准、相关参考资料等（建议2—3 学时）。

各课程需要根据服务内容、服务对象设计相关的理论讲授内容，共同内容如公益项目的设计原则、突发事件的处理、反思的方法等；特定内容是指针对服务内容设定相关的专业知识和服务技能学习模块，如助学类服务性劳动课程一般需要增加教案设计及教学技巧的讲授内容，关爱智障儿童课程需要增加智障儿童心理特点、沟通技巧、康复技能训练的讲授内容等（建议 5—6 学时）。

二、公益项目设计

在了解了课程的预期学习结果、预期服务结果和服务学习理念后，首先要做的是调查研究。调查研究是服务性劳动课程的重要前提。这项工作一般包含学生能力兴趣调查和社区需求调查。教师通过互相介绍等方式了解每位学生的兴趣、爱好、特长是必要的，建议每门课程在课程之初整理出一份学生能力清单，并在服务性劳动课程各环节中重点参考、利用和发展。

社区需求调查是服务性劳动课程发挥服务实效性的重要前提，只有了解了社区（机构）的需求，公益项目的设计及活动的开展才有针对性。

公益项目与一般项目相比，有一些共性，即两者都要求项目要具有可行性、注重成效（即投入与产出）、可持续与可复制性。公益项目也有它自己的特性；①公益项目的主要目的是改善基本条件/提供服务、增加资源或社会资本、促进公正和引发改变。②公益项目注重先导性、实验性，注重能力建设等“软件”项目。③公益项目注重“目标群体”的参与性和主体性，即赋权给目标群体，外来人员主要充当协作者的角色。

参与和赋权，是公益项目设计的两个重要理念。参与，指公益项目所服务的人群的参与。什么是参与？在场不等于参与，受摆布不是参与，被咨询意见只是低程度的参与。有意义的参与是参与决策和资源分配。

参与是赋权的需要，也是赋权的条件。那么，何谓赋权呢？20 世纪后半期国际社会公认的赋权理念是：它包含三重意思——授予权威或法律权力；使有能力；帮助自我实现或增强影响。赋权不仅是外在的给予或允许，更是对自己能力的确

认和自立自强的行动；是个人的也是社会群体的行为过程。“赋权”又被称为“增强权力与能力”、“增权”或“充权”。

以人为中心的可持续发展观，十分注重赋权。虽然一般的公益项目，尤其是大学生的公益服务项目由于实施周期的限制，不可能直接实现所服务人群的有意义的参与，达到高层次的赋权，但是，在设计项目时，是否秉持参与和赋权的理念，决定项目立意的高下和是否取得成效。

如针对北方某农村寄宿小学冬天缺乏热水，影响学童的健康和学习的问题，起初，一个公益项目是这样设计的：筹集资金为小学购买和安装锅炉，保证学童们每天能有热水泡脚。同时，组织乒乓球、跳绳等个人和团体比赛，丰富寄宿学生的校园活动，促进学生身体健康，增强自信心和团队精神。后来，在对学校男女生状况进一步了解的基础上，这个项目增加了学生征文比赛的内容，主题是“假如我是校长”，高年级和低年级的同学们都参加。通过征文比赛，同学们不仅锻炼了写作能力，还表达了自己对学校方方面面的建设性想法，培养了主人翁精神，并且为学校领导，乃至县里的教育部门根据学生需求改善工作提供了切实的素材和丰富的点子。

了解了公益项目的设计理念，才能较好体现参与和赋权理念。下面我们具体介绍如何进行公益项目设计，见图 5-2。

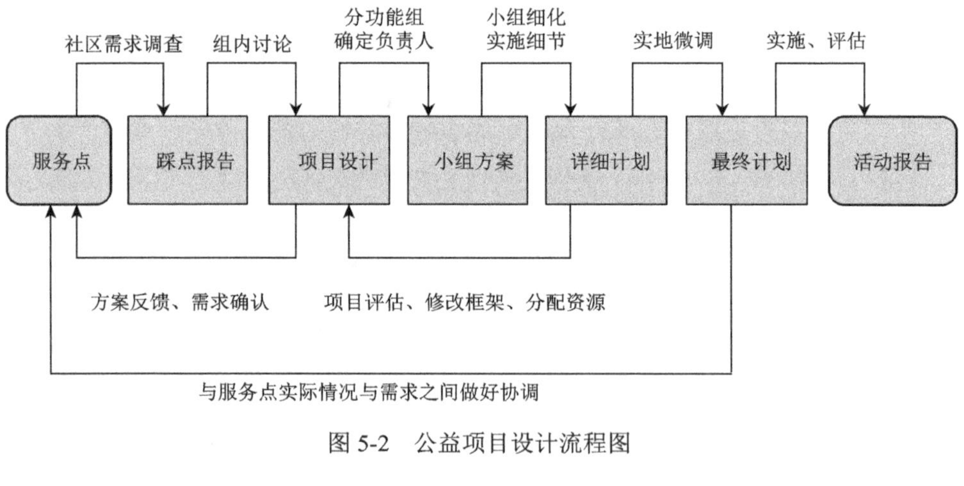

图 5-2　公益项目设计流程图

三、公益项目设计的主要步骤

1. 社区需求调查

（1）发现问题（让所服务的人群分男、女、儿童分别提出所关注的问题）。

（2）优选和确定问题（根据我们的能力、时间限制，选择能干预的问题，运用简单排序、矩阵打分等方法）。

（3）深入分析问题（分析问题的根源、影响因素、后果，常用的方法如问题树）。

（4）建立明确的目标（在规定时间内可以达到的具体目标、能够衡量的目标）。

（5）情势分析（常用的方法如SWOT分析，分析内部的优势和劣势、外部的机遇和隐患、困难，即干预的有利条件和可能遇到的困难或阻力。如果优势＋机遇＞劣势＋隐患，胜算就很大，否则，就要创造条件满足上述公式）。

以下以“助蕾行动——关怀农村女生成长”课程的访谈提纲及一个小组的社区需求调查为例，介绍需求调查的方式方法（详细的调研报告可参考第八章的内容）。

本课程适用的调研方法是访谈法，课程设计的访谈提纲案例如下：

● 女生版

悦纳自己，增强自信	（1）用几个形容词描述自己。 （2）最烦恼的是什么时候，什么时候让你觉得难过？ （3）最高兴的事？ （4）最想要做的但又做不到的事？ （5）放学之后回家会做什么？家务还是其他？会让兄弟姐妹做吗？ （6）你想当男生还是女生？为什么？ （7）家里人更喜欢你还是弟弟或哥哥？ （8）老师更喜欢男生还是女生？ （9）你觉得村里有没有重男轻女的现象？
提升自我保护能力	（1）你知道你从哪里来吗？ （2）父母会给你们讲月经初潮的知识吗？你当时发现的时候怎么解决？ （3）同学朋友之间有没有讨论这个？怎么跟老师请假？ （4）你们知道一些青春期生理卫生知识吗？还想知道哪些？ （5）你有没有注意到男女生青春期的变化？ （6）青春期外观变化会给你带来困扰吗？ （7）班里会不会起哄或者配对，你是否在意这些？ （8）如果你遇到语言骚扰等，你会怎么做？（目光，情景假设） （9）如果你遇到让你觉得很不舒服的身体接触，你会怎么做？ （10）如果你被（形色可疑的）怪叔叔骚扰，你会怎么做？（担心什么？忍？躲？）会不会告诉家长？ （11）家里人平时会不会担心你晚回家？为什么？（你晚回家的话家里人会不会生气？）有没有教你一些防身措施？

开拓视野，放飞理想	（1）最喜欢/讨厌的科目？为什么？（男女差异可涉及） （2）初中毕业后是想继续学业还是打工赚钱或者其他？ （3）你家里是否有哥哥或弟弟？如果你家庭条件有限，你们家会支持谁的发展？ （4）15 年后你想做什么？（写在卡片上）你想通过什么途径实现你的梦想？

- 村民版

（1）你家有没有女孩？有几个？多大年龄？

（2）过年过节，婚嫁有什么习俗？（男女差别）

（3）介绍一下你家孩子怎么样？

（4）你觉得你家女孩哪里最出色？（了解当地女生大致特征）

（5）你家孩子很让你放心吧？你对孩子最不放心的是什么？能举个例子吗？

（6）你家孩子相处得好吗？会发生矛盾吗？（涉及对男女生的观念）

（7）如果有男有女，你打算怎么培养他们？男孩没有意愿怎么办？

（8）女孩嫁怎样的人家才算好人家？

（9）如果家里都是女孩，村里人会怎么看？

（10）你觉得有没有必要教女孩保护自己？

（11）如果家庭条件有限，你家会更愿意支持谁的发展？

以访谈提纲为基础，一个小组整理的社区需求调查结果如下，调查案例见表 5-4。

社区需求调查案例

课程名称：助蕾行动——关怀农村女生成长

调查社区：汕头市某中学

调查情况：该中学的生源主要来自附近的 18 个农村，学校重视学生心理教育，该校女生对青春期生理知识均有一定的了解，但家庭对青春期教育的意义认识不足。学校和家长在防性侵方面对女生的教育存在很大的漏洞，学生也难以通过其他途径了解这方面的知识。她们对未来的职业生涯缺少规划，没有明确的目标但希望以后能有自己的事业。该中学位于农村，村里大多数家庭都有一个女儿，据了解，村子里几乎没有独生子女，都是两个孩子或者更多。村民重男轻女的观念虽有所改善，但还是存在，不少村民认为男孩是自家的人，女孩始终会嫁出去的，所以会偏心一点。但在教育上，村民多数表示只要孩子愿意，无论男女均会供读，自己辛苦一点没关系。

表 5-4　“助蕾行动——关怀农村女生成长”课程社区需求调查案例

调研对象一	调研中学初二年级两个班 27 名女生	调研方法	小组座谈
调研对象二	调研中学所在村村民 8 位调研	调研方法	个体随机访谈
调研对象三	调研中学校办主任及谈心室教师调研	调研方法	无提纲访谈
调研发现	1. 在座谈中，大多数女生沉默寡言，参与度不高，说话也很小声、害羞。她们普遍缺乏自信，比如，在小范围表现比较活跃，但在大场合会怯场，怕发言；说到学习，对数学很怕，一再说很难很难，老师讲的都听不懂，好像没人能帮助她们，她们也不敢问 2. 在自我保护方面，家庭对青春期教育的意义认识不足而且很少涉及，由于农村家庭思想观念比较陈旧保守，家长仅会在女孩月经初潮时跟她们讲一些比较浅层面的生理知识，很少会跟她们谈更私密的生理知识；家长也没有关于如何正确处理男女生交往的指导经验，只是提醒孩子不要早恋 3. 农村初中女生对自己的未来比较迷茫，很多人没有想过自己的理想，对未来没有明确的目标。在选择职业时也存在明显的性别刻板印象 4. 在对农村女生成长环境的调查和村民访谈中发现，虽然现在父母对女孩也疼爱，但对女孩要求普遍不如男孩高，特别是多子女的家庭，认为女孩早晚要嫁出去，读书是为别人培养 5. 学校老师反映，初中阶段女孩成绩比较好。但是女孩对将来不敢有大的抱负，在参加此次活动前，几乎都没想过要读大学。女孩课余家务负担较重，有的课余时间还要在工厂做工。男孩普遍不做家务，他们课余就是玩		
调研反思	1. 访谈中有些问题问得不够深入，除了主持人没意识到以外，还跟气氛过于热烈，学生无法安静思考有关系。主持人以后要注意对气氛的整体把握和引导 2. 物资准备不到位，让每个女生写小纸条，却没有事先准备好笔，导致要轮流写，既耽误了时间，效果也不好		
组员的话	“遇到过挫折，有的人开始比较反感，但是经过一番努力，还是成功地收集到两份访稿，感觉很开心。”——调研学生 “在刚开始访谈女生时，没有做好活跃气氛、拉近距离的‘破冰’工作，组员之间没有配合好，以至于时常冷场，学生沉默寡言，我们问不出结果。所以在调研技巧方面我们还需要很大的改进。”——调研学生 “采访到的村民并没有表现出如预想中的有比较强的重男轻女观念，这也说明调研的重要性。如果只是自己预想，很有可能与事实不符，调研能验证预想是否正确。”——调研学生		

2. 项目设计[①]

在设计项目过程中，需要制定项目计划（时间表，财物等资源动员和配置，人员分工）并设计参与性监测评估。参与性监测评估是指如何让所服务的人群能够参与到项目过程和结果的评估，不仅在项目结束时评估，而且在项目设计、实施阶段也能同时进行过程性评估，以便根据反馈对项目进行调整，设计具体的评估方法、指标。

参与性社区发展的理念，为我们汇集了很多发现问题的方法和工具。除了前面提到的方法，其他常用的还包括：社区布局图、社区资源图、灾害分析图、男女卫生健康季节历、问题识别和排序、关键人物访谈、平面踏勘、照片之声、农事历/季节历、性别分工图、文化民俗历、利益相关方分析。

为什么强调要运用参与式工具？

① 项目设计负责人：原汕头大学妇女研究中心顾问，冯媛。

第一，社区成员因为年龄、性别、经济状况、文化传统、社会地位等不同，有不同的关注和需求。尤其是弱势群体的声音常常被“代表”。如果不用参与式工具搜集意见和看法，有些问题容易被忽视。

第二，如果没有一定的媒介，对问题的讨论常常难以深入，甚至不能达成共识。

第三，有些人群由于文化水平的局限或习惯，如果只使用文字或口头表达，会限制他们发掘内心深处的想法并准确地发表自己的意见。

第四，一些群体的弱势地位限制了他们参与社区一些公共议题的讨论和决定，或他们面对社会/生活的压力，忽略了自身的发展考虑，只能奉行主流的看法（如女性趋从于男性的想法）。

第五，让所服务的群体对项目有拥有感和归属感，而不是外来人群的一次性“介入”。在参与式发现问题、设计项目的过程中，可以更好地协助所服务的群体发现问题，并根据以往的经验提出更多的解决方案，参与式工具让社区成员更具拥有感和自豪感。

运用参与式工具，可以帮助我们在较短时间内比较全面和深入地了解所服务的社区和人群的状况、需求和资源，在设计具体的公益项目或干预公益服务活动时能有效地考虑重点和可以利用的本地有形和无形的资源。在了解了状况后，就可以根据提供公益服务的机构或团队的状况来设计项目了。一份项目设计书，无论具体格式如何，都要考虑如下因素：开展此项目的理由、预期达到的目标、项目活动（时间表、人员分工、所需资源等）、活动产出、活动影响、监测评估方法、风险预测和备案、财务预算。表 5-5 是服务性劳动课程项目设计参考模板。

表 5-5　服务性劳动课程项目设计参考模板

项目名称

项目协调人/组长：　　　　　　　　　　联络方式：

项目申请经费：

项目书提交日：

一、服务主题和团队

1. 服务主题	
2. 服务地点	
3. 小组成员 （姓名、联络方式）	
4. 此计划的独特性和创造性	

二、活动背景、目的和意义

1. 所服务的社区的背景信息	
2. 本计划及团队的优势和有利条件	
3. 目的和意义	

三、活动内容

1. 预期目标	
2. 受惠人群及预计	
3. 活动时间计划	
4. 团队成员分工（包括每个成员的职责）	

四、项目预算

事项	单价（单位：元）	总额（单位：元）	备注（事由/用途）

五、监测和评估

1. 活动记录	• 活动照片 • 活动文字记录 • 活动支出发票 • 受益人自愿分享的想法或故事 • 见证人自愿分享的想法或故事
2. 监测方法	
3. 评估方法	

六、预期成效

1. 产出	（1） （2） ……
2. 对受益人群的影响	（1） （2） ……
3. 对受益人群所在社区的影响	（1） （2） ……
4. 对整体社会的影响	（1） （2） ……

5. 参与者相关意识和能力的提升	（1） （2） ……
6. 其他	
七、可能的困难与对策	
1. 预期困难	（1） （2） （3） ……
2. 解决方案	
八、其他支持性资料（参考文献等）	

四、公益项目设计点评

该环节一般是在调研、培训的基础上，让学生以团队形式分成功能组设计项目方案，确定实施细节，并在课堂内展示方案。教师需要组织学生对方案进行广泛的讨论，不断修改框架、分配资源，确定设计方案，协调好服务地实际需求与服务内容。公益项目设计要注意的基本原则是可行性、成效性、可持续性和可复制性，对被服务的人群和社区起到协助、使能、促成等作用，在这个过程中，服务者自身也收获成长（建议 2—3 学时）。

第五节　服务性劳动课程的组织实施

服务性劳动课程的组织实施一般是由学校的专门机构来统筹，大多为教务处、服务学习中心、服务研习处等，由课程教师或教师团队来具体组织实施。服务性劳动课程在设计阶段明确了预期结果和评估证据后，形成课程大纲，课程大纲需要课程委员会审定通过后才能开设，一般情况下，还会涉及课程预算的审批。

通过审批后的课程，在完成了前期踩点调研、理论讲授和项目设计后，则进入公益服务的实施阶段，即服务体验阶段。这也是服务性劳动课程与其他课程的重要区别。这里需要特别强调的是，为了发挥公益服务项目的可持续性，理想情况下，同一门服务性劳动课程每学期的服务实践应有衔接性，下个阶段在上个阶段服务的基础上，继续开展并加上新的关注点，可能的话考虑深入服务内容或挖掘新的服务需求，这样在保证连续性的基础上不断深入。这种连续对解决一个复杂的需求或耗时的需求而言是有必要的。

一、公益服务实践

该部分是学生在教师的引导下，到服务地开展公益服务的过程。除了按照项目设计方案开展服务外，更重要的是，教师需要预留时间引导学生及时开展反思，通过反思不断修正项目方案和服务实践活动，并促进学生建构服务经历与知识技能之间的关联。当理论与实践不同步时，就会产生学习的机会，这是因为当预期结果失败，期望的和实际发生的不协调或相分裂时，产生了关键事件，这将成为激励学生学习的关键时刻，教师要善于抓住这样的机会，并采用合适的方式引导学生开展反思，让学生在错误中学习、在实践中学习、在反思中学习（建议 32 学时）。

本阶段的重点工作包括：开展有意义的、可操作的、与解决社区实际问题有关的服务，引导学生走向理解、行动阶段。服务方式最好有多元选择，适合学生发展不同的能力。

我们以“助蕾行动——关怀农村女生”课程为例，介绍某学期该课程的公益服务情况。该课程结合课程四个小组的前期调研情况，考虑青春期农村女生的特点，将服务主题分为三类：悦纳自己，增强自信；提升自我保护能力；开拓视野，放飞理想。每个小组都围绕此三个主题，设计并开展知识讲演、游戏互动、视频图片观看等个性化活动，助力农村女生成长。

悦纳自己，增强自信：在调研中，我们发现家长们普遍对女孩的期望低于男孩，使得女孩的自我评价偏低、缺乏自信，因此有必要通过一些图文传递客观正面的性别观念，通过游戏和互动提高女孩们的自信，快乐地接受自己，认同自己的性别。

提升自我保护能力：青春期阶段的特殊性，加上农村普遍存在的留守现象或家长对该阶段孩子身心变化发展关注的缺乏，使得女孩们在生理成长过程中产生的困扰无法得到重视与应对，对性骚扰、性侵害等危险也缺乏防范意识与自我保护能力，因此有必要以轻松愉快的形式帮助羞涩的同学正面学习生理知识，通过模拟场景等形式让女孩们提高自我保护的意识和能力。

开拓视野，放飞理想：农村封闭的环境容易剥夺女孩追求远大理想的权利而将女孩的未来囚禁在“嫁人生子”的传统观念里，因此，在与女孩们陪伴沟通达到信任和默契的基础上，需鼓励她们敞开心扉，畅想未来，通过女性励志案例、有趣的行业介绍打开她们的眼界和思路，最终引导她们敢于树立目标，勇敢地为理想而努力。

下面我们以“悦纳自己，增强自信”主题为例进行详细介绍。

1. 服务内容

学会悦纳自己：我们每个人都是独一无二的，包括我们的外貌和性格。正是我们每个人独一无二的特点点缀了我们的这个世界，正是一个个不同的“我”才使我们这个世界更加五彩缤纷。悦纳自己还包括要悦纳自己的性别，男孩女孩除了生理上有差异外，其他各方面都没有差别，女孩一点也不比男孩差，男孩女孩都要相信自己。不能重男轻女，也不能重女轻男，男孩女孩生来都是平等的。男孩女孩有权利在学习、生活的各个方面受到平等的对待，男女之间应该相互尊重，因为我们每个人都有其存在的价值。我们每个人的生命都充满阳光，我们一定要自信，要愉快地、开心地接纳自己，完善自己，以阳光的心态去迎接人生的各种挑战。

2. 服务方法

1）热身游戏

通过游戏让女生相互熟悉，并对汕头大学学生与女生间的关系进行破冰，拉近彼此距离。

例：

①爱的抱抱：通过拥抱产生安全感，打破同学间的拘谨。

②自我介绍：热身与自我介绍。

③大风吹：教师分别“吹”勇敢的人，“吹”自信的人，“吹”快乐的人，通过这个游戏识别每个人的特点。

教师引导：

同学们反应可真快，今天，我们要讨论的话题是如何客观地认识自己，认识自己的独特性，包括认识自己的性别。有哪些方法能帮助我们认识自己呢？

2）学会悦纳自己

游戏：优点大集合/优点轰炸

让每个学生在白纸上写上自己的名字，然后写出自己的优点，要求写出三个以上的优点。接下来每人轮流站起来大声念出手中纸上写的内容，念完后大家要给予掌声鼓励。

为了帮助学生更好地体会被人真诚称赞的感受，教师可以引导大家补充这个学生的优点，并引导学生讨论以下问题：

当你大声说出自己的优点时，你感受如何？

当有人真诚地赞美你时，你感受如何？

在这个活动中你印象最深刻的是什么？

3）学会悦纳自己的性别

例：

（1）卡片贴

下列哪些词组是描述男性的，哪些词组是描述女性的？事先准备好一个男孩画像，一个女孩画像，请学生分别把下列词组贴在男孩和女孩画像上。

坚强 勇敢 温柔 细心 粗鲁 聪明 爱哭 爱笑 怀孕
喉结 喂奶 长胡子 穿裙子 扎小辫 做家务 科学家 飞行员
护士 工程师 冒险 果断 心灵手巧 善解人意

老师根据这些卡片贴的结果引导学生认识人的生理性别和社会性别，看哪些词是男女所独有的、不能互换的。那些男女不能互相替代的词指男女之间的生理差异，这种生理上的差异就叫生理性别，生理性别是天生的，是不能改变的。那些男女可以互相替代的词指社会性别。社会性别是后天环境、文化等形成的。我们应尊重每个人的个人特质，女孩男孩都应该勇敢坚强，男孩女孩都应该温柔善解人意，勇敢的女孩和文静的男孩同样受欢迎，男孩女孩都能拥有多元发展空间。

（2）头脑风暴

如：请学生举例找出身边有哪些重男轻女的观念？

生男孩传宗接代立门户。

男孩应该玩刀、枪、炮、车、足球，女孩应该玩娃娃、过家家、跳房子。

男人天生就比女人能干。

男主外，女主内，做家务是女人的事。

男孩阳刚、女孩温柔是天生的。

男人有泪不轻弹，男人不应该把脆弱的一面表现出来。

男孩适合学理科，女孩适合学文科。

……

（3）看图说话：男孩女孩都一样

通过讲解漫画的形式让小朋友们认识到男女生在职业和理想上也能有一样的目标。

（4）理论知识讲授

——从女生视角描述男女生特征；讲解生理性别与社会性别，让女生认识自己，悦纳自己。

——主要讲述增强自信的故事来给小朋友一定的启发与鼓励。

服务反馈：通过用两种颜色的小纸条代表在这一主题活动中得到什么和扔掉什么，发现大部分同学认可男女平等这一观念；初步了解到了两种性别的差异，加强了对自我的认识，也在自我认识和了解当女生的好处中增强了自信。扔掉了之前在学习和生活上的压力，学到了减压的方法。这些反馈说明了我们传授的大部分知识她们都能很好地消化吸收，也引发了她们的思考。但不足的是，因为该部分大多是理论知识讲授，同学们可能对一些理论化的概念只有粗略的了解，不能完全地内化吸收。

二、突发事件的处理

服务性劳动课程中常见的突发事件处理原则[①]如下。

1. 常见突发事件 1：恶劣天气

在服务性劳动课程服务过程中，最可能遇到的突发状况是天气变化导致的自然灾害，严重的如暴雨、洪水乃至泥石流等。一般来说，外出实践的师生极少遭遇“灾害”级别的自然状况，但很可能因预料外的恶劣天气而不得不改变课程实践安排。对于此类状况的应变措施主要有：①更改活动行程，避开恶劣天气或不宜开展活动的自然环境；②更改服务内容，取消在不适宜自然状况下可能威胁人身安全的活动项目；③如已置身危险境地，需立即启动安全预案实施自救；④迅速与有关各方取得联系，尽量保持沟通，做到信息畅通；⑤指导老师应利用自身经验，妥善安置学生并开展心理辅导等必要工作。

2. 常见突发事件 2：意外伤病

伤病也是服务性劳动课程实践过程中很有可能遭遇的突发状况，其中最常见的是感冒、发热、呕吐、腹泻、中暑、晕车（晕船），以及因碰撞、滑倒、跌落、使用器具不慎、动物伤害（如蚊虫叮咬）等所导致的伤痛。对于此类状况的应对措施主要有：①行前提醒师生携带常用药品、必要衣物，以备不时之需；②有条件的话可配置队医，或吸收有经验的医学院师生加入团队；③及时救治伤病队员，必要时转送专业医疗机构；④如有需要，及时调整实践活动行程和内容；⑤不管有事无事，经常提醒师生注意保护人身安全。

3. 常见突发事件 3：卫生事件

食物中毒和非食源性卫生事件是服务性劳动课程实践过程中常见且多发的状况，因为实践地点往往在山区、乡下，卫生状况难以和学校比拟。对于此类状况的应对措施主要有：①尽量安排队员自行采购食材、烹饪伙食；②若委托别人采购或烹饪食物，注意提醒和监控卫生安全；③安排师生，合理分工协作，改善居住环境和卫生状况；④不要为控制成本而损失食品质量、卫生安全；⑤有条件的话可配置随队医护人员，如吸纳医学专业师生加入团队，优化团队结构。此外，受当前新冠肺炎疫情影响，服务性劳动课程需要加强防护工作，严格遵守现居住地疫情防控要求，确保师生和被服务地的人群的生命安全和身体健康。

---

① 曾锐，汕头大学党政办主任，服务性劳动课程教师。

4. 常见突发事件 4：矛盾冲突

服务性劳动课程实践过程中出现的突发状况，往往是因为某种矛盾引发了冲突。常见的、容易引起冲突的矛盾有：①计划与实际的矛盾；②需求与供给的矛盾；③团队与个人的矛盾；④服务者之间的矛盾（学生与学生、老师与学生、老师与老师）；⑤服务者与受助者的矛盾；⑥受助者之间的矛盾；⑦服务者与当地其他群体（个人）的矛盾；⑧受助者与当地其他群体（个人）的矛盾。

对于此类状况的应对措施主要有：①尽量规避潜在的矛盾冲突；②合理调解显现的矛盾冲突；③优化团队结构，合理安排分工，最好有熟悉当地方言、沟通能力较强的队员；④明确并坚持公益实践活动的目标，了解并尊重受助者的实际需求，避免节外生枝；⑤精心设计活动内容和行程，但要根据实际情况灵活调整。

三、如何开展反思

反思是服务学习的一个重要环节，它将学习和体验与个人的成长和认知整合起来。反思是一个暂停键，它给学生时间去思考所学所做对自己的思想和未来行动所起的作用，帮助学生将服务实践经历与学习内容相结合，是将经历转化为学习的过程，也就是一种探索经历来学习新知识的方式，因为反思是批判思维的一部分，它也是元认知技能获得和发展的一部分。反思可以帮助学生获得更多关于自己的理解，也提供机会让老师们来分辨学生在服务中所获得的新知识。

在服务性劳动课程中，反思的目的是希望学生将服务经验与课程内容结合起来，协助学生进一步洞察社会问题的根源，找到切合实际的问题解决方案。反思阶段需要注意的是，需要接收到来自被服务者、同学及老师的反馈，此外，教师需要引导学生关注关键事件（critical incident）。关键事件是心理学的一个术语，指高绩效或低绩效的样例，是激发重大事件的关键事件。在服务性劳动课程中，关键事件可以通过师生观察或者在学生讲述经历的过程中发现，事件可能是积极的，也可能是消极的，对于消极的事件，个别学生可能会产生挫败心理而过分自责，教师需要做好当事人的后期心理疏导工作。

经过反思训练，能促进学生批判性思维和问题解决能力的提高，也能促使学生进一步了解自己，提升对自我的认知，在反思中不断完善自身专业知识结构，了解社会需求，培养公益心，增强社会责任感。

反思是体验学习的必要组成部分。服务性劳动课程将学习与社区服务相结合，将理论与实践，抽象和具体相结合，它之所以不同于传统的教育，是因为它是通过体验的积极学习。反思对于服务性劳动课程的学生来说，可能产生个人改变，成为更积极的社区一分子，也可能会触动社会的改变。这些潜在的改变是广泛的、多变的、无限的。反思也是学生们在未来职业中可以用到的转换技能。吉布斯（Gibbs）[①]1988 年提出的反思循环圈展示了如何在服务前、中、后让反思发挥最大作用（图 5-3）。

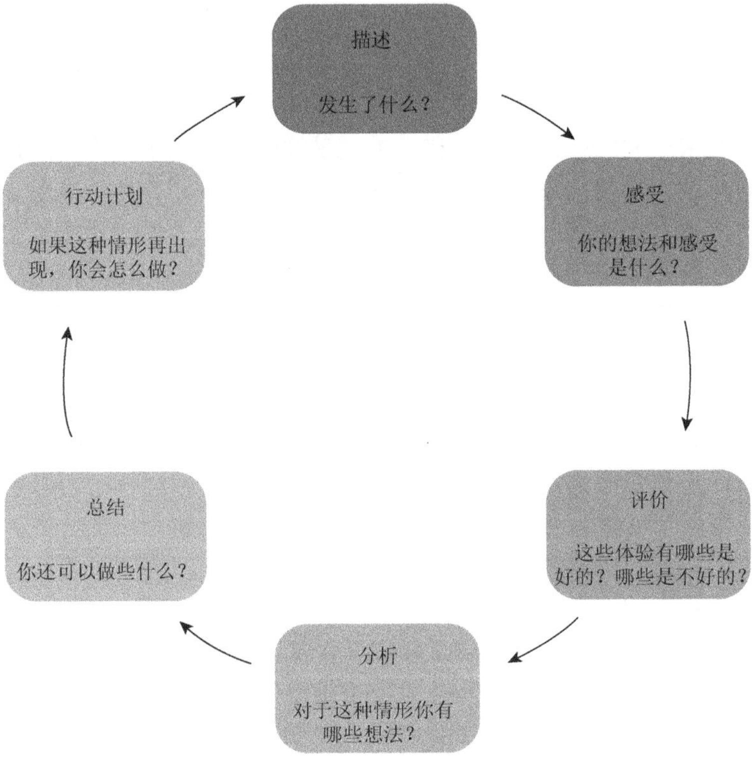

图 5-3　反思循环圈

反思阶段的重点工作包括以下两点。

（1）反思是服务性劳动课程与社区服务、志愿服务最大不同的地方，可设计结构化的反思活动，如撰写服务日志、研读与服务对象有关的图书、小组讨论、撰写研究报告等。

（2）把握体验学习周期：What？（我做了哪些服务？）；So What？（这些服务带给我的意义与学习？）；Now What？（未来我将如何运用所学？）

服务性劳动课程的许多成效都取决于定期的反思。反思的基本原则如下：

（1）反思是结构化的，需要有一个清晰的目标。

（2）选择的方法需要与要达到的学习结果相一致。例如，基于服务的写作活

① Gibbs G. Learning by Doing：A Guide to Teaching and Learning Methods[M]. London：Kogan Page Ltd，1988.

动促进直接的学习，日志写作促进个人的成长，小组讨论在促进小组建设中是非常有效的。

（3）所有的学生都要参与到反思中来，并与他们的经历相联系。

（4）学生在评估他们学到了什么，以及判断他们的进步时需要得到帮助。

（5）反思是不间断的，它应发生在服务的前、中、后，而不仅仅是在活动的最后。但更强调服务后的反思。

（6）将反思与学生相关的方法之一是将它与课程的联系最大化，利用学习的知识提供服务，应用所学的课程应是一个交互的过程。

（7）反思不能局限于简述经过或感受（虽然这两者也很重要），应加入更具有挑战性的思考、分析、诠释和解决问题。

（8）培养学生的思考和推理能力。

（9）要给予学生足够的反思时间。

（10）反思是服务性劳动课程不可缺少的一部分，它可以将服务经验通过新技能、态度和观点，融入参与者的生命当中。

那么，需要反思什么呢？结合吉布斯的反思循环圈，以下问题可供参考。

1. 对服务本身

（1）我在协助他人过程中获得了什么？

（2）他人如何经过我的帮助而受益？

（3）什么事或人让我变得不一样？

（4）什么事或人让我难以接受？

（5）我认为每个人应该帮助他们的社区吗？

（6）什么价值和信念在服务他人时最重要？

2. 对自我定位

（1）我做了什么？接触了什么？所得到的感觉和思考是什么？为什么会有这种感觉？这些事情对我看事情、看世界、自我认知有什么改变？我学到了什么？我对服务对象的价值观和相处体验有何感受？我用什么技术帮助他们？

（2）我的服务方案是什么？活动中什么层面最有趣？什么层面最具有挑战？有何额外的技术或知识可以促进我的服务？我所服务的人或机构对我有何看法？对我个人的成长有何改变？

（3）我想解决的社会问题是什么？服务过程中，我产生了什么新问题？我的团队如何能被信赖？如何能成为一个改变社区的团体？

（4）以前有何成功的经验？上次的经验中最大的挑战是什么？后来如何克服这些挑战？面对新的服务项目的挑战，我该有什么信念和态度？

（5）下次我有何计划？可能的新做法是什么？

3. 对他人

（1）我与谁一起工作？
（2）他们的价值、信念、期待和梦想是什么？
（3）他们有什么相同和不同？
（4）他们的需求和问题是什么？
（5）他们提供的服务对他们的成长和生活有什么改变？
（6）有何状况限制了他们的效率？
（7）旁观者清，我给他们什么建议？

4. 对社区

（1）我所服务的议题是什么？
（2）影响这个议题的政治、经济、社会因素是什么？
（3）如果这个方案成功了，对人们会有什么影响？
（4）我在这项议题中学到了什么新知识？
（5）这些知识对我的人生有什么正面的影响？

5. 对国家

（1）目前有哪些社会问题？
（2）如何做能够减少这些社会问题？
（3）我愿意成为改善社会的一员吗？

我们也可以结合吉布斯反思循环圈和上述问题，列一个矩阵表，如表 5-6，帮助我们更全面地反思服务性劳动课程。

表 5-6　反思内容与反思步骤矩阵表

反思步骤	描述（发生了什么？）	感受（你的想法和感受是什么？）	评价（这些体验有哪些是好的？哪些是不好的？）	分析（对于这种情形你有哪些想法？）	总结（你还可以做些什么？）	行动计划（如果这种情形再出现，你会怎么做？）
对服务本身						
对自我定位						
对他人						
对社区						
对国家						

学生在完成当天或阶段性的服务后，建议对服务活动进行反思，完成反思日志或周志（表 5-7），在课程全部结束后，每位学生需要对课程全过程进行反思，可结合之前的日志/周志，提交一份反思总结报告。反思总结报告需要每位学生对照课程大纲所设定的预期学习成果、预期服务结果及在课程开设之前对自己预设的学习结果，总结自己在课程中所达到的目标，特别是在社会责任、劳动价值观、领导力与团队合作、沟通与表达能力、批判思考与解决问题能力方面的收获。教师需要对学生的反思报告予以反馈，学生的反思总结报告相当于最终的课程作业，是课程评估的重要组成部分。

表 5-7　服务性劳动课程学生服务活动反思日志/周志

学生姓名		年级专业		学号	
服务单位		服务地点		指导教师	
服务时间					
服务目标					
服务内容	我今天/本周做了什么服务？看到什么？听到什么？接触到什么？				
学习要点	我从这些服务中学习到什么？对我有什么意义？我对所见所闻有什么感想？我在服务过程中产生什么新的问题？				
反思	这些活动对我看事情、看世界、看自己有什么改变？我将来能为谁做什么？未来我将如何运用这些所学？				
后续行动	我服务的对象真正需要的是什么？我需要哪些资源和帮助？在服务学习理念下，我如何解决当下所面对的困难？				
指导老师反馈	签名：　　日期：				

四、总结分享

该部分是在教师的组织下，引导学生对课程学习和服务实践进行回顾和总结（建议 2—3 学时）。在总结分享阶段，教师给予适当的反馈对学生的成长来说非常重要。

第六节　服务性劳动课程的评估构成

泰勒认为："评价过程在本质上是一个确定课程与教学计划实际达到教育目标的程度的过程。"[①]课程实施结果是否达到预设的目标、服务单位对学生所提供的

① 泰勒. 课程与教学的基本原理[M].施良方，译. 北京：人民教育出版社，1994：85.

服务是否满意、教师的角色发挥得是否得当，这些都可以通过评估进行检验，通过评估也可以全面监测课程质量，并为改进课程提供反馈。课程评估的方式多种多样，以下是服务性劳动课程常用的几种评估方式。

（1）自我评估。自我评估是让学生学会对自己的行为负责或准确评估自己的方式，也是评估学生和确定其服务等级的有效方式。自我评估用于学生反思自己的表现，激励他们进一步行动。采取自我评估，要告知学生评估的方面和等级。

（2）每周行动报告。即学生报告他们负责的服务项目的完成情况。教师要计划好报告的时间，让学生填写报告表，让学生或小组成员汇报活动总结，注意给每个学生汇报的机会。

（3）评估学生的反思。在服务性劳动课程中，反思涉及创造性的和批判性的思维活动，目的在于将服务经验转化成富有成效的学习经验。评估学生反思性的总结是有效的评估方式。教师可根据反思水平确定学生的思考水平。如学生能说明出某种观点令人信服的理由；举出两个人的看法及其根据，能解释两者之间的差异；认识和理解观点的差异；能理解和解释根据。除了上一节介绍的关于如何开展反思中提到的相关问题外，我们也可以让学生思考这三个大问题，发生了什么？发挥了什么作用？有什么暗示？

关于"发生了什么"这个问题可包括：你观察到了什么？你提供了什么服务？你觉得你的所作所为怎样？针对的问题是什么？结果是什么？在你的服务经验中值得注意的是什么？

关于"发挥了什么作用"这个问题可包括：你学到了什么新技能？服务性劳动课程有助于你认识到新的兴趣吗？这一经历与你所期望的有何不同？服务经历对你看问题、社区和你自己的方式有何影响？关于服务的接受者和社区，你了解什么？社区从服务项目中得到什么益处？

关于"有什么暗示"这个问题可包括：你帮助克服社区的挑战吗？怎样帮助的？下一步需要采取什么行动？为什么？什么导致服务性劳动的成功或失败？所学到的哪些知识可运用到其他领域？你将与未来的服务提供者分享什么忠告？因为这次服务经历，你想进一步学习什么？

以汕头大学为例，学校围绕服务性劳动课程的 10 个目标，设置了 4 个评估维度：教师对学生的评估、学生对教师的评估、学生的自我评估及合作服务单位的满意度评估。为了贯彻"以学习者为中心"的评价原则，教师对学生的评价结合了质性课程评价与量化课程评价两种方式，期望从多角度获得真实全面的学生学习和服务情况。课程还可以根据情况，设计符合学习结果的其他评估方式，如前测、后测评估或学生互评等。以下详细介绍四种评估方式。

一、教师对学生的评估

由于服务性劳动课程属于体验学习，课程评价若使用传统教学中的量化评价则很难客观地评价学生的学习结果，它的评价以表现性评价和档案袋评价为主。表现性评价的课题一般具有两个特征："其一，学习者面对的'问题'并不是教科书或习题集里的'问题'——这些问题大多是碎片化了的知识。其二，重视有现实感的综合性问题。"[①]表现性评价注重知识和技能的综合运用，可以让学生全方位地表现自己，但其不足之处在于评分带有主观性、信度较低、费时费力等，为此可以补充档案袋评价方法。"档案袋评价方法主要是收集、记录学生自己、教师或同伴作出评价的有关材料，学生的作品、反思等证据和材料，以此来评价学生的进步状况，这种方式可以为教师提供有用的信息，有助于教师检查学习过程和学习结果，形成对学生的准确预期，方便教师参与评价。"[②]

在服务性劳动课程中，教师对学生的评价通常包括课程研习、实践过程、课程总结三个方面，结合表现性评价和档案袋评价法，评价方式可以包括项目计划、服务中的表现、反思日志/周志、反思报告、调研报告等（表 5-8）。

表 5-8　服务性劳动课程可以采用的评估学生的方式

通用的服务性劳动课程预期学习结果	可以采用的评估方式
1. 运用知识和技能来解决服务场景中出现的复杂问题	项目计划书 服务中的表现 反思日志 调研报告
2. 反思自己的角色和责任	反思日志 学生口头汇报 反思报告
3. 对需要帮助的人提供帮助，减轻痛苦；或解决问题；或倡导议题。让学生产生社会责任感	服务中的表现 反思日志 反思报告
4. 理解所学知识和服务之间的关联	服务学习项目计划书 反思日志 学生口头汇报 反思报告

根据服务性劳动课程的学习内容和服务内容，教师对学生的评估要素和权重可参考表 5-9。各课程可结合预期学习结果，调整各评估要素及权重。

① 森敏昭. 21 世紀の学びを創る[M]. 京都：北大路書房，2015：31-32，37，133.

② 陈旭远. 课程与教学论[M]. 长春：东北师范大学出版社，2002：374.

表 5-9　教师对学生的评估要素和权重示例

具体的评估要素（方法/任务）	权重/%
课堂讲授环节	10
服务项目设计	20
服务中的表现	40
总结分享、反思日志、反思报告	30
合计	100

具体对应的评价项目、内容及具体表现可参考表 5-10 服务性劳动课程学生评价表。

表 5-10　服务性劳动课程学生评价表

请选择您认为该生在参与课程之后，应该得到的合适分数。

评价项目	评价内容	内容具体表现
A1.课堂和准备阶段的表现	B1. 课堂表现及相关知识（10 分）	上课认真，积极参与。掌握服务学习理念、马克思主义劳动观、公益知识、项目设计方法等内容
	B2. 项目设计（20 分）	运用服务学习理念等知识设计项目方案，方案合理、可执行
A2.实地需求调查和服务实践	B3. 思想意识与品质（5 分）	在服务过程中积极主动承担服务项目，不怕困难和辛苦，积极主动帮助服务对象
	B4. 组织协调能力与团队意识（10 分）	有组织、按计划地完成服务任务，能恰当地分配时间，服务过程中与团队成员互帮互助，能协调与团队成员间的任务
	B5. 社会沟通能力（10 分）	对待服务对象热情，态度诚恳，主动与服务对象接触，关心帮助服务对象，与服务对象和睦相处
	B6. 研究与解决问题的能力（10 分）	能采用多种方法收集信息，面对问题时冷静、有耐心，并能积极寻找解决问题的方法。调查报告内容翔实、结构合理、反思深刻，能有效指导服务
	B7. 环境适应能力与安全意识（5 分）	能适应环境的变化，面对艰苦的生活环境时保持乐观、开朗的态度。服务过程中具有安全意识，不擅自行动
A3.课程总结与分享	B8. 反思日志、反思报告（15 分）	结构合理、思路清晰，有深刻见解，有学术价值
	B9. 心得分享（15 分）	积极主动分享活动感受，心得分享内容丰富、有新意

二、学生对教师的评估

服务性劳动课程教师，尤其是新教师往往不能明确什么时机该做什么，比如，什么时候应该讲授，多讲一些还是少讲一些，什么时候应该引导学生反思，什么时候应该给予反馈，什么时候该放手让学生主导，什么时候教师来主导，等等（有关教师的角色，详见本章的第八节内容）。倾听学生的声音是一种帮助教师反思和改进教学的有效方式。实践表明，经过多轮评估反馈，教师们对时机的把握会越来越好。除了总结性评估外（表 5-11），课程教师还应注意开展形成性评估，即在课程开展过程中，定期收集学生的反馈信息，调整改进教学计划。

表 5-11　服务性劳动课程任课教师评价表

请你对任课老师就以下评价项目进行评分（1—5 分，1 表示最低，5 表示最高）。

评价项目	具体表现	参考权重	评分				
A1. 课程研习 30%	B1. 老师能为我清楚地讲解马克思主义劳动观/公益知识/项目报告设计方法/社会科学研究方法/安全服务及突发事件处理方法等知识	0.2	1	2	3	4	5
	B2. 老师的授课内容经过精心组织、结构严谨，切合服务性劳动课程念，理论知识和实践经验紧密结合、通俗易懂	0.2	1	2	3	4	5
	B3. 老师在授课中平易近人、令人信任，与我进行交流互动，注重培养我的交流和沟通能力	0.2	1	2	3	4	5
	B4. 老师不仅传授公益知识，更引导我如何做人（如如何具有奉献精神，以及积极、乐观向上的价值取向等）	0.2	1	2	3	4	5
	B5. 老师能启发我从多方面思考问题，注重培养我综合采用多种思维方式分析问题与解决问题的能力	0.2	1	2	3	4	5
A2. 实践过程 40%	B6. 老师在服务前与我们一起详细讨论活动方案，保障活动能够安全有序地进行	0.25	1	2	3	4	5
	B7. 老师严格按照活动方案进行实践服务，亲身示范如何安全、有效地进行服务	0.25	1	2	3	4	5
	B8. 能有效而及时地处理突发事件与紧急情况	0.25	1	2	3	4	5
	B9. 老师适时组织引导反思并及时恰当给予反馈	0.25	1	2	3	4	5
A3. 课程总结 30%	B10. 老师对实践服务总结到位、评价合理，在分享过程中注意对我进行情感、态度、价值观和环保意识等方面的教育	1	1	2	3	4	5

三、学生的自我评估

学生的自我评估，可重点评估学生的知识掌握情况、良好的思想意识与品质、组织与协调能力、社会交往能力、问题解决能力与研究能力及环境适应能力六大方面，具体评价项目及权重可参考表 5-12。

表 5-12 服务性劳动课程学生自我评估表

请选择你在目标具体表现各项的得分（1—5 分，1 表示最低，5 表示最高，请在下列表格合适的分数上打“√”）。

评价项目	具体表现	参考权重	评分				
A1.知识掌握情况 20%	B1. 了解当地的政治、经济和文化发展情况，了解马克思主义劳动观	0.25	1	2	3	4	5
	B2. 掌握公益项目设计的原则、步骤和方法	0.25	1	2	3	4	5
	B3. 掌握社会调查方法的理念、程序和方法	0.25	1	2	3	4	5
	B4. 掌握安全服务的事项与技巧	0.25	1	2	3	4	5
A2.良好的思想意识与品质 20%	B5. 具有社会服务意识，积极为社会和他人服务，认识到服务劳动的价值	0.125	1	2	3	4	5
	B6. 具有奉献精神，对人对事不求回报	0.125	1	2	3	4	5
	B7. 具有敬业、守信的职业精神，能按时保量地完成工作任务	0.125	1	2	3	4	5
	B8. 具有环保意识，积极主动地参与环保活动，自觉保护环境	0.125	1	2	3	4	5
	B9. 具有积极、乐观向上的人生价值取向	0.125	1	2	3	4	5
	B10. 具有遵守公共道德的自觉性，并能主动维护公共道德	0.125	1	2	3	4	5
	B11. 具有包容、诚信、负责和关爱的价值观	0.125	1	2	3	4	5
	B12. 具有实事求是，追求并坚持真理的精神	0.125	1	2	3	4	5
A3.组织与协调能力 15%	B13. 能够与团队成员和谐相处，在团队活动中互帮互助	0.25	1	2	3	4	5
	B14. 具备良好的领导能力，能够独自策划、组织与协调活动的开展	0.25	1	2	3	4	5
	B15. 能明确团队活动中的任务分工，积极主动完成自己的任务	0.25	1	2	3	4	5
	B16. 具备合理有效地安排和使用资源的能力	0.25	1	2	3	4	5
A4.社会交往能力 15%	B17. 具有和谐的人际关系，与人交往时诚实守信	0.25	1	2	3	4	5
	B18. 具有良好的交往与适应能力，与陌生人交流时自然轻松	0.25	1	2	3	4	5
	B19. 具有良好的交流沟通技能，能清楚表述自己的想法	0.25	1	2	3	4	5
	B20. 具有良好的理解与倾听他人的能力，能与不同背景的人进行交流和沟通	0.25	1	2	3	4	5
A5.问题解决与研究能力 15%	B21. 具备设计项目方案的能力，包括方案的可行性分析、执行过程的监控与评估等	0.2	1	2	3	4	5
	B22. 能够独立进行社会调查	0.2	1	2	3	4	5
	B23. 能搜集并分析资料，具备撰写调查报告的能力	0.2	1	2	3	4	5
	B24. 具备对相关知识与资料进行综合分析，并提出问题的能力	0.2	1	2	3	4	5
	B25. 遇到困难能努力克服并寻求解决办法	0.2	1	2	3	4	5
A6.环境适应能力 15%	B26. 能够适应新环境，并针对环境的变化进行心理和身体的调节	1	1	2	3	4	5

1. 请提出对改善课程实施效果的可行性建议。

____

____

2. 请对下次参加该课程的学生提些建议。

____

____

3. 从该课程中你收获了什么？哪方面的提高最快？

____

____

4. 你认为一个优秀的服务性劳动课程老师应该具备哪些素质？请写出你对课程老师想说的话。

____

____

四、合作服务单位的满意度评估

公益服务对社区究竟带来了什么影响是一个非常重要的问题，是检测服务成效的重要指标。检测服务成效的最好办法是从不同的角度获取信息，如到访服务地点、电话访问、书面评估等。要注意的是，服务受益者不是这些信息的唯一来源，通常来说，那些没有直接参与活动的个人如果有收获，也会愿意分享他们的反馈。地点观察员、社区机构代表、其他学生和志愿者、家长等都可以是受益者。另一种检测服务成效的方式是服务群体的参与程度，参与活动的人数也可以作为服务成效的一个指标。表 5-13 是服务性劳动课程合作服务单位满意度评价表，在服务结束后，课程可开展服务单位的满意度评估调查。此外，课程也可以结合电话访问、服务地回访等其他方式，获取更全面的服务成效调查信息，为今后服务性劳动课程的提高改进提供依据。

表 5-13　服务性劳动课程合作服务单位满意度评价表

单位名称（盖章）：______________填写人（签字）：__________（职务：________）

课程名称：______________服务时间：______________

评估内容（采用合作服务单位对活动小组团体评定的形式，其中 1—2 题选项：非常满意为 100 分，较满意为 80 分，基本满意为 60 分，不满意为 30 分，非常不满意为 0 分）：

1. 您对服务指导教师在服务过程中的表现满意吗？

A. 非常满意　B. 较满意　C. 基本满意　D. 不满意　E. 非常不满意

2. 您对学生在服务过程中的表现满意吗？

A. 非常满意　B. 较满意　C. 基本满意　D. 不满意　E. 非常不满意

3. 您认为此次服务给您或社区带来了正面影响吗？

A. 非常大　B. 很大　C. 一些　D. 很小　E. 没有

4. 您认为此次服务必要吗？

A. 非常必要　B. 必要　C. 一般　D. 不必要　E. 非常不必要

5. 您对此次服务有何不满意的地方？

____

____

6. 您对我们今后的服务有何改进建议？

____

____

第七节　服务性劳动课程的管理机制

课程管理是课程系统工程的一个组成部分。加强服务性劳动课程管理，可以使课程实施所需的经费、师资、设备等必要条件发挥最大的效益，并可以促进课程系统的顺利运行。此外，通过对课程进行评估，可以对课程计划和实施过程予以修改和校正，提高课程质量。“现代课程管理的结构包括互相联系、互相制约的三个基本要素，即课程管理主体、课程管理客体和课程管理目标。”[①]从课程管理主体方面来说，课程管理客体即服务性劳动课程的开展及课程管理目标的实现离不开学校的顶层设计和支持，以及强有力的组织管理机构。作为一种新兴的课程模式，服务性劳动课程需要高校自上而下的政策支持、经费支持、人员支持等，方能实现课程的育人成效。一般来说，开设服务性劳动课程的高校大多设置了专门的机构来管理和支持服务性劳动课程的开展，使课程实施得以高效有序的运行，促进服务性劳动课程生态系统正常运转并良性循环。服务性劳动课程生态系统需要处理好几对关系，一是外部需求驱动和内部学习驱动的关系，即明确要解决的社会问题及如何解决这些问题；二是要合理安排好社区和学校的育人角色，使服务体验在促进社区和谐的同时，能促进深度学习的产生；三是要处理好知识系统和经验系统的关系，即服务和学习之间的关系。而处理好这些关系，需要设置专门的服务机构来协助课程教师连接学校和社区，发挥纽带和助力功能。[②]

通过整理查阅相关的文献资料发现，美国的许多高校如加利福尼亚大学伯克利分校、康奈尔大学、宾夕法尼亚州立大学等，以及中国台湾、香港的许多高校都设置了专门的机构来推动和管理服务学习课程，学校投入专门的经费来支持机构运作。各个学校设置的机构隶属于不同的部门，有的隶属于学术部门，

① 廖哲勋，田慧生. 课程新论[M]. 北京：教育科学出版社，2003：447.

② 蔡映辉，刘祥玲. 服务学习课程的设置与管理研究[J]. 江苏高教，2019（11）：69-73.

有的隶属于行政部门，还有的是属于混合式的[①]。这些机构的主要工作内容有：一是对服务学习课程进行日常的管理，如建立服务学习活动知识库，形成相关的规范，对服务学习课程开展评估并进行反馈，形成持续改进机制，协助师生开展服务学习项目，规划服务学习活动等。二是对服务学习课程的教师开展培训，使他们具备开发课程的能力，增强服务学习课程教师的教学力量。三是对服务学习开展研究。四是整合各方资源，与相关机构沟通、协调相关事宜。负责寻找社区合作伙伴并沟通相关事宜也是服务学习中心的重要任务。服务性劳动课程的开展，需要寻找合作服务单位并与之建立伙伴关系，服务学习中心一般会提供专业的资源，与社区合作伙伴沟通，这降低了教师寻找合作服务单位的难度，一定程度上减轻了教师的工作量，也会吸引更多的教师加入到推行服务学习的行列中来。

成立专门的服务性劳动课程管理机构，是加强服务性劳动课程管理、提高课程质量的必要举措。机构的任务是建立管理和评价机制、加强与社区之间的联系、统筹协调各参与方、提供专项经费、广泛开展师资培训、助力推广服务学习，其中建立科学的管理和评价机制、建立并加强与社区之间的联系是管理机构的重要任务。

建立科学的管理和评价机制。将服务性劳动课程适当引入考核制度，增强服务学习的规范性，是提高服务性劳动课程育人效果和服务效果的有效措施。从多角度评估学生的学习效果，既可检测课程的实施效果，也可以帮助教师及时调整课程内容。建立服务学习的评价机制应以学习目标和服务目标为核心，通过社会评价、教师评价、学生互评和自评等途径开展评价，评价结果作为课堂成绩的一部分，纳入课程体系。另外，评价结果也可以作为检测课程实施效果的重要参考，形成长效激励机制。

建立并加强与社区之间的联系，保持长期深入的合作关系。服务性劳动课程需要社区机构的积极参与和配合，这也是其特殊性之一。当前服务性劳动课程在开展过程中，存在着社区机构被动接受、缺乏深度参与、缺乏对学生的共同督导、对学生的学习促进方面参与较少等问题，缺共识、缺联动影响了服务效果、学习效果、评价效果及可持续发展。在社会实践体系中，社区若没有融入组织体系，也就很难发挥出应有的作用。服务性劳动课程管理机构要与社区建立合作伙伴关系，深入了解社区的真实需求，根据实际情况调整活动方案，以确保提供的服务能切实帮助社区克服困难，而不是为了服务而服务。此外，要强调社区在培养人才中的社会责任和重大意义，对社区合作机构进行培训，使其成为学生的“共同教育者”。此外，学校还可争取社会企业、非营利性机构等的支持，团结社会各界力量促进服务性劳动课程的可持续发展。

---

① Zlotkowski E. Successful service-Learning programs: New models of excellence in higher education[M]. Bolton: Anker Publishing Company, Inc., 1998.

服务性劳动课程既可推动社区进步，又能激发社区居民的学习热情。然而，当前学校的社会实践由于社区的被动参与效果不太明显，因此，营造协同合作环境可使社区认识到服务性劳动课程对其发展带来的积极影响。首先，社区需转变以往只注重服务和奉献而忽视培养学生、助其成长的观念，要以各参与方利益的最大化为终极目标。其次，社区要与学校建立互相体谅、互相支持的合作伙伴关系，接纳和配合服务性劳动课程的开展。由于部分学术性较浓的服务性劳动课程会受到社区的抵制，双方需要在充分沟通协商的基础上，达成共识，建立互相支持、互相促进的合作关系，为社区的和谐发展和教学科研进步注入新的活力和发展动力，促进社区问题的解决和良性发展。最后，社区合作机构要积极参与培训，提高实践指导能力，使社区成为学生的“共同教育者”。这种提升不仅有利于社区管理水平的提高和社区问题的解决，还可以进一步指导和促进学生在服务学习活动中的进步和成长。

第八节　服务性劳动课程的教师角色

服务性劳动课程属于体验式教育的一种，实施方式与传统讲授式课堂的实施方式不同，师生的角色分工也不同。具体如何不同呢？我们先以两位教师对教师的角色定位反思为例，来介绍他们在课程指导过程中对于教师角色的思考。

有关服务性劳动课程“任课教师”的角色定位之反思

第一次参加服务性劳动课程的老师难免会有种种担心，会上就有老师提议“给学生提供去年的课程案例”，让学生对这门特殊的课程有更直观的了解。但是考虑到服务性劳动课程是要鼓励学生做“公益创意”，它不同于以往学生从老师那里被动接受的学习方式。经讨论，老师们达成共识，不向学生提供2010年成果集作参考。

“是否给学生提供去年成果集作参考”这一项讨论的背后，是有关“服务性劳动课程中教师的角色定位”的思考。“老师要给学生提供什么（知识、理念、方法……）？提供多少？用什么方式？”关于这一系列问题的思考也贯穿我参与服务性劳动课程的始终。

我们的课程名称是潮汕“妇女与社会”创意研习服务，“妇女”是这门服务性劳动课程进行社会服务的主要（并非唯一）目标群体。53名选课学生分别来自新闻、艺术、文、法、工、理、商等学院。多学科背景的学生团队是课程所鼓励的，而这同时也意味着课程很难鼓励学生将“专业知识”应用于社会服务。根据电话会议达成的共识，我们拟定了课程大纲，在半天时间里要向不同专业的学生（大一新生为主）讲授社会性别理念、社会调查方法、潮汕民俗与社会服务。从课后的反馈来看，我们当初的设计有些乐观。面对半天时间里如此丰富的讲授内容，学生们有些应接不暇。针对这一问题，我的反思是：假如6月14日的电话会议邀请一两位选课学生代表，与老师们共同开发2011年课程的话，效果也许会有不同。这便涉及“老师以什么方式提供给学生（知识、理念、方法……）”的问题，借用《2010年成果集》封面的两个词，“帮助”和“引导”。任课老师在服务性劳动课程中，更多的是扮演学生们的“协调者”或“引导者”，用英文的一个词叫“facilitator”。

——原汕头大学文学院妇女研究中心讲师王晓莉

“相约蓝天”创意研习服务课程指导经验总结

2012年暑假，我有幸成为汕头大学“相约蓝天”创意研习服务课程助课教师，指导学生开展公益实践活动。服务性劳动课程对内地大多数人而言，还是一个新事物。汕头大学是内地第一所开设服务性劳动课程的大学。刚开始接触这一门课程，基本上没有什么概念。我和同学们一样，都是第一次接触到服务性劳动课程。

对于如何指导学生，以及指导老师在服务性劳动课程中应该处于什么样的角色，尽管在理论上有着比较清晰的认识，但如何运用到服务性劳动课程实践当中，却是一门艺术。整个服务性劳动课程中，我都一直游走于“收”与“放”之间，在“收”与“放”之间拿捏不定。什么时候该放手让学生们放手去做，什么时候该介入，介入到何种程度，这些都需要指导老师去把握，去权衡。

一门服务性劳动课程的好坏，显然不能仅仅以学生们的公益活动成效来判断。一个公益项目实施得好，有时是导师介入过多产生的结果，我们要尽量避免这种情况。服务性劳动课程的主体是学生，导师不能过多地介入。指导老师介入过多，抓得严，活动效果当然会好一些，但学生们得到的锻炼就少了。从一个团队建立，到项目的策划、设计和实施、总结和反馈，整个过程应该由学生自主完成。只有当整个团队陷入困境，或者凭学生自身无法使项目正常运转时，导师才能介入。指导老师的责任不是担当这个项目的火车头，而是随时监控“火车”的正常运行，不至于出轨。我知道，要把握好这个度，的确很难。尤其是对于第一次指导服务性劳动课程的我来说更是如此。

有时放手过早也会产生很多问题。以我所在的小组为例，一开始我就告诉自己，不能介入太多，也不要给学生任何条条框框的限制，让学生们自由地去思考，去创造。所以，学生们自发产生项目负责人之后，我就放手让他们去做了。但我此时忽略了一点：那就是这个团队尚未真正形成，尽管此时他们已经自己产生了“学生领袖”。我在这个时候放手，无疑给负责人带来了很大的压力。由于学生们来自不同的专业院系、不同的宿舍区，一旦会议或者一次活动结束后，就很难将大家聚集起来。所以，这样的局面就很容易出现：负责人和几个小组长忙得不亦乐乎，而小组成员却在“忙里偷闲”。这显然不是我想看到的。服务性劳动课程强调全员参与，让每一个人在团队中都有属于自己的位置，让每一个学生都有参与公益的体验并从中学习，这是服务性劳动课程的初衷。于是我决定介入。我要求负责人召集所有人开了一次会议。我知道自己的角色定位，所以，尽管这个时候，项目策划书里还有很多问题，但我依然决定只是旁听学生们的会议，并不打算直接参与他们的讨论。我只是记录下了学生们的表现，然后根据情况，找部分学生进行了沟通。我想让学生们自己去反思，去发现问题，这样总比我直接指出问题要好。尽管我直接指出问题的话，学生们的活动效率会更高一些，但我时刻保持警惕：效率不是服务性劳动课程的最终目标，我们的目标是让每一个学生充分地参与其中，引导学生反思整个过程，并从中得到收获。哪怕学生们做出的项目最后是失败的，只要整个过程大家都积极参与了，仍然是值得的。因为这也是一种人生经历，关键是要引导学生们反思这些经历。这才是最重要的。没有反思，就没有学习。

让我印象最深的是，关于环保宣讲会的视频选择。当时我和同学们的意见相当得不一致，分歧很大。但我并没有将我自己的观点强加给学生，尽管我认为，这样的视频与我们的主题联系不太密切，用在这里并不合适。我只是告诉学生：你们是一个团队，你们有权决定采用什么样的视频，但是，我希望的是，在决定最终采用哪个视频的过程中，必须是每个人都参与，并用你们认为合理的方式选出最合适的视频。学生们最后还是坚持了自己的选择，并没有采纳我提出的关于更换视频的建议。我为此感到欣慰。因为这表明，学生们有自己独立的思考，不盲从权威和外在压力。这也是教育所追求的目标之一。

尽管自己以前也作为负责人组织策划过一些大型活动，但是，对于如何指导他人开展活动却并没有什么经验。并且，于服务性劳动课程而言，还不仅仅是组织策划活动那么简单。服务性劳动课程，作为一门公益实践课程，不仅要追求公益实践活动的效果，更重要的是要在活动中学习。所以，要真正指导一门服务性劳动课程不仅需要一定的教育理论素养，也需要一定的经验积累。总体而言，这一门课程总体效果还是很不错的，尽管在这个过程中，我们都遇到了很多困难，但学生们能够积极的参与其中，遇到问题，认真思考，寻找对策。我和学生们一样，在整个服务性劳动课程中，既有困惑，更有收获。这个过程尽管辛苦，但也是一段值得拥有和记忆的片段。

——汕头大学高等教育研究所讲师毛金德

王老师和毛老师在承担服务性劳动课程过程中所遇到的问题在很多教师当中，尤其是新教师中相当普遍，对教师的角色如何拿捏才更合适是教师需要重点思考的问题。在服务性劳动课程中，教师究竟什么时候应该多讲，什么时候少讲，什么时候放手让学生主导，什么时候又要介入……这些都是教师角色定位中需要特别注意的问题。

服务性劳动课程更注重发挥学生的主动性和能动性，引导学生发现问题、解决问题、反思问题、总结成效，促进学生经验的转化。师生在各阶段的角色分工可用表 5-14 所示。

表 5-14　服务性劳动课程各阶段师生角色分工

阶段	关键步骤	主要内容	角色分工
调查准备	制定课程大纲	含课程内容、教学目标、教学要求、教学时间安排、教学内容要点、评估方法、参考书目等	老师：主导 学生：参与
	选择合作社区	确定服务对象，了解服务对象的需求，并结合所学的知识考虑可以提供哪些服务，找寻或谋求服务社区的支持	学生：主导 老师：指导、协调
	对学生进行服务前的培训	培训形式包含专题讲座、现场调研、角色扮演、体验式项目等； 培训目的在于帮助学生掌握开展服务活动所必需的知识与能力	老师：主导 学生：学习
	制定服务计划	计划包含服务主题、计划目标（服务预期效果与学习目标），服务实施时间、地点，项目经费预算，项目反思与分享形式，项目实施时间表，等等	学生：主导 老师：指导
	落实服务计划	出行前物资采购，人员分工，召开安全会议，制定应急预案，等等	学生：主导 老师：指导
行动	服务实践	服务要同学生学习的理论相结合；引导学生在服务过程中进行反思	学生：主导 老师：引导、监督
反思	学生批判性地思考服务体验	反思的形式包含小组讨论、撰写反思日志/周志、撰写调查报告、撰写备忘录等	学生：主导 老师：引导
分享	学生分享收获及展示活动成果	分享的形式包含社区联欢晚会、校园分享会、报告会、活动图文展、媒体宣传报道等	学生：主导 老师：指导、反馈

资料来源：陈益纯，汕头大学团委副书记，服务性劳动课程教师。

服务性劳动课程的主体虽然是学生，但教师的作用不可忽视。教师是服务性劳动课程的促进者、学科专家、标准设定者、评估者、指导者。教师既要让学生在课程中发展沟通、决断、领导、合作等方面的技能，也要了解学生的兴趣，培养他们解决冲突的技能，并让学生们意识到他们中的文化差异，促进学生合作学习。同时，教师是学生的亲社会行为和利他主义学习的模范，还要作为资源发挥作用，指导学生反思，评估学生的服务经验等。在学校与社区组织之间的关系上，教师是代表，也是服务性劳动课程的倡导者。教师须有良好的人际交往技能，需要有耐心、灵活性、解决冲突的技能，并认同服务学习的理念。

传统教育赋予了教师权力，学生是获取知识的被动接受者。而在服务学习课程中，更希望营造一种民主的氛围，这样更有利于学生的智力发展，因为他们通过自己的经历发现并建构了意义。学习者被赋权，学生们成为审辨者是服务学习课程的一个重要目标。教育的目标是让个人获得自我意识和自我发展意识，这正适合应用在服务学习中，一个更民主的教室比专制的教室更适合培养学生的赋权。[①]

体验式学习模式对教育的主要启示是围绕学习周期来设计教育计划，使学习者可以使用和开发所有的学习方式来完成学习周期，促进深度学习。库伯等经过访谈和观察，发现成功的教育者往往“围绕学习周期”来教学。当这样做的时候，他们带领学习者在学习周期中前进并根据所处的学习阶段来转换角色。实际上，教育者们创造了一个学习空间，帮助学习者从一种学习方式转移到另一种学习方式。通常来说他们采用递归的方式，多次重复循环学习圈。学习周期变成了螺旋，不断深入和扩大学生对某个或某些学科的认识。当一个具体的经验通过反思变得丰富，通过思考和行动赋予了新的意义、创造了新的经验，就会促使经验变得更丰富、更广泛、更深入。

围绕学习圈和学习方式来教学，意味着教师需要不断调整角色，教育者角色轮廓（educator role profile，ERP）是库伯为了帮助教育者运用体验学习概念下的学习周期和学习方式，围绕学习周期来动态匹配的教学模式而设计的。[②]教师的教学角色随着教学环境、学生、学习任务的需求而变化。每个教学角色会让学生以一种独特的学习方式来学习，使用一种方式来掌握经验，另一种方式来转换经验。在促进者的角色中，教师利用具体体验和反思观察来让学习者接触经验并反思经验。在学科专家的角色中，教师利用反思观察和抽象概括，帮助学生组织并连接反思到具体的学科知识上，他们可能在之后的分析中为学习者提供理论或模型。在标准设定者和评估者的角色中，教师利用抽象概括和行动应用，帮助学生运用知识来达到具体的目标，在这个过程中，教师要密切关注学生的表现与所设定标准之间的差异，并提供持续的反馈。在指导者的角色中，教师利用具体体验和行动应用，帮助学生对有意义的目标产生行动（图 5-5）。这些角色也可以通过聚焦来调整，如聚焦学生还是聚焦学科，聚焦意义还是聚焦行动。

教育者角色轮廓（ERP）描述了四种角色：促进者、学科专家、标准设定者和评估者、指导者，教师在体验学习圈的四个阶段中扮演这些角色来帮助学生实现学习效果最大化。

1. 促进者的角色

当扮演促进者的角色时，教师帮助学生接触个人的经验并反思这些经验。他

---

① Deeley S J. Critical Perspectives on Service-Learning in Higher Education[M]. London：Palgrave Macmillan，2015：43.

② Kolb A Y，Kolb D A，Passarelli A，et al. On becoming an experiential educator：The educator role profile[J]. Simulation and Gaming，2014，45（2）：204-234.

们采用温和的肯定模式来激发学生的兴趣、内在动机和自我认知，以小组对话的形式来促进活动，并通过活动建立与学生之间的关系。教师作为促进者的一个重要任务是培养学生的领导能力、团队合作和团队发展方面的技能。学生领导能力的培养侧重于领导意识的形成及自身素质的提高，团队合作精神更多地需要形成一种和谐的氛围及较强的执行力文化。

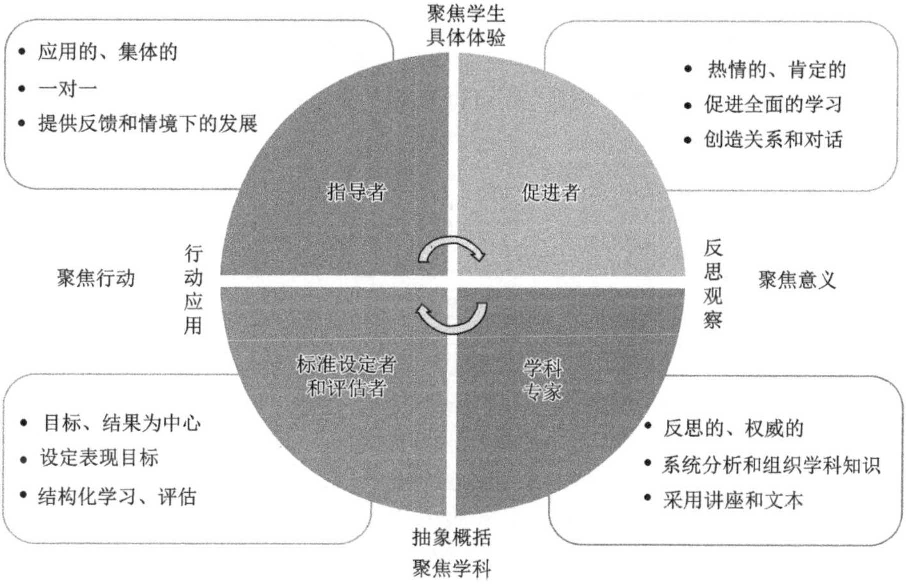

图 5-5　库伯的教育者角色和学习圈[①]

2. 学科专家的角色

作为学科专家，教师帮助学生开展反思，并将反思与具体的学科知识相连接。他们采用权威的、反思的方式，通常采用举例或建模的方式开展教学，在系统组织和分析学科知识的时候，鼓励批判性思维。这些知识通常以课堂讲授和文本的形式呈现。

3. 标准设定者和评估者的角色

作为标准设定者和评估者，教师帮助学生掌握运用知识的技能以满足学习表现的需要，当设定知识的标准时，采用以目标为导向的方式，并创造表现机会来评估学生的学习成效。

① 资料来源：https://learningfromexperience.com/themes/kolb-educator-role-profile-erp/.

4. 指导者的角色

在指导者的角色中，教师帮助学生运用知识来达到目标，他们采用集体的、鼓励的模式，经常一对一帮助学生从过去的经验中学习，帮助学生设定个人发展计划，并对他们的表现提供反馈。

具体到服务性劳动课程的各个阶段，教师可以有重点地进行如下角色调整。

1. 调查准备阶段

在此阶段，教师要为课程做好相应的准备工作，并发挥学科专家的角色。

（1）明确每位教师的分工，如理论讲授、团队建设、项目设计、实践指导等，以便后期的指导工作能够有的放矢（注：服务性劳动课程一般是由教学团队来组织教学）。

（2）条件允许的情况下，组织学生到服务地开展实地考察，调研服务对象的真实需求，围绕课程目标、教学安排、服务主题等进行讨论，讲解服务学习的理念和方法，讲授与服务主题相关的专业知识。

（3）开展团队建设活动，协助小组建立沟通机制，一般情况下，每个小组6—8人较合适，每次小组讨论前确定主持人、记录人，记录讨论内容，保证每个人都有发言的机会；提醒学生持宽容心态，不随意批判他人观点等。

（4）组织学生设计项目方案，确定服务内容。学生在撰写项目方案时比较常见的问题有：项目计划的目标宽泛、不聚焦，难以落地实施，不具有可操作性；与服务主题的关联不紧密；服务活动各自独立，缺乏连续性等。教师需要引导学生完善项目方案，前期的方案设计越完备，后期的服务实践则会越顺利。

2. 服务行动和反思阶段

服务行动阶段是检验准备阶段是否完备的最好时机，教师们要“退居二线”，让学生们获得亲自实践的机会，重点发挥指导者和促进者的角色。该阶段教师们的主要任务是观察记录学生们的表现，尽量不要在学生开展服务的时候介入，这样做会打乱学生的计划，也会减少学生犯错的机会，导致学生们在试错过程中学习的机会减少，失去纠正过往认知偏差或发现认知盲点的机会。在服务前期，学生的挑战会比较多，教师可视服务对象或类型，传授相关的沟通技巧；对学生的服务内容和目标进行把关。服务行动阶段，教师的参与非常必要，否则公益服务将会沦为单纯的志愿服务活动，教师可以是陪伴者、支持者，也可以是监督者、评估者等多重身份，且由于每次服务活动的独特性，出现的问题也不同，新任教师很可能经验不足而不能胜任，需抱着与学生一同经历、一同进步、一同成长的心态，方可收获更多。

反思活动穿插在服务性劳动课程中的各个环节，在服务行动阶段的反思由于印象深刻而尤为重要，反思活动一般安排在每天的活动结束时，以及阶段性的活动结束时开展，引导反思是服务性劳动课程教师最重要的技能，教师要引导学生思考现象背后的本质，也是教师在整个过程中面临的较大挑战。深入的反思有助于学生拓宽视野，扩展认知，加深对自己的认识，教师要善于引导学生发现活动过程中可引起学生反思的批判性事件，以此为突破口引导学生开展反思。反思的技巧可参考第四章的反思阶段内容。

3. 总结分享阶段

该阶段教师主要发挥评估者的角色，组织学生汇报，协助学生系统回顾课程全过程，并帮助学生将所学与所做之间建立联系，总结分享阶段，教师需要对学生的汇报进行点评和反思引导，可要求各组对每个小组的汇报进行点评，以吸引所有学生都投入到总结分享的过程中。

除了总结分享汇报会之外，教师还可要求每位学生撰写反思总结报告并对学生的反思予以反馈，反思总结报告将作为课程评分的一个重要组成部分。

第六章　服务性劳动课程对人才培养的成效分析

为了解服务性劳动课程模式的实施成效，汕头大学除了每学期组织开展课程评估外，还组织了高等教育研究所的研究生开展了多方面的成效研究调查，采用定量研究与定性研究的方法，对服务性劳动课程与公益活动的育人成效进行了实证调查，探讨了服务性劳动课程对大学生社会主义核心价值观的培育作用及对人际交往能力的影响。

第一节　服务性劳动课程评估概况

汕头大学自 2010 年开设服务性劳动课程，自 2012 级学生开始作为必修课，每个学生在学期间需要修读 1—2 门服务性劳动课程。2010—2020 年，全校共开设课程 363 门次，15 148 人次学生修读，1363 人次教师承担课程教师角色。每学期末学校统一组织学生对课程进行评估，包括学生对教师的评估及学生对学习结果的自我评估，教师对课程学生在课程全过程的表现进行评估，此外，每门课程在服务结束后，还会邀请合作服务单位对服务的满意度进行评估。这些组成了汕头大学服务性劳动课程评估的 4 个维度。服务性劳动课程实施十余年来，以学期为单位进行统计，4 个评估维度的评估得分呈升高趋势，表明服务性劳动课程的目标达成度在逐步提高。各个维度的评估情况如下。

1. 教师对学生的评估

教师对学生的评估主要从课程研习、实践过程、课程总结三个方面进行，每门课程对学生的评估内容和评估标准由课程教师设计，根据服务内容、服务对象等的不同，侧重点和评分占比也略有不同。2010—2020 年，教师对学生的评估平均值为 89.65。以学期为单位进行统计，学期平均分最高值 91.51（2020 年秋季学期），最低值 87.07（2013 年秋季学期）。各学期得分均值的标准差为 1.26，是 4 个评估维度均值标准差最小的一个维度，说明教师认为课程开设多年以来，学生的表现总体较为稳定。

2. 学生对教师的评估

学生可对照表 5-11 服务性劳动课程任课教师评价表对教师进行评估，也从课程研习、实践过程和课程总结三个方面对教师进行评估。为了有针对性地评估教师，根据教师承担的角色，将教师分为理论型、实践型和理论实践型三类，每类教师的指标对应该类教师所承担的角色。2010—2020 年，学生对教师的评估平均值为 93.44。以学期为单位进行统计，学期平均分最高值 97.56（2020 年秋季学期），最低值 88.60（2010 年夏季学期）。各学期得分均值的标准差为 2.38。随着开设时间的累积，学生对教师的评估分数也呈上升趋势，学生对教师的评估趋势与服务单位对教师的满意度趋势基本平行，表明课程教师无论在指导学生方面，还是实地服务方面，指导经验在逐步丰富，胜任力不断增强。

3. 学生对学习结果的自我评估

学生可参考表 5-12 服务性劳动课程学生自我评估表，根据对知识的掌握情况、思想意识与品质、组织与协调能力、社会交往能力、问题解决能力与研究能力及环境适应能力六大方面对学习结果进行自我评估。2010—2020 年，学生对学习结果的自我评估平均值为 92.49。以学期为单位进行统计，学期平均分最高值 96.41（2020 年秋季学期），最低值 87.60（2010 年夏季学期）。自 2013 年以来，各学期学生对学习结果的自我评估均值均超过了 90，一定程度上表明服务性劳动课程的实施模式已趋于稳定，课程的学习结果达成度较高。各学期得分均值的标准差为 2.05，表明学生的学习收获波动较小，且达到了良好的预期结果。

4. 合作服务单位的满意度评估

参照表 5-13 服务性劳动课程合作服务单位满意度评价表，每学期每门课程会开展合作服务单位的满意度评估调查，重点评估服务对象或单位对课程教师、学生、服务及影响的满意程度，并提出针对性的改进意见或建议，促进课程的良性循环。

2010—2020 年，合作单位对教师的满意度评估均值为 97.42，对学生的满意度评估均值为 95.83，对服务的积极影响程度评估均值为 91.98，对服务的必要程度评估均值为 94.62。其中服务单位对服务必要程度的评估趋势线在所有评估维度中斜率最高，表明课程提供服务的针对性和实效性在不断增强，得到了服务地的接纳、认可和欢迎。

第二节　服务性劳动课程与公益活动育人效果的比较

蔡映辉和周艳华[①]通过随机抽取参加服务性劳动课程和公益活动的学生进行

① 蔡映辉，周艳华. 大学生公益活动与公益课程育人效果的实证比较[J].教育与考试，2012（5）：70-73.

问卷（包含27个观测点，将27个观测点归纳为育人效果的6个方面，分别是：公益知识掌握、良好的思想意识与品质、组织与协调能力、社会交往能力、问题解决能力与研究能力、环境适应能力）调查，通过这两类（参加服务性劳动课程和公益活动）学生的自我评价，检验服务性劳动课程与公益活动在育人效果上的差异。通过检验得出，服务性劳动课程和公益活动对学生的育人效果在总体上存在差异，服务性劳动课程的育人效果总体上优于公益活动，服务性劳动课程在公益知识掌握、良好的思想意识与品质、组织与协调能力、社会交往能力、问题解决能力与研究能力、环境适应能力等方面对学生的培养效果优于公益活动。为了更全面了解服务性劳动课程的育人成效，我们结合调查数据，专门整理了学生的反思报告等材料，并对个别学生进行了访谈，从学生视角了解课程的育人效果。

一、服务性劳动课程和公益活动对学生的影响（或作用）在总体上存在差异

对学生自评结果进行独立样本检验得知，参与服务性劳动课程学生自评结果与参与公益活动学生自评结果之间存在显著差异，这说明学生认为二者对他们的教育影响或作用在总体上是不同的。通过均值比较得知，参与服务性劳动课程学生自评结果均值与参与公益活动学生自评结果均值之间存在显著性差异，并且参与服务性劳动课程学生自评结果均值明显大于参与公益活动学生自评结果均值，这说明学生认为在对他们的教育影响或作用上，服务性劳动课程的总体影响或作用明显大于公益活动的总体影响或作用。这在相关的材料中也得到证明，如参加“曙光助学服务”课程的萧同学在反思报告中说：

> “这一次的课程带给我的感受是以往所参加的公益（性）活动所不能比拟的。作为支教组的组长，首先我有自己做得不够的地方，跟调研组成员的交流不够，导致整个小组内的沟通不足。不过我相信以后自己再组织其他活动时，会有很大的改进，这一次的课程，大大地提高了我的领导能力、组织能力和沟通能力，这是我们在课堂上难以学到的。然后我想说的是，作为一个支教任课老师，我深深地感受到了作为老师的辛苦，因为一个班上的学生各有特色，要做到让所有的学生都喜欢自己的课程，这需要很多的课前准备，也需要不断地调整教学方法。做一个真正受欢迎的老师远比我想象中困难。”

从萧同学的反思报告可以看出，服务性劳动课程与其他公益活动相比具有很大的优势——服务性劳动课程能让他们亲身参与并发挥自我能力与才干，同时在实践中锻炼、检验和提高他们的能力，如萧同学所说，“这一次的（公益）课程，大大地提高了我的领导能力、组织能力和沟通能力”。从他的“这（指上面各种能

力的习得）是我们在（学校）课堂上难以学到的”这句话中，可以看出，服务性劳动课程与传统的学校课堂学习相比也具有更大的先进性，对学生的积极影响具有更大的优势。同时从萧同学对“作为一个支教任课老师”的深刻理解，我们也可以得出服务性劳动课程在培养学生对社会职业领域的认识和理解方面也具有其他公益活动和传统课程无法比拟的优势。如萧同学所感“作为老师的辛苦”，“让学生都喜欢自己的课程，这需要很多的课前准备，也需要不断地调整教学方法”。

服务性劳动课程不但对学生个体的总体积极影响优于公益活动，而且对团体的积极影响也优于公益性活动。如“潮州山区基础小学服务与研究”课程中第三小组支教队在总结中所写的：

“对队员们而言：①培养了队员各方面的素质和能力。这次支教活动，在一定程度上培养了队员对社会和他人的责任感和奉献精神，提升了队员的组织能力、应变能力、团队协作精神及综合采用多种思维方式分析和解决问题的能力。②让队员在学习中服务，在服务中学习。队员深入潮州山区，运用服务学习模式，通过教学服务，促进学生运用专业知识的技能，发挥特长，服务山区小学。队员们在支教的过程中，一方面对学生进行仔细的观察，针对学生的特点进行教学，另一方面不断改善自己的教学方式，以求达到更好的效果。从教案的精心准备到在教学服务的过程中不断进行反思、总结、评估，队员们都获得了很多学习收获。③加深了队员对潮州山区小学教育各方面情况的认识和了解。在支教的过程中，通过与小学生的沟通，结合调研组的调查结果，队员们对潮州山区小学教育各方面的情况有了更加深入的认识和了解，这会在一定程度上促使他们继续关注山区小学的教育。”

从上述第三小组支教队的总结可以看出，服务性劳动课程对队员（学生）的成长和个体及团队的发展具有促进作用。一方面使得小组队员各种能力得到提升，使得小组队员懂得了自我的责任感和奉献精神的重要性，另一方面使得小组队员加深了对自身所在地区教育水平的认识，借助服务性劳动课程这个平台使自身的知识能够学以致用，服务当地，促进当地经济和文化的发展。而这两方面恰恰正是服务性劳动课程所追求的根本目标，即培养人才和服务社会。把培养才人和服务社会作为服务性劳动课程的目标，在根本上决定了服务性劳动课程对学生的积极影响优于其他公益活动，因为它做到了理论学习与实践应用的结合、服务与学习的结合、反思与互惠的结合。

在感受到服务性劳动课程的价值后，参加“曙光助学服务”课程的靳同学在其反思日志中有感而发：

“第一堂课上，老师的介绍让我有种把课程推广到所有大学的冲动。

我非常认同这类课程的‘服务学习’理念，在服务中学习，这在丰富我们大学生活的同时更为那些孩子们带去了不一样的世界。我来自农村，我清楚地知道很多农村的孩子很‘饿’，不是因为他们缺吃少穿，而是因为他们太需要课堂以外的知识，对外界充满太多的渴望而又不能得到满足。像我小时候连买本课外书都跟登天似的难，更没有这种大学生下乡的活动去鲜活我们的学生时代，开阔我们的眼界。我认为这类课程值得做下去，值得推广到更多的学校。”

虽然目前尚不能做到靳同学所说的“把（服务性劳动）课程推广到所有大学”，但汕头大学的老师和学生们正在慢慢感受并体会服务性劳动课程所带来的重要影响。

二、参与服务性劳动课程和公益活动对学生的影响（或作用）在具体指标上存在差异

为了更具体地证明服务性劳动课程对学生的影响（或作用）大于公益活动对学生的影响（或作用），我们分别从独立样本检验和均值比较的角度对 6 个一级指标进行了详细比较分析。通过独立样本检验得知，参与服务性劳动课程与参与公益活动学生在 6 个一级指标自评结果之间存在显著性差异，这说明学生认为二者在 6 个一级指标上对他们的影响或作用是不同的。通过均值比较（独立样本 t 检验）对数据进一步分析得知，参与服务性劳动课程学生在 6 个一级指标上自评结果的均值明显大于参与公益活动学生在 6 个一级指标上自评结果的均值。这说明学生认为服务性劳动课程在 6 个一级指标上对学生的影响或作用都优于公益活动对他们的影响或作用。具体表现在以下几个方面。

1. 促进学生知识的学习与社会性经验的获得

如参加“情聚康复村”课程的麻风病康复村服务学习项目的学生 Charles Lim 所言：

“MAP was one of my first true exposures to health promotion and aid to rural underprivilieged areas. I felt very honoured to have this opportunity to participate in the program and gain hands-on experience and learn from other team leaders, students and the rural villagers themselves. This experience gave me a much clearer understanding of the challenges facing the poor and underprivileged in rural China.”（译文：“MAP（麻风病康复村服务学习项目）是我第一次真正接触促进和帮助农村贫困地区健康的活动，我非常荣幸能有机会参加这个项目，并从其他团队领导、学生和农村村民那里

获得了经验。这一经历使我更加清楚地了解了中国农村的贫困地区和贫困地区人口所面临的挑战。”)

亲身经验和相互学习是服务性劳动课程带给 Charles Lim 的直接财富。服务性劳动课程不但使其直面社会的现实，而且为其改变这种现实提供了平台。

2. 有利于培养学生良好的思想意识与品质

如参加“情聚康复村”课程麻风病康复村服务学习项目的李同学所说：

“无论之前，我听过多少次‘如果人人都献出一点爱，我们的社会将变得更加美好’也没能真正地理解它，这次服务性劳动课程让我在真实的社会中对它有了更深的理解。同时也懂得改善弱势群体的生活状况，让他们过上幸福快乐的生活是我的责任，是每一个社会人的职责和义务。”

对社会问题的关注并能倾注关怀是李同学参与服务性劳动课程后所获得的对社会责任的深刻理解，并相信自我也应承担这种服务社会责任。对这种服务社会责任的认识也存在于参与潮汕弱势人群社会支持及健康教育服务的陈同学心目中：

“课程很短，但是人生很长。我想，我的公益事业之路不会因为课程的结束而结束。中国农村人口众多，中国的问题在农村。农村强则中国强，农村富则中国富。小时候在作文里老说什么服务社会之类的话，太泛，太假，太虚。在我看来在中国，服务社会，首要就是服务农村。我想，这门课的结束，是我们踏进公益事业之路的开始。”

从陈同学的日志和感想可以看出，服务性劳动课程给予他不单单是对从前生活的简单反思，更是给他带来了思想的升华和行动上的指导——要涉足中国的公益事业。这种来自内心深刻的自我表白更进一步突出了服务性劳动课程在培养学生服务社会、贡献社会的奉献精神上的有力作用。

3. 有利于培养学生的组织与协调能力、领导能力和团队精神

从理论的学习到实践的深入及实践后的总结和成果展示，无不体现出服务性劳动课程对学生各种能力的培养。

就团队协调能力与团队精神的培养而言，正如参加“萤火虫爱心行动社区服务”课程的赖同学所言：

“我们在活动过程中遇到了很多困难，但是我们并没有因为遇到了种种困难就轻易妥协，而是尽了我们最大的努力去面对并解决这些困难。对于遇到的每一个问题我们都及时地去讨论、解决，也积极地向老师请教并及时作出调整。我们都知道自己的经验不够，所以我们一直都是以一个团队在工作着，我们遇到问题一起讨论，一起决策，一起解决。团

队的力量在一定程度上弥补了我们经验的不足。这使得我们认识到了团队合作的重要性。”

服务性劳动课程使得他们在面对困难时能够知道自己本身经验和技能的不足，能够积极依靠团队并取得团队的支持，“遇到问题一起讨论，一起决策，一起解决”，正是这种相互协作的“团队力量在一定程度上弥补了我们经验的不足”，“这使得我们认识到了团队合作的重要性”。正是具有这种团队精神使得陈同学充分肯定了服务性劳动课程对自己团队合作意识和合作能力提高的价值：

“‘独木不成林’。在（服务性劳动课程的）一节课的时间里，负责一个课堂教学的几个老师（指汕头大学支教的大学生）要分工明确，形成良好的团队意识才能保持好一个活跃的课堂气氛，达到预定的教学目标。通过这次助教也使得我们的团队合作意识和合作能力得到了很大的提高。”

就服务性劳动课程对学生领导和组织能力的培养而言，参加“萤火虫爱心行动社区服务”课程的谭同学有深刻的体会：

“作为一名负责人，除了要清楚自己那一部分工作细节以外，还要学会与其他负责人沟通好，这样才能使整个团队的工作有条不紊地进行下去。同时，一个负责人要学会如何利用好自己手中的权力去给每个成员分配好任务，协调好成员之间的关系，尽量发挥他们的最大作用。最后，一个负责人在一些关键问题上要有决断力，不能因为某个问题争执不下而影响整个工作的进行。”

“利用好自己手中的权力去给每个成员分配好任务”和“在一些关键问题上要有决断力”都体现出了他“作为一名负责人”所应具备的基本素质，这也是他对服务性劳动课程给自己带来的作为一个领导者能力培养的深刻体会和认可。

4. 有利于提升学生的社会人际交往能力

参与服务性劳动课程的学生无论是前期理论课程的学习还是后期实地的实践，都要求每个学生本人与他人进行人际的沟通和交流。因此这无疑对大学生的交际能力是个良好的锻炼。参加“潮州山区基础小学教育服务与研究”课程的谭同学就服务性劳动课程对自我社会交往能力的锻炼和培养提出自己独特的认识：

“这次参加潮州山区基础小学教育服务与研究，不仅让我学到专业性的知识，更让我学到了很多做人做事的道理。除了上述的收获以外，其实我也得到了很多经验。第一点就是培养了自己与他人的沟通能力。在任务的讨论中，要学会与人很好地沟通，不仅要做一个诉说者，更应该做一个好的倾听者，这样一个小组的任务才可以有效率地完成……”

5. 有利于学生问题研究和解决能力的培养

服务性劳动课程的基本目标之一就是通过项目的设立和操作来服务当地社区并能有效解决当地社区的部分社会问题。这就使得参与服务性劳动课程的必要成员——大学生必须寻找出社区所存在的问题，并针对问题设计出有效的解决方案。因此相比其他公益活动而言，服务性劳动课程就内在性要求学生要亲自寻找和研究社区问题，并能在过程中培养解决问题的能力。这在参加“潮州山区基础小学教育服务与研究”课程的黄同学的调研总结中可以得到充分证实：

“经过此次对橡埔基础小学教学条件、现状的全面调查与分析我们看到，与城镇小学相比，潮州山区基础小学在办学物资、师资及学生总体水平上均有一定差距。农村基础小学办学条件差、学校设备简陋、师资水平低、人数少、学生能力参差不齐、家长对孩子的教育无力或无暇顾及等因素都构成了改善农村基础小学教学质量的拦路虎。从上述调查分析与访谈总结中看到，我们小组针对农村基础小学现状所提出的着重培养孩子的兴趣爱好具有相当的可行性。学生、家长、老师等均赞同这一想法，并且认为在山区小学学生成绩普遍较差并且多不可改变的前提下，挖掘孩子的特长，大力培养孩子的兴趣爱好，挖掘人才，是从整体上提高农村山区小学教学质量、真正使农村孩子受益的良策。当然，这一方案的具体实施，在物资与师资上还面临着一些困难，但我们相信，随着政府与社会各界人士对农村基础小学的日益关注，困难是可以得到最终解决的。”

黄同学对橡埔基础小学的研究得出，影响该小学教学质量的“拦路虎”是“办学条件差、学校设备简陋、师资水平低、人数少、学生能力参差不齐、家长对孩子的教育无力或无暇顾及等因素”，并针对这个问题提出了当地“学生、家长、老师等均赞同”的“良策”——着重培养孩子的兴趣。黄同学的这种亲手收集当地小学资料并经调查和研究拿出对策的能力正是来源于他在实践服务性劳动课程中的所想所做，这恰恰体现出了服务性劳动课程对学生问题研究和问题解决能力培养的积极作用。

6. 有利于学生环境适应能力的培养

由于服务性劳动课程主要针对贫困和落后地区，学生除了要面对陌生的人际环境之外，还要学会面对因贫困和落后所致的艰苦条件，这势必会锻炼并增强他们适应新环境的能力。如参加“曙光助学服务”课程的陈同学所言：

“这次下乡（指参与小学支教），让我积累了一定的教学经验，锻炼了自己的适应能力和应变能力，培养了自己吃苦耐劳的精神。”

当地艰苦的条件和陌生的人际环境使得陈同学“锻炼了自己的适应（新环境）

能力和应变能力”，同时也“培养了自己吃苦耐劳的精神”。

从上述六点可以得出服务性劳动课程比公益活动对促进学生发展更具有积极作用，可以概括为：第一，使学生养成对社会和他人的责任感和奉献精神；第二，有利于培养学生形成对人生价值的正确认识和积极向上的人生观、价值取向；第三，有利于培养学生形成包容、诚信、负责、关爱的价值观；第四，有利于培养学生遵守公共道德的自觉性；第五，有利于培养学生养成实事求是、追求真理的精神；第六，有利于培养学生敬业、守信的职业精神，了解并遵守所学专业的伦理和职业道德；第七，有利于培养学生养成公共环境意识和环保的行为习惯；第八，有利于培养学生的领导和组织能力；第九，有利于培养学生综合采用多种思维方式分析和解决问题的能力。服务性劳动课程对促进学生发展的这九方面的积极作用若与“汕头大学人才培养目标体系”相对照，就可以说明服务性劳动课程在实现汕头大学人才培养目标中具有重要作用。

第三节　服务性劳动课程对大学生社会主义核心价值观认知影响效果调查

习近平总书记在十九大报告中指出，坚持社会主义核心价值体系。必须坚持马克思主义，牢固树立共产主义远大理想和中国特色社会主义共同理想，培育和践行社会主义核心价值观，不断增强意识形态领域主导权和话语权，推动中华优秀传统文化创造性转化、创新性发展，继承革命文化，发展社会主义先进文化，不忘本来、吸收外来、面向未来，更好构筑中国精神、中国价值、中国力量，为人民提供精神指引①。社会主义核心价值观是社会主义核心价值体系的内核，体现社会主义核心价值体系的根本性质和基本特征，把握社会主义核心价值体系，就要抓好社会主义核心价值观教育。高等教育作为国民教育全过程的关键环节和高级形式，是加强社会主义核心价值观教育的重要阵地。“大学生是十分宝贵的人才资源，是民族的希望，是祖国的未来。”②培养什么人，如何培养人，事关民族兴衰和国家前途。拓展大学生培育和践行社会主义核心价值观的有效途径，就成为贯彻十九大报告的必然要求。为此，汕头大学就如何将大学生社会主义核心价值观教育融入服务性劳动课程进行了一系列有益的探索和尝试。了解汕头大学服务性劳动课程对培养大学生社会主义核心价值观的影响作用，深入分析服务性劳动

① 习近平谈新时代坚持和发展和中国特色社会主义的基本方略[EB/OL].（2017-10-18）[2021-01-04]. http://www.xinhuanet.com/politics/19cpcnc/2017-10/18/c_1121820368.htm.

② 中共中央 国务院发出《关于进一步加强和改进大学生思想政治教育的意见》[EB/OL].（2004-10-15）[2021-01-04]. www.moe.gov.cn/jyb_xwfb/gzdt_gzdt/moe_1485/tnull_3939.html.

课程与公益活动对大学生社会主义核心价值观培养效果的优劣，为探索大学生社会主义核心价值观教育的课程模式提供基础资料和依据。

一、调查对象及方法

采用定量研究与定性研究相结合的方法，运用问卷调查、深入访谈和参与式观察相结合的方式，对汕头大学学生参与服务性劳动课程和公益活动培养社会主义核心价值观的自评情况及服务性劳动课程对学生的社会主义核心价值观认知影响作用进行调查。

（一）调查对象

汕头大学本部参与过服务性劳动课程和公益活动的大一至大四四个年级的学生。

（二）调查方法

1. 问卷调查

问卷调查采用汕头大学服务性劳动课程小组编制的调查问卷《汕头大学服务性劳动课程评估表（学生自评）》作为调查工具，该调查问卷已使用十几次，经过多番讨论和修改，具有比较高的信效度。调查问卷分为6个方面27个观测点，其中第二个方面“良好的思想意识与品质”对应的就是课题组要调查的社会主义核心价值观，该部分包括8个观测点，根据每个观测点在育人效果上的重要程度确定其不同的权重，由学生在1—5的分值之间进行选择评估。

问卷调查分为两个部分，其中第一部分采用参加2011—2012学年夏季学期至2014—2015学年秋季学期等10个学期106门次服务性劳动课程、4258人次的调查数据，对社会主义核心价值观融入服务性劳动课程实施效果的现状进行描述性分析。第二部分采用随机抽样，检验服务性劳动课程与公益活动在培养大学生社会主义核心价值观效果上的差异。此次调查共发放670份问卷，其中发放参加服务性劳动课程的学生问卷390份，收回382份，回收率为97.95%；发放参加公益活动的学生问卷280份，收回270份，回收率为96.43%。在收集问卷后，采用统计软件进行Mann-Whitney U 检验和独立样本 t 检验。

2. 深入访谈和参与式观察

为了更深入了解社会主义核心价值观融入服务性劳动课程的情况，以弥补定量分析的不足，本次访谈是在前期问卷调查的基础上，根据访谈对象自行设计了针对服务性劳动课程的深入访谈提纲。每次访谈持续时间一小时左右，在获得受访学生允许的前提下对访谈内容进行了录音，以方便整理资料时寻找受访学生的本土化概念。访谈共选取了 5 名参加过服务性劳动课程的学生进行深入的正式开放式访谈，受访学生的编号和基本情况见表 6-1。此外，在获得相关课程老师的允许之后，研究者重点跟随了三个班级的服务性劳动课程，运用参与式观察的方法对课程理论课程—服务实践—课程分享所有阶段进行了全方位的观察。

表 6-1　受访学生的编号和基本情况

学生编号	性别	年级	专业
S_1	女	大一	新闻学专业
S_2	男	大二	土木工程专业
S_3	女	大三	英语专业
S_4	女	大二	平面设计专业
S_5	男	大一	电子

（三）统计分析

用 SPSS17.0 统计软件对调查问卷数据资料进行统计学分析，检验水平 $\alpha = 0.001$。

二、社会主义核心价值观融入服务性劳动课程实施效果的现状描述

（一）2014—2015 学年秋季学期实施效果的现状描述

本调查选择 2014—2015 学年秋季学期作为调查时段，是因为它是调查期间最新开设服务性劳动课程的学期，最能反映当前服务性劳动课程培养大学生社会主义核心价值观的教育效果。此次共调查了 584 人，覆盖该学期所开设的所有服务性劳动课程，调查结果如下。

1. 服务与奉献精神的培养效果

通过观察发现，在 2014—2015 学年秋季学期的 16 门服务性劳动课程中，“具有社会服务意识，积极为社会和他人服务得分/分”一项，学生自评最高得分为 97.24 分，最低得分为 89.70 分，所有课程平均分为 94.55 分；“具有奉献精神，对人

对事不求回报得分/分”一项，学生自评最高得分为96.88分，最低得分为90.00分，所有课程平均分为93.66分（表6-2）。按照问卷设计中5个得分等级，80分以上为高分等级，所有服务性劳动课程的得分均在89分以上，这说明2014—2015学年秋季学期参与服务性劳动课程的学生整体认为：服务性劳动课程帮助他们培养了良好的服务与奉献精神。

表6-2　服务与奉献精神的培养效果

服务性劳动课程	具有社会服务意识，积极为社会和他人服务得分/分	具有奉献精神，对人对事不求回报得分/分
农村健康促进计划	94.74	93.68
脑瘫儿童关怀计划	96.92	94.62
曙光义教服务学习课	94.83	94.48
“相约蓝天”创意研习服务	91.29	90.00
走向海洋——海洋国土意识及海洋生态保护宣教行动	96.36	95.15
公益摄影	96.22	95.68
爱心助学支教	96.88	96.88
法律诊所	97.24	95.86
守护行动——关爱自闭症儿童	92.43	92.43
关爱智障儿童	95.29	96.47
中学生户外安全教育	96.80	96.80
华夏同根，四海同音——推广普及普通话	92.86	91.43
走进茶乡——倡导生态良性循环生产模式	89.70	90.91
环保——我绘	96.47	96.47
“我们共同的未来”环保研习服务	93.66	91.71
“展璞计划”志愿服务公益课程	94.59	90.27
所有课程平均分[(Σ单门课程平均分×参评人数)/总参评人数]	94.55	93.66

2. 敬业与诚信精神的培养效果

通过观察发现，在2014—2015学年秋季学期的16门服务性劳动课程中，“具有敬业、守信的职业精神，能按时保量地完成工作任务得分/分”一项，学生自评最高得分为97.60分，最低得分为89.03分，所有课程平均分为93.42分；“具有包容、诚信、负责和关爱的价值观得分/分”一项，学生自评最高得分为97.65分，最低得分为91.89分，所有课程平均分为94.49分（表6-3）。按照问卷设计中5个得分等级，80分以上为高分等级，所有服务性劳动课程的得分均在89分以上，这说明 2014—2015 学年秋季学期参与服务性劳动课程的学生整体认为：服务性劳动课程帮助他们培养了良好的敬业与诚信精神。

表 6-3　敬业与诚信精神的培养效果

服务性劳动课程	具有敬业、守信的职业精神，能按时保量地完成工作任务得分/分	具有包容、诚信、负责和关爱的价值观得分/分
农村健康促进计划	93.68	95.26
脑瘫儿童关怀计划	93.08	93.85
曙光义教服务学习课	94.14	93.45
“相约蓝天”创意研习服务	89.03	91.94
走向海洋——海洋国土意识及海洋生态保护宣教行动	95.15	95.76
公益摄影	96.76	95.68
爱心助学支教	94.38	97.50
法律诊所	93.79	96.55
守护行动——关爱自闭症儿童	92.43	95.14
关爱智障儿童	94.12	97.65
中学生户外安全教育	97.60	97.60
华夏同根，四海同音——推广普及普通话	92.86	92.86
走进茶乡——倡导生态良性循环生产模式	93.33	93.33
环保——我绘	93.33	95.29
“我们共同的未来”环保研习服务	92.68	93.17
“展璞计划”志愿服务公益课程	92.97	91.89
所有课程平均分[(Σ 单门课程平均分×参评人数)/总参评人数]	93.42	94.49

3. 维护道德与实事求是精神的培养效果

通过观察发现，在 2014—2015 学年秋季学期的 16 门服务性劳动课程中，“具有遵守公共道德的自觉性，并能主动维护公共道德得分/分”一项，学生自评最高得分为 98.18 分，最低得分为 90.91 分，所有课程平均分为 95.14 分；“具有实事求是，追求并坚持真理的精神得分/分”一项，学生自评最高得分为 96.80 分，最低得分为 91.29 分，所有课程平均分为 94.25 分（表 6-4）。按照问卷设计中 5 个得分等级，80 分以上为高分等级，所有服务性劳动课程的得分均在 90 分以上，这说明 2014—2015 学年秋季学期参与服务性劳动课程的学生整体认为：服务性劳动课程帮助他们培养了良好的维护道德与实事求是精神。

表 6-4　维护道德与实事求是精神的培养效果

服务性劳动课程	具有遵守公共道德的自觉性，并能主动维护公共道德得分/分	具有实事求是，追求并坚持真理的精神得分/分
农村健康促进计划	95.26	95.79
脑瘫儿童关怀计划	95.38	93.85
曙光义教服务学习课	94.83	93.10
“相约蓝天”创意研习服务	93.55	91.29
走向海洋——海洋国土意识及海洋生态保护宣教行动	98.18	95.15
公益摄影	96.22	96.76
爱心助学支教	95.63	96.25
法律诊所	97.24	95.86
守护行动——关爱自闭症儿童	96.76	95.68
关爱智障儿童	96.47	95.29
中学生户外安全教育	97.60	96.80
华夏同根，四海同音——推广普及普通话	93.57	94.29
走进茶乡——倡导生态良性循环生产模式	90.91	92.12
环保——我绘	96.86	94.90
“我们共同的未来”环保研习服务	91.71	93.66
“展璞计划”志愿服务公益课程	94.59	91.35
所有课程平均分[(Σ单门课程平均分×参评人数)/总参评人数]	95.14	94.25

4. 积极乐观与和谐友善精神的培养效果

通过观察发现，在 2014—2015 学年秋季学期的 16 门服务性劳动课程中，“具有积极、乐观向上的人生价值取向得分/分”一项，学生自评最高得分为 97.65 分，最低得分为 91.52 分，所有课程平均分为 94.83 分；“能够与团队成员和谐相处，在团队活动中互帮互助得分/分”一项，学生自评最高得分为 96.80 分，最低得分为 91.29 分，所有课程平均分为 94.45 分（表 6-5）。按照问卷设计中 5 个得分等级，80 分以上为高分等级，所有服务性劳动课程的得分均在 91 分以上，这说明 2014—2015 学年秋季学期参与服务性劳动课程的学生整体认为：服务性劳动课程帮助他们培养了良好的积极乐观与和谐友善精神。

表 6-5　积极乐观与和谐友善精神的培养效果

服务性劳动课程	具有积极、乐观向上的人生价值取向得分/分	能够与团队成员和谐相处，在团队活动中互帮互助得分/分
农村健康促进计划	96.32	96.32
脑瘫儿童关怀计划	95.38	94.62

续表

服务性劳动课程	具有积极、乐观向上的人生价值取向得分/分	能够与团队成员和谐相处，在团队活动中互帮互助得分/分
曙光义教服务学习课	95.86	93.45
“相约蓝天”创意研习服务	93.23	91.29
走向海洋——海洋国土意识及海洋生态保护宣教行动	95.76	95.15
公益摄影	95.68	95.14
爱心助学支教	96.88	97.50
法律诊所	95.17	96.55
守护行动——关爱自闭症儿童	95.68	94.05
关爱智障儿童	97.65	96.47
中学生户外安全教育	97.60	96.80
华夏同根，四海同音——推广普及普通话	93.57	92.86
走进茶乡——倡导生态良性循环生产模式	91.52	93.94
环保——我绘	93.73	95.69
“我们共同的未来”环保研习服务	92.68	93.17
“展璞计划”志愿服务公益课程	94.05	92.97
所有课程平均分[(Σ 单门课程平均分×参评人数)/总参评人数]	94.83	94.45

（二）2011—2015 学年 10 个学期实施效果的现状描述

研究者对参加 2014—2015 学年秋季学期服务性劳动课程的学生进行的问卷调查结果表明，服务性劳动课程有助于培养大学生的社会主义核心价值观。但是这个调查结果只能反映一个学期的情况，不能反映汕头大学服务性劳动课程实施以来的整体情况。所以研究者进而选取 2011—2012 学年夏季学期至 2014—2015 学年秋季学期 10 个学期的调查数据进行描述性分析，调查结果如下。

1. 10 个学期的服务与奉献精神的培养效果

如表 6-6 所示，通过观察发现，在 2011—2015 学年的 10 个学期中，“具有社会服务意识，积极为社会和他人服务得分/分”一项，各学期学生自评最高得分为 95.61 分，最低得分为 92.31 分，各学期平均得分为 94.24 分；“具有奉献精神，对人对事不求回报得分/分”一项，各学期学生自评最高得分为 95.04 分，最低得分为 90.85 分，各学期平均得分为 93.39 分。按照问卷设计中 5 个得分等级，80 分以上为高分等级，各学期服务性劳动课程的平均得分均在 90 分以上，这说明 2011—

2015 学年的 10 个学期中参与服务性劳动课程的学生整体认为：服务性劳动课程帮助他们培养了良好的服务与奉献精神。

表 6-6　10 个学期的服务与奉献精神的培养效果

学期	具有社会服务意识，积极为社会和他人服务得分/分	具有奉献精神，对人对事不求回报得分/分
2011—2012 学年夏季学期	95.29	94.42
2011—2012 学年春季学期	94.83	94.14
2012—2013 学年夏季学期	94.55	92.77
2012—2013 学年秋季学期	92.31	90.85
2012—2013 学年春季学期	93.18	92.15
2013—2014 学年夏季学期	94.34	93.95
2013—2014 学年秋季学期	94.24	94.00
2013—2014 学年春季学期	93.49	92.92
2014—2015 学年夏季学期	95.61	95.04
2014—2015 学年秋季学期	94.55	93.66
各学期平均分	94.24	93.39

2. 10 个学期的敬业与诚信精神的培养效果

如表 6-7 所示，通过观察发现，在 2011—2015 学年的 10 个学期中，“具有敬业、守信的职业精神，能按时保量地完成工作任务得分/分”一项，各学期学生自评最高得分为 95.30 分，最低得分为 90.93 分，各学期平均得分为 93.29 分；“具有包容、诚信、负责和关爱的价值观得分/分”一项，各学期学生自评最高得分为 95.56 分，最低得分为 92.79 分，各学期平均得分为 94.24 分。按照问卷设计中 5 个得分等级，80 分以上为高分等级，各学期服务性劳动课程的平均得分均在 90 分以上，这说明 2011—2015 学年的 10 个学期中参与服务性劳动课程的学生整体认为：服务性劳动课程帮助他们培养了良好的敬业与诚信精神。

表 6-7　10 个学期的敬业与诚信精神的培养效果

学期	具有敬业、守信的职业精神，能按时保量地完成工作任务得分/分	具有包容、诚信、负责和关爱的价值观得分/分
2011—2012 学年夏季学期	93.68	94.51
2011—2012 学年春季学期	94.31	94.31
2012—2013 学年夏季学期	93.78	94.08

续表

学期	具有敬业、守信的职业精神，能按时保量地完成工作任务得分/分	具有包容、诚信、负责和关爱的价值观得分/分
2012—2013 学年秋季学期	90.93	92.79
2012—2013 学年春季学期	92.37	93.48
2013—2014 学年夏季学期	93.45	95.19
2013—2014 学年秋季学期	93.09	94.61
2013—2014 学年春季学期	92.53	93.35
2014—2015 学年夏季学期	95.30	95.56
2014—2015 学年秋季学期	93.42	94.49
各学期平均分	93.29	94.24

3. 10 个学期的维护道德与实事求是精神的培养效果

如表 6-8 所示，通过观察发现，在 2011—2015 学年的 10 个学期中，“具有遵守公共道德的自觉性，并能主动维护公共道德得分/分”一项，各学期学生自评最高得分为 95.83 分，最低得分为 93.69 分，各学期平均得分为 94.84 分；“具有实事求是，追求并坚持真理的精神得分/分”一项，各学期学生自评最高得分为 94.25 分，最低得分为 92.55 分，各学期平均得分为 93.61 分。按照问卷设计中 5 个得分等级，80 分以上为高分等级，各学期服务性服务课程的平均得分均在 92 分以上，这说明 2011—2015 学年的 10 个学期中参与服务性劳动课程的学生整体认为：服务性劳动课程帮助他们培养了良好的维护道德与实事求是精神。

表 6-8　10 个学期的维护道德与实事求是精神的培养效果

学期	具有遵守公共道德的自觉性，并能主动维护公共道德得分/分	具有实事求是，追求并坚持真理的精神得分/分
2011—2012 学年夏季学期	94.38	93.99
2011—2012 学年春季学期	94.71	93.74
2012—2013 学年夏季学期	94.80	93.78
2012—2013 学年秋季学期	94.57	92.55
2012—2013 学年春季学期	93.69	92.71
2013—2014 学年夏季学期	95.83	94.19
2013—2014 学年秋季学期	95.39	93.94
2013—2014 学年春季学期	94.27	92.74

续表

学期	具有遵守公共道德的自觉性，并能主动维护公共道德得分/分	具有实事求是，追求并坚持真理的精神得分/分
2014—2015 学年夏季学期	95.61	94.20
2014—2015 学年秋季学期	95.14	94.25
各学期平均分	94.84	93.61

4. 10 个学期的积极乐观与和谐友善精神的培养效果

如表 6-9 所示，通过观察发现，在 2011—2015 学年的 10 个学期中，“具有积极、乐观向上的人生价值取向得分/分”一项，各学期学生自评最高得分为 95.67 分，最低得分为 92.39 分，各学期平均得分为 94.26 分；“能够与团队成员和谐相处，在团队活动中互帮互助得分/分”一项，各学期学生自评最高得分为 95.77 分，最低得分为 91.98 分，各学期平均得分为 93.84 分。按照问卷设计中 5 个得分等级，80 分以上为高分等级，各学期服务性劳动课程的平均得分均在 91 分以上，这说明 2011—2015 学年的 10 个学期中参与服务性劳动课程的学生整体认为：服务性劳动课程帮助他们培养了良好的积极乐观与和谐友善精神。

表 6-9　10 个学期的积极乐观与和谐友善精神的培养效果

学期	具有积极、乐观向上的人生价值取向得分/分	能够与团队成员和谐相处，在团队活动中互帮互助得分/分
2011—2012 学年夏季学期	94.73	94.29
2011—2012 学年春季学期	94.31	93.79
2012—2013 学年夏季学期	94.21	94.29
2012—2013 学年秋季学期	92.39	91.98
2012—2013 学年春季学期	93.30	92.88
2013—2014 学年夏季学期	95.09	94.59
2013—2014 学年秋季学期	94.18	93.70
2013—2014 学年春季学期	93.84	92.67
2014—2015 学年夏季学期	95.67	95.77
2014—2015 学年秋季学期	94.83	94.45
各学期平均分	94.26	93.84

（三）服务性劳动课程在大学生社会主义核心价值观的培养效果上优于公益活动

研究发现当服务是课程的一部分，而不是一个单独的义务活动时，更有利于培养大学生的社会主义核心价值观。研究者分别抽取参加服务性劳动课程和公益活动的汕头大学学生，采用汕头大学服务性劳动课程小组编制的调查问卷《汕头大学服务性劳动课程评估表（学生自评）》作为调查工具进行统一调查，检验服务性劳动课程与公益活动在培养大学生社会主义核心价值观效果上的差异。调查结果如下。

1. 检验服务性劳动课程与公益活动培养大学生社会主义核心价值观的效果是否存在差异

为考察服务性劳动课程与公益活动培养大学生社会主义核心价值观的效果是否存在差异，研究者对调查结果进行了两个独立样本 Mann-Whitney *U* 检验。结果显示，服务性劳动课程与公益活动在培养大学生社会主义核心价值观的效果上存在显著性差异，$Z=-20.687$，$p < 0.001$，见表 6-10 和表 6-11。

表 6-10　秩

统计指标	类别	问卷数量/份	秩均值	秩和
社会主义核心价值观	服务性劳动课程	382	453.77	172 888.00
	公益活动	270	145.70	39 338.00
	总数	652		

表 6-11　检验统计量[a]

统计量	社会主义核心价值观
Mann-Whitney *U*	2753.000
Wilcoxon *W*	39 338.000
Z	−20.687
渐近显著性（双侧）	0.000

a. 分组变量：类别

2. 检验服务性劳动课程与公益活动培养大学生社会主义核心价值观的效果

为了充分检验服务性劳动课程与公益活动培养大学生社会主义核心价值观效

果的优劣，研究者对二者进行均值比较（独立样本 t 检验），见表 6-12 和表 6-13。

表 6-12　组统计量

统计指标	类别	问卷数量/份	均值	标准差	均值的标准误差值
社会主义核心价值观	服务性劳动课程	382	36.9213	3.302 96	0.169 22
	公益活动	270	25.9667	4.754 45	0.289 35

从表 6-12 可以看出，参与服务性劳动课程的学生自评结果均值为 36.9213 分，参与公益活动学生自评结果均值为 25.9667 分，标准差分别为 3.302 96 和 4.754 45。由此可知，参与服务性劳动课程学生的自评结果均值大于参与公益活动学生的自评结果均值。

表 6-13　独立样本 t 检验

统计指标	假设	方差方程的 Levene 检验		均值方程的 t 检验				
		F	Sig.	t	df	Sig.（双侧）	均值差值	标准误差值
社会主义核心价值观	假设方差相等	5.234	0.022	34.691	649	0.000	10.954 59	0.315 78
	假设方差不相等			32.681	447.421	0.000	10.954 59	0.335 19

从表 6-13 可以看出，在对参与服务性劳动课程与参与公益活动学生自评结果进行 t 检验后得知，方差齐性检验不显著（$F=5.234$，$p=0.022>0.001$），即两组的方差齐性。应该报告“假设方差相等”相关项。由“假设方差相等”相关项可以得出，参与服务性劳动课程学生自评结果均值与参与公益活动学生自评结果均值之间存在显著性差异（$t=34.691$，$df=649$，$p=0.000<0.001$），即参与服务性劳动课程学生自评结果的均值明显大于参与公益活动学生自评结果的均值。

从检验结果看，参与服务性劳动课程学生自评结果的均值显著大于参与公益活动学生自评结果的均值，说明这两种教育实践在培养大学生社会主义核心价值观的效果上存在优劣之分，服务性劳动课程的培养效果明显优于公益活动的培养效果。

（四）社会主义核心价值观融入服务性劳动课程实施效果的访谈和观察

通过对访谈资料的深入分析和随堂参与式观察发现，受访学生在谈及对服务性劳动课程的态度、看法、收获和问题时，基本上都提到四个核心关键词，依次是团队意识、沟通理解、奉献精神、友谊。

1. 加强了团队合作意识

在与学生的访谈中以及通过观察服务性劳动课程学生反思分享阶段，几乎所有的学生都提及对服务性劳动课程这一价值特征的认知和体验。在研究者要求受访的学生谈谈这一个学期以来，对服务性劳动课程最大的感受或者收获有哪些的时候，学生 S_1 首先提及了对服务性劳动课程价值的认识。

“就我自己来说，我觉得修读这门课程最大的收获之一就是我更加有团队意识了。这门课程在服务实践环节时，都是以小组为单位进行的，刚开始整个团队的同学都是互相不认识的，大家都来自不同的学院、不同的专业，所以经常要凑一个共同时间来讨论小组的服务方案等事宜。前几次小组开会讨论，我经常以在采访、上课、参加课外活动等事情为理由缺席，很少参加小组的讨论，直到我小组的组长指出我经常不参加小组讨论是不负责任、没有团队精神的表现，如果我不参加，那么我的任务就要分担给其他的组员，这会加重其他组员的负担，这不但对小组其他成员造成了不好的影响，也直接影响了小组项目策划方案的水平。组长给我的触动非常大，我这才意识到自己的问题所在，所以从那以后，每次小组讨论时我都会参加，在这一过程中，我感受到了团队意识的重要性，这对我以后的工作生活也将会产生非常大的影响。”

在对其他同学进行访谈的过程中，在问及他们修读服务性劳动课程的感悟或收获时，也都提及提高了团队合作意识。学生 S_2 这样说道：

“通过选修服务性劳动课程，我意识到了团队协作的重要性，策划服务活动方案时，小组每一个成员都有自己的构想，且我们都会觉得自己的构想比其他人的更好更可行，这就需要小组成员相互协商讨论，相互取其所长，设计出一个最优的方案，这让我明白了为了团队的目标，我们每个人都不能只想着做自己的事情，也不能只坚持自己的意见而不理会其他成员的意见。”

研究者通过参与式观察反思分享课，发现同学们的总结反思都首先提及了通过修读服务性劳动课程，学会了团队合作。

学生 1：“通过修读服务性劳动课程，我深刻感受到团队成员之间的分工合作非常重要，甚至决定了我们的服务质量，什么时间段做什么事情，以及安排什么人去做都需要小组成员的高度配合。”

学生 2：“与组员之间建立了深厚的友谊，在与组员准备教案的过程中，培养了团队意识。”

学生 3：“学习到了很多海洋方面的知识，认识到团队协作非常重要。”

学生 4:“我学习到了分工合作、小组成员沟通的重要性，对团队合作有了更加清晰的认识，认识到团队的力量是巨大的。”

2. 提高了沟通理解能力

在访谈中，锻炼了“沟通理解能力”是学生对服务性劳动课程价值认识时所使用的频率最高的关键词之一。由此可见，服务性劳动课程这方面的价值得到了最普遍的认识，学生对“沟通理解”有着不同层面上的认识，在学生的认识里，沟通理解包括两个层面：一是与组员之间的相互交流及理解包容其他组员，从最初各自为坚持自己的想法僵持不下，到最后学会去理解、接纳其他人的观点想法；二是学生在与服务对象沟通的过程中，进一步认识到了以一种怎样的态度去服务也非常重要，学生普遍认为，在服务他人时首先要理解服务对象，而非以一种优越于他人的心态去俯视服务对象。

下面是学生在谈及对服务性劳动课程收获时的认识和体验。

S_3:“理解和包容，每个组员的性格都不同，我们不能要求其他人都像自己那样做事，更不能把自己的意愿、想法强加给他人，要学会理解、包容别人，其实从下乡的筹备活动到整个活动结束，事情都不是一帆风顺的，既然矛盾不可避免，就应该积极看待，一起解决，争论多了，理解也就多了，我们将更加懂得站在别人的立场上想问题。”

S_1:“参加这次服务性劳动课程，我学到了很多，自己的能力也得到了很大提高，而这些在课堂里是学不到的，这次的服务实践锻炼了我的口才和应变能力，我学会了在采访别人时怎么避免词穷，以及在和别人对话时怎样应对冷场的局面。”

以上两个同学对服务性劳动课程沟通理解能力的认识属于第一个层面上的认识，即提高了与人交流沟通的技巧，研究者在访谈的过程中以及观察时发现，也有很大部分的同学对沟通理解能力的认识在第一个层面的基础上更加深入了，上升到了与人交流沟通时应以怎样的姿态展现在服务对象面前。

S_4:“刚开始和村民交流时，发现村民对外来人员都有很强的防备心理，但随着交流的深入，渐渐地我们取得了村民们的信任，这种小小的成就让组员们都觉得非常的开心，在这一过程中，我体会到了沟通的精髓，在与服务对象交流时，沟通的语气和态度非常重要，接近他们时要摆正自己的姿态，要用心去理解他们，而不是带有优越感，这样才能感受到他们的真正需要。”

一个参加关爱自闭症儿童课程的学生在反思分享课上如此说道:“我们对自闭症儿童的干预并不专业，也许对他们所起的作用也并不大，但是对待他们需要的是理解而不是同情。”

3. 培养了奉献精神

在服务性劳动课程的九大目标中，“养成对社会和他人的责任感和奉献精神”是服务性劳动课程的课程目标之一。学校致力于通过服务性劳动课程突出对学生公民意识、社会责任感和慈善意识的培养，促进公益体验的发展和提升。在访谈及课堂观察中，课程实施主体对这一价值有着明确的认识并较为一致。

一名学生在反思分享课上说道：“做公益，且学于公益，大家受益无穷，公益可以从课程延伸到生活，愿大家的‘公益心’一直延续下去。”

参加其他服务性劳动课程的学生，在谈及对服务性劳动课程的认识或感想时，很多人都谈到服务性劳动课程改变了他们对公益的看法，服务性劳动课程让他们认识到原来公益就在每个人的身边，公益可以从课程延伸到生活，服务性劳动课程把公益的种子种在每个人的心里。下面是分享反思课上部分学生的认识。

> 学生 5：“以前觉得公益离自己很遥远，觉得自己能做的事情很少，做了也改变不了什么，上了服务性劳动课程之后，发现公益就在我们身边，触手可及，最重要的还是要有一颗公益之心。”
>
> 学生 6：“所谓公益，你不去做，永远不知道自己的力量有多大。”
>
> 学生 7：“以前对公益总是持观望的态度，是服务性劳动课程把自己真正带到了公益行动中去，也让我体会到了每个人都有能力为自己和他人带来改变。”

4. 收获了友谊

在与学生的访谈及课堂观察中，他们比较普遍地认为，服务性劳动课程带给他们最深的感受之一就是认识了很多不同专业的同学，交到了新的朋友，在修读服务性劳动课程的过程中，不但学到了知识，增长了能力，也收获了友谊。下面是访谈的学生或部分课堂观察的学生的感言。

> S_2：“团队成员一起讨论、一起争辩，虽然有的时候也会因为创意设计的不同而争得面红耳赤，但最后都能很好地解决这一问题，小组成员之间团结合作，经过一个学期的磨合，我们都结下了深厚的友谊。”
>
> S_1：“我们队员之间都会相互关心，每当我遇到困难的时候，总有人鼓励我去战胜它，我们每一个队员心里想的都是我们是一个团队，一个也不能少，一个也不能倒下来，一个学期下来，我们都成了铁哥们。”
>
> 学生 8：“我们团队的成员从互不相识到彼此相知，我们收获了铁一般的友谊。”
>
> 学生 9：“认识了更多的人，交到了新朋友，感到非常开心。”

（五）调查结论

自评问卷的调查结果表明：参与服务性劳动课程的学生整体认为服务性劳动课程有助于培养大学生的服务与奉献精神、敬业与诚信精神、维护道德与实事求是精神、积极乐观与和谐友善精神等；而且服务性劳动课程对大学生社会主义核心价值观的培养效果比公益活动的培养效果好。访谈与参与式观察的结果表明：参与服务性劳动课程的学生认为服务性劳动课程有利于大学生加强团队合作意识、提高沟通理解能力、培养奉献精神和收获友谊。

自评问卷的调查结果和访谈与参与式观察的结果互相印证，都表明服务性劳动课程有利于培养大学生的社会主义核心价值观，而且服务性劳动课程对大学生社会主义核心价值观的培养效果比公益活动的培养效果好。

三、结语

积极加强大学生社会主义核心价值观教育，对于引领大学生树立正确的价值观，促进大学生的全面发展和成长成才，帮助大学生了解、关心社会，培养社会责任感具有重要现实意义。

汕头大学通过以营造奉献文化为愿景，以实现九大目标为导向，多样化开设各种课程，多渠道联系合作单位，形成课堂讲授、社会实践、校园文化多位一体的育人平台，并积极开展对外合作与交流，共享公益教育的理念与经验，而且采取有力措施保障充足的师资和经费，解决服务性劳动课程实施的后顾之忧，创造性地将社会主义核心价值观有效融入服务性劳动课程，培养了大学生的服务与奉献精神、敬业与诚信精神、维护道德与实事求是精神、积极乐观与和谐友善精神，加强了大学生团队合作意识，提高了其沟通理解能力，还使其收获了友谊。事实证明：汕头大学服务性劳动课程是加强大学生社会主义核心价值观教育的一种有效途径。这为改变当前大学生社会主义核心价值观教育主要停留在大学生思想政治教育层面，提供了加强大学生社会主义核心价值观教育的新路径和新方式，而且为探索大学生社会主义核心价值观教育的新课程模式树立了典范，具有极强的示范和推广效用。

第四节　服务性劳动课程对大学生人际交往能力的影响

培养大学生的人际交往能力既是大学生健康心理发展的需要，也是大学生认识自我、完善自我、实现社会化的重要途径。良好的人际交往能力对大学生的发展具有重要的现实意义。目前各高校对于大学生人际交往能力培养的焦点主要还停留在实践形式上，对培养的成效缺乏评价和反馈；其培养途径多数依赖于心理咨询的诊断及指导，没有提出明确具体的大学生人际交往能力培养方案。从实际的情况来看，培养大学生人际交往能力可以有多种途径，最主要的是要去发现和总结，并有意识地去培养。例如，种类繁多的社团活动、学生课外生活和学习交流团体活动，都是大学生人际交往能力培养的重要途径。在这些群体活动中，大学生通过自我体验积累人际交往经验，提高人际交往能力。汕头大学近年来开展了以社会服务实践为主的服务性劳动课程，本节将聚焦这些课程，通过问卷调查和访谈方式分析服务性劳动课程对大学生人际交往能力的影响。

一、问卷调查

以汕头大学 388 名本科生为研究对象，采用杜安·博尔玛斯特（Duane Buhrmester）等编制的《人际交往能力问卷》(interpersonal competence questionnaire，ICQ）作为调查工具进行调查研究，调查参与服务性劳动课程的大学生在人际交往能力方面是否与不参加服务性劳动课程的大学生存在差异。分析参与服务性劳动课程是否对大学生的人际交往能力产生影响及其作用的具体方面。另外，分析参与次数（或持续时间）、性别和学科是否对大学生的人际交往能力产生影响。

（一）调查工具

调查采用杜安·博尔玛斯特等编制的《人际交往能力问卷》。①问卷共 40 道题目，分为 5 个维度：人际关系建立(interacting relationships)、适度拒绝(disclosing personal information)、自我揭示（asserting displeasure with others)、冲突管理(managing interpersonal conflict）和情感支持（providing emotional support and advice)。每个维度都由 8 道题目组成，具体见表 6-14。

该问卷采用 5 级计分法，“1”：表示做不到，感觉极其不安并且没有把握，因此尽量逃避开；“2”：表示可以这么做，但感觉非常不安，并且处理起来有许多困难；“3”：表示能做，不过感觉稍有不安，并且处理起来有些困难；“4”：表示擅长这么做，感觉轻松，并且能够处理这类问题；“5”：表示非常擅长这么做，感觉非常轻松，并且能够处理得非常出色。问卷的题目全部是正向计分，依次可得 1—5 分。得分越高，则说明人际交往能力越高。

① Buhrmester D，Furman W，Wittenberg M T，et al. Five domains of interpersonal competence in peer relationships[J]. Journal of Personality and Social Psychology，1988，55（6）：991-1008.

表 6-14　《人际交往能力问卷》各维度对应的题目序号

维度	题目序号
人际关系建立	1，6，11，16，21，26，31，36
适度拒绝	2，7，12，17，22，27，32，37
自我揭示	3，8，13，18，23，28，33，38
冲突管理	4，9，14，19，24，29，34，39
情感支持	5，10，15，20，25，30，35，40

（二）样本分布情况

调查采用简单随机抽样方法，随机抽取汕头大学的在校大学生，共发放问卷 500 份，回收问卷 470 份，其中有效问卷 388 份，有效回收率 77.6%。其中，男生 142 人，女生 246 人；理科生 156 人，文科生 232 人。在参与调查的 388 名大学生中：未参与服务性劳动课程的学生有 195 人，参与服务性劳动课程的有 193 人（其中参与 1 次的有 152 人，参与 2 次的有 25 人，参与 3 次及以上的有 16 人）。

（三）问卷的信度分析

对问卷的40道题目做主成分因子分析后，得到Kaiser-Meyer-Olkin度量为0.860，Bartlett 球形度检验的 p 值小于 0.001（表 6-15），说明相关矩阵间具有共同因素，适合做因素分析。

表 6-15　Kaiser-Meyer-Olkin 度量和 Bartlett 球形度检验结果

取样足够的 Kaiser-Meyer-Olkin 度量		0.860
Bartlett 的球形度检验	近似卡方	3.656×10^3
	df	780
	p 值（Sig.）	0.000

问卷调查统计分析得到问卷总体的克龙巴赫 α 系数为 0.881（表 6-16），表示问卷具有较好的内部一致性系数。采用奇偶分组方法，将问卷题目的序号按照奇数和偶数分成两部分，计算这两个部分项目分之间的相关系数，再用斯皮尔曼-布朗公式（Spearman-Brown formula）进行校正，得到分半信度为 0.853，而 Guttman 分半信度为 0.851（表 6-17），所以该问卷具有较好的内容一致性。

表 6-16　同质性信度检验

克龙巴赫 α 系数	0.881
项数	40

表 6-17　分半信度检验

<table>
<tr><td rowspan="5">克龙巴赫 α 系数</td><td rowspan="2">第 1 部分</td><td>值</td><td>0.821</td></tr>
<tr><td>项数</td><td>20</td></tr>
<tr><td rowspan="2">第 2 部分</td><td>值</td><td>0.819</td></tr>
<tr><td>项数</td><td>20</td></tr>
<tr><td colspan="2">总项数</td><td>40</td></tr>
<tr><td colspan="3">表格之间的相关性</td><td>0.812</td></tr>
<tr><td rowspan="2">分半信度</td><td colspan="2">等长</td><td>0.853</td></tr>
<tr><td colspan="2">不等长</td><td>0.853</td></tr>
<tr><td colspan="3">Guttman 分半信度</td><td>0.851</td></tr>
</table>

（四）服务性劳动课程对大学生人际交往能力影响调查

1. 未修读和修读服务性劳动课程的大学生人际交往能力比较

通过整体水平再到不同性别、不同学科人际交往能力的比较，对比修读和未修读服务性劳动课程大学生的人际交往能力，分析服务性劳动课程是否对大学生人际交往能力产生影响。从整体水平来看，修读过服务性劳动课程的大学生在人际交往能力的“总分”上比未修读的表现更好（表 6-18），t 值为–1.150（$p<0.05$）。从不同性别上来看，未修读和修读服务性劳动课程的男学生在人际交往能力的“总分”上存在显著差异，t 值为–1.077（$p<0.05$）；未修读和修读服务性劳动课程的女学生在各个维度及总分上都不具有显著差异。从不同的学科上来看，修读过服务性劳动课程的理科生相比未修读的理科生在“适度拒绝”和“总分”上表现出显著差异，而文科生在总分和各个维度上都没有差异。也就是说修读服务性劳动课程让理科生在表达不满情绪方面有了显著提高，而且在人际交往能力的总体水平上也得到了提高。

表 6-18　未修读和修读服务性劳动课程的大学生人际交往能力 t 值比较

	整体水平（$n=388$）	男生（$n=142$）	女生（$n=246$）	理科（$n=156$）	文科（$n=232$）
人际交往建立	–1.717	–1.546	–1.008	–0.905	–1.474
适度拒绝	–1.046	–0.422	–1.055	–0.953*	–0.588

续表

	整体水平（$n=388$）	男生（$n=142$）	女生（$n=246$）	理科（$n=156$）	文科（$n=232$）
自我揭示	−1.292	−1.006	−0.973	−0.911	−0.939
冲突管理	−0.446	−0.189	−0.429	0.005	−0.571
情感支持	−1.234	1.325	0.331	1.143	0.566
总分	−1.150*	−1.077*	−0.735	−0.642*	−0.980

*表示 $p<0.05$，具有显著差异。

2. 修读服务性劳动课程大学生人际交往能力现状

通过不同次数、性别、学科的对比，分析修读服务性劳动课程对大学生人际交往能力产生的影响的具体因素。

修读次数显示了服务性劳动课程对大学生人际交往能力影响的频率。调查服务性劳动课程在修读次数上对大学生人际交往能力影响的差异性，可再次证明服务性劳动课程对大学生人际交往能力具有影响作用。随着修读服务性劳动课程次数的增加，大学生在“自我揭示”上的均值呈上升趋势，说明修读服务性劳动课程的次数越多，大学生在“自我揭示”上表现越好，p 值为 0.032（表 6-19）。也就是说，修读服务性劳动课程的次数越多，越能够锻炼大学生的情感表露和分享能力，提高大学生建立信任关系的能力。

表 6-19　服务性劳动课程不同修读次数的大学生人际交往能力的 p 值及均值

	p 值	不同修读次数的大学生人际交往能力均值		
		1 次	2 次	3 次及以上
人际关系建立	0.807	27.42±0.798	27.43±0.396	28.25±1.321
适度拒绝	0.079	26.50±1.255	26.47±0.415	26.50±1.151
自我揭示	0.032*	24.62±0.859	25.99±0.364	27.69±0.909
冲突管理	0.636	28.29±0.638	28.25±0.347	29.25±0.686
情感支持	0.976	30.72±0.994	30.83±0.400	31.06±1.116
总分	0.388	136.05±2.801	140.23±1.578	144.08±4.523

*表示 $p<0.05$，具有显著差异；均值 = 平均值±标准误。

从性别的比较上来看（表 6-20），修读过服务学习课程的女生在“自我揭示”和“情感支持”方面比男生表现得更突出，t 值分别为−0.765 和−2.503（$p<0.05$）。

表 6-20 修读服务性劳动课程的大学生人际交往能力在性别和学科上的 *t* 值比较

类别	人际关系建立	适度拒绝	自我揭示	冲突管理	情感支持	总分
性别上的 t 值	0.420	−1.209	-0.765^{a*}	−0.250	-2.503^{a*}	−0.732
学科上的 t 值	0.494	0.034	−0.339	0.211	−1.764	-0.733^{b*}

*表示 $p<0.05$，具有显著差异；a 表示女生；b 表示文科生。

（五）对修读服务性劳动课程大学生的人际交往能力的调查

1. 未修读和修读服务性劳动课程的大学生人际交往能力比较

从以上数据分析可知，修读过服务性劳动课程的大学生在人际交往能力的“总分”上比未修读的学生要更好；修读过服务性劳动课程的男生在人际交往能力的“总分”上比未修读的男生更好；修读过服务性劳动课程的理科生在“适度拒绝”和人际交往能力的“总分”上比未修读的理科生更好。

服务性劳动课程通过大学生参与公益事业，帮助大学生了解社会、体验社会、服务社会，培养大学生的社会责任心，并将学术课程与公益实践结合起来，促进学生的全面发展。服务性劳动课程特别重视培养学生的活动自主性和活动反馈。带队的老师主要负责对大学生的课程培训和活动指导，将公益实践的自主权下放到学生手中，让大学生自己策划和实施。在这种自由度较大的活动中，大学生所依赖的主要对象是自己的团队伙伴。从活动的组织策划到实施，团队的同伴之间需要不断地了解、磨合、讨论、发生冲突和解决冲突，通过与同伴之间的相处达到情感上的交流，这也是实现交往深入的关键一步。再者，服务性劳动课程重视对活动的反馈，通过召开活动过程中及活动结束后的分享会引导学生进行互动式分享和自我反思。“反馈是关于此人做过什么的信息，是根据此人的行动——意图与结果，对现实表现与理想表现进行比较得出的。借用系统论中更正式的话语，反馈是证实行动是否正确的证据，是反馈给表现者有关自身表现的事实，而且这些事实没有掺杂成人对表现所做的任何价值评估……反馈不只是有用的，它是每个完整学习中的一个核心部分。”①服务性劳动课程引导着学生之间的互动与交流，不仅仅限于言语之间的交流，也不单单是为了完成活动目标。服务性劳动课程重视对学生内在的塑造，并通过这种服务学习来促进同伴间的互动，并帮助学生了解他人的想法，鼓励学生分享和反馈。

① 威金斯. 教育性评价[M]. 国家基础教育课程改革“促进教师发展与学生成长的评价研究”项目组译. 北京：中国轻工业出版社，2005：39-41.

2. 修读过服务性劳动课程的大学生人际交往能力各因素的分析

通过以上数据分析可知，修读服务性劳动课程的次数越多，大学生在“自我揭示”的能力上就越强；修读过服务性劳动课程的女生在“自我揭示”和“情感支持”上比男生表现得更突出；修读过服务性劳动课程的文科生相比理科生人际交往能力更强。

以公益实践活动为载体的服务性劳动课程，让学生真实地体验社会、关注民生，并能够激发起学生对服务学习的感悟和自我反思。大学生由于还未真正踏入社会，平时较少有机会与其他阶层的社会人员接触。服务性劳动课程提供的现实场景和事件反而更容易引发大学生的关注和思考，在实践过程遇到的困难也更容易引发大学生内心的感触。在从未经历过的现实场景下，大学生更希望寻求他人的倾听和互助，更容易表露心声，特别是平时不太表露情感的男生，在服务学习中获得了情感释放的机会。文科生相对理科生要更为感性，对人际关系的处理也更为敏感和积极。再者，文科生中女生占大部分，由于女生情感比较细腻，与他人交往的技巧上较为理智和温和。这也是文科生相比理科生在交往能力更具优势的原因。

二、访谈

（一）访谈大纲的编制[①]

访谈主要是对汕头大学参与或未参与过服务性劳动课程的大学生进行访谈，访谈的目标是了解大学生如何开展人际交往活动，影响人际交往活动的因素是什么。访谈大纲主要根据了杜安·博尔玛斯特定义的人际交往能力五个维度编制而成，以开放性问题为主。在问卷调查的基础上再深入探究大学生在活动中人际交往的实际情况和主观感受，使访谈结果能够与问卷的结果进行对比，以达到相互印证的作用。访谈的对象包括参与过三种新培养途径的大学生和没有参与过新培养途径的大学生。访谈大纲从六个方面来建构访谈题目：

（1）人际交往的主动性。例如“是否会主动参与讨论或活动？参与的动机是什么？”

（2）适度拒绝的表现。例如“在活动中如果有异议选择以何种方式提出？为什么？”

① 阿克塞，奈特. 社会科学访谈研究[M]. 骆四铭，王利芬，等译. 青岛：中国海洋大学出版社，2007.

（3）自我表露的程度。例如“你是否喜欢表达自己的感受？通过什么途径表达？主要分享的内容是哪些方面？”

（4）人际冲突的处理。例如“在活动中是否与他人发生过矛盾或冲突？你是如何解决的？”

（5）情感支持的方式。例如“你是否乐于给他人建议和鼓励？”

（6）收获及建议。例如“参与这项活动后，在人际交往方面对于你来说有什么收获吗？体现在哪里？对于这项活动提供的人际交往活动是否有什么想法或建议？”

（二）访谈过程

（1）与受访者取得联系：通过问卷调查中留下的联系方式或者熟人介绍的对象，与受访者取得联系，向其说明访谈的目的，得到受访者的同意后商议访谈的形式、时间和地点等情况。

（2）约定访谈的形式、时间和地点：以受访者的意愿为主选择访谈的形式（面谈、邮件或 QQ）、访谈的时间和地点。

（3）实施访谈：向受访者询问个人基本资料，根据受访者参与活动的情况在事先拟定的访谈大纲中的六个方面选择问题提问。取得受访者同意的情况下以录音或笔记的形式记录。

（4）整理访谈记录，发现信息不全或模糊的地方再次联系受访者，补充信息。

（三）访谈记录的整理与分析

（1）资料整理：根据访谈时间的先后顺序，将访谈过程的录音资料转化为文字资料。

（2）资料归类与编码：根据访谈对象参与人际交往活动的途径，对其进行归类和编码。编码方式为“字母”或“字母 + 数字”的形式。其中，“G”表示参与过服务性劳动课程，“W”表示没有参与，“1”表示参与服务性劳动课程第一位受访者，“2”表示参与该类人际交往途径的第二位受访者，依此类推。

（四）访谈对象的基本情况

参与访谈的大学生总共有 23 人，其中男生有 5 人，女生有 18 人；访谈形式中，只采用面谈的有 4 人，邮件访谈的有 4 人，QQ 访谈的有 5 人。此外，全部受访者中有 10 位是曾经参与过问卷调查的大学生（表 6-21）。

表 6-21　访谈对象的基本情况

序号	编码	性别	学院	访谈形式
1	G1	女	长江艺术与设计学院	面谈、问卷
2	G2	女	法学院	面谈、问卷
3	G3	女	商学院	面谈、问卷
4	G4	男	工学院	QQ
5	G5	男	工学院	面谈
6	G6	男	工学院	邮件
7	G7	男	工学院	面谈、问卷
8	G8	男	工学院	面谈、问卷
9	G9	女	理学院	面谈、问卷
10	G10	女	文学院	面谈、问卷
11	G11	女	长江新闻与传播学院	面谈
12	G12	女	文学院	QQ
13	G13	女	法学院	面谈、问卷
14	G14	女	工学院	邮件
15	G15	女	理学院	面谈、问卷
16	W1	女	理学院	面谈、问卷
17	W2	女	商学院	邮件
18	W3	女	医学院	邮件
19	W4	女	医学院	QQ
20	W5	女	医学院	QQ
21	W6	女	法学院	面谈
22	W7	女	长江艺术与设计学院	面谈
23	W8	女	文学院	QQ

（五）访谈资料的分析

1. 人际交往的主动性

大学生参与人际交往的途径主要是通过团体活动，大部分参与过服务性劳动课程的大学生表示会选择主动交往的方式。如 G14 所说："我是通过服务性劳动课程当中的活动认识到新朋友的，我愿意主动去结识新朋友。" G5 认为："人脉广不但是个人沟通（能力）的反映，还（可以）为以后工作奠定基础，一个微笑、一个动作、一次活动都可以让我和其他成员认识。认识后努力记住对方名字是对他最起码的尊重。”

没有参与过服务性劳动课程的受访者人际交往的途径主要是网络和社团活动，而且参与的方式比较被动。W2 表示：“我平时主要通过 QQ、网游、联谊等方式来认识朋友。”W3 表示：“我主要通过网络来认识朋友，我是比较被动的人。”W6 表示：“我主要通过参加社团活动以及上课时接触的人来认识朋友，或者经朋友介绍，我觉得我认识新朋友的方式是（比）较被动的。”

大学生主动交往的动机主要分为两种类型①：一种是内在动机，以大学生自我本身的快乐和满足为主。另一种是外在动机，大学生主动交往是为了能够达到设定的目的，如 G2 表示：“在服务性劳动课程中因为大家是要一起合作的，所以会主动与其他人认识。”

导致大学生缺乏主动交往的原因主要有两个方面。一个是性格的因素，有些大学生的性格比较内向、安静和被动，正如 G6 所说：“我的性格比较内向，一般不会主动去认识新朋友，在服务性劳动课程活动中主要还是通过问题讨论这样的形式来与其他的朋友交流。”另一个是缺乏交往经验和技巧。有不少大学生表示会通过网络来开展人际交往，虽然网络空间更加开放和多元化，但是网络的人际交往始终是虚拟和间接的，并不能完全代替真实的人际交往。大学生选择快捷的网络交往方式，反而逐渐脱离真实的人际交往，导致大学生缺乏真实的交往经验和技巧，从而越来越被动。

2. 适度拒绝的选择

在拒绝的选择方式上，大学生主要有三种处理方式。第一种是直接拒绝，选择这种处理方式的大学生认为如果在活动安排上自己不适合或者不喜欢，就应该拒绝。如 G12 表示：“我觉得应该把事情摊开来讲，不喜欢不清不楚。如果不想做我会拒绝。”第二种表示接受安排，接受的最主要原因是碍于情面，碍于朋友关系、同学关系或师生关系不好意思拒绝别人。W3 认为：“我不善于拒绝别人，觉得拒绝别人不好。”W8 表示：“不太懂得拒绝别人，怕伤害别人，也不好意思拒绝。”G2 说：“我会接受安排，觉得大家是同学、师生关系，力所能及都不会拒绝，怕伤害感情。”第三种是理性处理，选择这种处理方式的大学生认为应该根据具体情况来作出权衡和选择。G5 表示：“那要看这个工作是不是有利于集体，如果不是，会不会还有其他更好的办法，如果是，那我会毫无顾忌去接受。”G11 也表示：“（我会）看场合，觉得那是大家都会有疑惑的就当众提出，只是少数会有疑惑的则私下提出。在不想做的前提下，再想一想这项工作合不合理及能不能锻炼自己

① 韩仁生. 归因理论在教育中的应用[J]. 教育理论与实践，2004，24（2）：4-7.

的能力等……能接受的还是会接受的。”还有大学生表示提出异议是希望得到别人的建议。如 G9 表示：“（我）会（提出异议）的，因为想让别人知道自己的想法，（如果自己的想法有错误，希望别人）指出自己想法的不合理之处。看看自己是否有时间及能力做好这份工作，没有（的话）就推辞。”

3. 自我表露的程度

（1）情感表露的对象

大部分受访者表示愿意与他人分享心情和感受，但选择情感表露的对象主要是比较亲近的同学和朋友。W1 表示：“我从小比较独立，开心的事，会和身边的朋友分享。但有心事的时候，一般只和闺蜜分享。”W8 表示：“只会与合得来的朋友分享。每个人都有自己的事情，不愿意麻烦别人，而且人家不一定懂你。”

（2）情感表露的途径

大部分大学生表示愿意分享自己的看法，分享和交流主要是在活动中体现。如 G3 说：“（服务性劳动课程）基本都是每天活动空余时间会有一次或长或短的会议，包括分享自己的感受什么的。”G5 表示：“就这次公益活动而言，每天都要有一个小的分享，15 天一个总结的大分享。”

（3）情感表露的目的

第一种是自我成长的需要。G8 表示：“分享可以让自己的想法变得成熟。”第二种是内在心理的需要。G14 说：“喜欢把自己的快乐跟别人一起分享。”W6 表示：“较喜欢（和朋友分享），我不太喜欢将一些不开心的事憋在心里，有事我会尽力去解决。”第三种是与他人信息交流的需要。

4. 人际冲突的处理

大部分受访者虽然表示没有与他人有过明显的人际冲突，但大多都有过避免冲突的经验。大部分受访者表示不想跟他人起冲突，他们认为发生冲突是不好的事情，应该在冲突发生前避免，而且选择避免冲突的方式一般以隐忍和退让为主。G2 认为：“我觉得忍忍就算了，回避这个问题，过阵子大家都忘了。”W6 表示：“（我）很少（与他人发生冲突），我觉得能忍则忍吧，不想起冲突。”也有受访者表示发生过冲突事件，而选择处理的方式也相对比较理智。G5 表示：“或多或少有些意见不合，有时权衡利弊当场协调解决，当矛盾激化，为避免口头上尴尬，会以书面方式例如短信解决矛盾。”G11 说：“（在服务性劳动课程项目中）分工出现时间冲突，我找到工作安排负责人，向其说明情况，结果负责人重新安排了人员。”G9 则说：“活动中有时候会发生冲突。自己先冷静下来重新想想是否是自己不对，若是就从善如流……我们都会互相比较一下谁的想法会更好，然后采用（更好的）那个想法。”

5. 情感支持的表现

绝大部分受访者表示愿意给予他人情感支持，安慰和开导他人，这与问卷调查也相互印证了结果。G5 表示："会相互安慰和鼓励，如这次的义教备课、冷场等棘手问题，安慰和鼓励小的方面既可以振奋个人，勇往直前，大的方面可以增加集体荣誉感，自己也收获了一份可贵的友谊，毕竟患难见真情。" G15 说："我乐于倾听，因为人总有迷茫难过低落的时候，就做点力所能及的事开导一下别人，互相帮助一下，说不定以后自己也需要这样的帮助，需要别人点醒。" W7 也表示："我只是善于倾听，不善于开导。本身口才并不是那么好。"

6. 收获及建议

不少参与过服务性劳动课程的受访者表示在活动中有所收获。G1 表示："（服务性劳动课程）让我跟更多不同成长环境的人交流，学会多站在别人的立场和角度来思考问题，也懂得团结很重要。我希望服务性劳动课程的模式能多样化，不要局限在知识的交流，例如义教，我觉得精神上的交流和慰问更重要。" G11 说："（通过服务性劳动课程）我认识了不同专业的同学，同时也有了一批自己的学生，感受到了当老师的滋味……我的建议是，课程结束后也不时聚一起吃个饭什么的，以便继续保持友谊。并找个时间回去支教的学校看望学生们。"没有参与过服务性劳动课程的受访者表示自己在人际交往能力上还有需要改善的地方，部分受访者表示在人际交往的态度上比较被动。W7 表示："（我的）朋友还真挺多的，和自己最好的那几个朋友是从来都不会吵架的。就是有时候太情绪化了，但是幸好身边的朋友都能理解。" W8："（我的人际交往能力）不是很好，不主动。我觉得不一定非要很主动吧，遇上对的朋友自然合得来。但是我也觉得要学会稍微开放和大胆一点。"

7. 对访谈的总结与分析

本节研究的访谈是根据自编的访谈大纲开展，分为六个部分：人际交往的主动性、适度拒绝的表现、自我表露的程度、人际冲突的处理、情感支持的方式，以及在人际交往活动中的收获及建议。从访谈结果来看，参与过服务性劳动课程的受访者比没有参与过的受访者显示出更为积极的表现，但也有不足的地方。

（1）主动性是影响人际交往的重要因素，乐于参与活动的大学生往往主动性更高。参与过服务性劳动课程的受访者表示在人际交往上会更加积极。

（2）有部分参与过服务性劳动课程的受访者认为不善于或不愿意拒绝别人，但也有学生认为应该理智对待。

（3）大部分参与过服务性劳动课程的受访者表示乐意与他人分享思想和情感，主要的分享对象是自己亲近的朋友。

（4）多数参与过服务性劳动课程的受访者表示不愿意发生冲突，知道如何避免冲突，但缺乏处理冲突的实际经验。

（5）多数参与过服务性劳动课程的受访者表示愿意开导他人，给予他人情感支持。

（6）参与过服务性劳动课程的受访者表示通过活动得到了人际交往的机会，扩大了交友圈。

从访谈中可发现大部分大学生认为服务性劳动课程对于大学生的人际交往能力的提升具有裨益，通过课程提高了对活动的参与度，更积极地与他人进行交往。这与问卷调查的结果相一致。但也发现参与过课程的大学生中，有部分大学生缺乏人际交往的技巧，而且由于性格和交往渠道的限制，缺乏交往的主动性。

第七章　服务性劳动课程案例

汕头大学自 2010 年开始开设服务性劳动课程（校内称为“公益课程”，为了统一，本书以“服务性劳动课程”统一指代该类课程），是国内第一所将服务性劳动课程作为必修课的高校。2010—2020 年，全校共开设服务性劳动课程 363 门次，15 148 人次学生修读了课程，除 2020 年上半年受新冠肺炎疫情影响，课程被迫停开外，修读人数总体呈逐年上升趋势（7-1）。

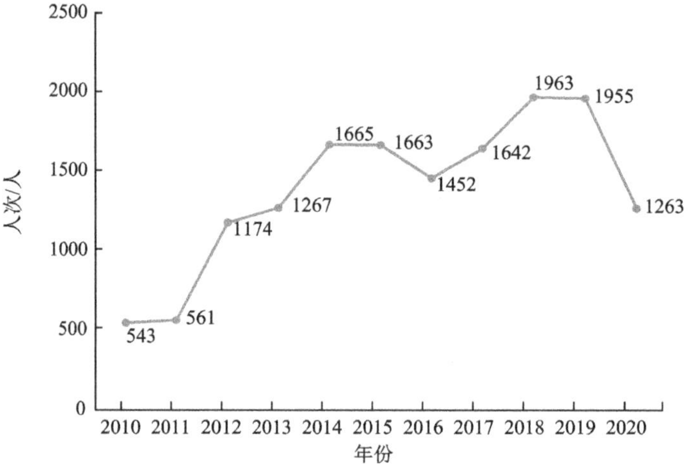

图 7-1　汕头大学 2010—2020 年服务性劳动课程选课人次

服务性劳动课程的主题内容丰富多彩，涵盖弱势人群关怀（服务对象包含智障儿童、视障儿童、脑瘫儿童、自闭症儿童、农村留守儿童、家境困难儿童、进城务工人员子女、农村女童、麻风病康复村老人等）、文化知识传播（中小学生助学服务、生命教育、音乐教育、户外急救知识普及、眼健康知识传播、青少年法律知识传播、金融知识宣讲、经典文化传承等）、环境保护（水资源保护、海洋资源保护、山林保护等）、医疗扶贫、社区服务和改造、灾区服务、当地历史文化的传承与保护等。每门课程以源自真实世界中的现实问题为驱动开展学习和服务，学生为了解决实际问题而学习，在此基础上将课程内容整合，许多内容要求学生自主学习，积极建构学习内容，提高了学习的针对性和实效性。经过多年的实践，汕头大学在服务性劳动课程本土化方面做出了积极的尝试和探索。本章将介绍 5 个有代表性的服务性劳动课程案例，以期起到抛砖引玉的作用。

第一节　助蕾行动——关怀农村女生成长[①]

一、课程背景

开展“助蕾行动”的初衷，是基于对农村女生成长的特别关注。青春期是人生成长的关键时期，也是发现自我、确立自我形象及未来自我发展目标的重要阶段。无论男孩女孩，青春期都是一个需要学校、家庭和社会共同关爱的时期。潮汕农村地区地方文化具有较浓重的传统色彩、农村环境相对封闭、观念相对保守，这些对农村女生的成长都可能产生不利影响；父母对女孩的期待往往不如男孩，可能导致她们成长的需求被忽视，这对农村女生积极进取、树立远大的理想和未来的发展形成一些局限。基于以上的现实问题，我们提出“助蕾行动”，希望通过公益项目的形式，以性别平等为最基本的理念，以专业社工助人助己的成长模式、志愿者的热忱，帮助农村女孩像花蕾一样健康绽放。

本课程的目标包括：①使学生了解潮汕农村地区女生的生活现状、成长中的困扰与需求，认识其深层的原因；②学习协助农村女生全面成长的理念、知识和具体方法，并将所学运用于服务农村女生，使服务对象在多方面受益；③提高学生社会责任感和奉献精神、活动策划能力、实际解决问题的能力；④培养学生的团队精神、合作能力、协调能力和领导才能；⑤通过不同学科的师生组合，使学生在服务实践中增长见识，培养学生的创意思维。

二、课程设计

本课程的知识单元及预期学习结果主要包含如下 8 个方面。①服务学习理念和服务性劳动课程介绍，预期学习结果表现为解释服务学习的定义、理念及其具体工作模式；明确服务性劳动课程的目的，说明其形式；阐释各高校开展服务学习的情况与模式。②农村女生的生存状况和需求分析，预期学习结果表现为列举《儿童权利公约》规定的四种儿童基本权利；描述《中国儿童发展纲要（2011—2020 年）》政策价值取向与相关关爱女童项目；阐释营养、医疗、照料与沟通交流等方面的情况；解释女童的在学状况，讨论失学原因及其家庭学

① 课程负责人：汕头大学文学院方炼教授。

习环境；描述当前女童受保护的状况；列举儿童参与的指标，描述其参与情况；解释父母、教师与儿童对人格特质所持有的性别刻板印象的体现与影响；讨论农村女生生存状况背后的深层次原因。③社会性别与女生成长，预期学习结果表现为定义社会性别，讨论男女平等的定义与意义；解释不同性别如何被差别化对待、语言文字中的社会性别、教育领域的刻板印象和社会生活中的性别歧视的表现，分析其对女生的影响；阐释分析两性之间差异的理论。④社会研究方法，预期学习结果表现为解释为什么要做社会研究；阐述社会研究的基本过程及其具体实施方法；说明访谈法、观察法等如何具体运用及需要注意的问题；描述研究报告的一般结构。⑤实地调研，预期学习结果表现为应用观察法、访谈法等社会研究方法，分组进行实地调研，了解、评估农村女生的生存状况与需求。⑥服务活动方法与方案撰写，预期学习结果表现为列举服务青少年群体可采用的工作方法、具体工具与活动形式；记住服务活动方案的撰写内容，应用于小组方案设计中。⑦服务与实践，预期学习结果表现为根据课堂学习，分析调研结果，评估需求并制定策划小组服务活动方案；根据服务方案进行社区服务，并在服务中反思，完善方案。⑧总结评估，预期学习结果表现为撰写项目报告并进行汇报，总结服务、反思体会。

课程总学时数 48 个学时，课程对学生的评估采用任课教师评分（50%）、合作服务单位评分（30%）、学生自评（10%）、学生互评（10%）四种方式。

任课教师评分细分为三部分，课堂和准备阶段的表现占 15%，依据学生课堂的参与和表现情况、参与调研及讨论、调研报告及展示的情况进行考核；实地服务实践占 20%，依据学生在服务活动方案设计及展示、服务活动方案实施（包括方案执行情况、服务中体现的态度、专业能力、领导才能，以及团队内部和服务单位的协作能力、沟通能力和服务效果）方面进行考核；课程总结与分享占 15%，依据服务总结报告展示、书面报告、个人心得感想进行评定。

合作服务单位评分主要根据合作服务单位对学生服务的满意度、服务的成效及服务的必要性等方面进行评定。

学生自评根据学生在课程中知识、技能等方面的掌握程度和在小组实践中的参与程度进行自我评分，具体包含 8 个方面：①学习、掌握了相关学科知识；②学习、掌握了服务相关人群的方法和技巧；③增加了社会研究有关的知识和技能；④提升自我反思的意识和能力；⑤服务策划与设计方面；⑥交流沟通方面；⑦积极参与本课程的全过程；⑧个人总体表现。

学生互评根据组内组员的参与小组调研/服务的情况进行评分。具体包含以下 5 个方面：①积极投入小组各项活动；②努力履行个人职责；③积极帮助其他组员；④乐于与他人沟通；⑤对小组贡献大。

三、课程实施及效果

课程的服务对象按照年龄阶段可分为：幼儿园大班学生、小学低年级和高年级学生、初中学生。因为她们都正在经历或未来都要经历青春期，课程的目的是帮助来自农村的女生更好地与青春期相遇，解开她们的困惑，学习自我保护；认识性别和认识自己，意识到性别刻板和偏见对女生成长和发展的束缚，让她们敢于畅想未来，自信地、快乐地成长。课程开展了如“悦纳自己，增强自信”“提升自我保护能力”“开拓视野，放飞理想”等主题服务，让同学们了解社会，认识农村社区女生群体，不带着某些固定标签，以包容多元的观念助力女生全面成长。课程师生也时刻提醒自己，求知助人并不是简单凭爱心，更需要专业工具与方法。课程让学生真诚地希望“自己有能力帮助她们”，带着这样的心态学习探索，追求专业上的成就。

课程也取得了较理想的服务效果：

（1）该课程每学期约服务100位幼儿园、中小学学生，在服务设计中摸索出了一些比较成功、贴合主题的环节，如“悦纳自己，增强自信”中的撕标签、自画像、家庭成员中的我，“提高自我保护能力”中的情景模拟、“好的身体接触vs不好的身体接触”，“开拓视野，放飞理想”中的画出梦想、手工制作我的理想，等等。

（2）对所在村性别意识的触动。通过调研，接触到服务点部分村民、女生、村民委员会（以下简称村委会）负责人、学校相关领导老师，再向他们进行课程的解说、访谈并传播我们的理念、主题，触发他们对这一议题的思考，引起他们对女生这一群体的关注和对青春期到来的重视。

（3）使服务对象对自己和性别有一个正确的认知。引导她们在游戏中思考，帮助她们梳理心里对于男女之别的困惑并加以引导，让她们明白身为女生并不应该成为自卑的理由，也不应该束缚自己的所有尝试。

（4）使服务对象提高自我保护意识。通过场景模拟，让她们对潜在危险有所识别和警惕，让她们喊出“呼、撕、抓、踢”，将这句朗朗上口的四字诀深刻记在脑中，用大声呼喊来强化自身的勇气。

（5）使服务对象开阔眼界，种下一颗种子。她们内心的想法平时没有表达的途径，或被周围人、家长忽视。在这次课程中，她们可以看到大学生的面貌、听哥哥姐姐讲大学的生活，了解职业的千万种、女性的发展可能性。通过正向的示范，让她们有所向往，获得积极向上的动力。

四、师生感想节选

当了多年教师，也作为社会工作专业教师带领过学生实习，但带领服务性劳动课程还是第一次。一路走来，感慨、体会颇多。

1. 服务性劳动课程很需要专业素质作保证

由于本人社会工作专业背景的缘故，对大学生或青年志愿者服务的研究有一些了解，一些仅凭爱心，一厢情愿，缺乏专业素质的社会服务受到了批评。因为这些服务未能从服务对象的真实需求出发，导致服务满足的是服务者的愿望而非服务对象的需要，甚至给服务对象增添麻烦和负担；缺乏对服务的理念和方法的重视，似乎以为只要奉献爱心，付出行动就够了。

因此，在决定开设这门课时，我们就把一些原则作为努力的方向：对学生负责；既给学生自主设计服务活动方案、实施服务活动的空间，又要通过课程给予学生较充分的服务理念、知识和方法的储备；还要将课程的质量保证渗透进整个课程的各个环节中，及时督导，及时总结，及时改进。

2. 开好服务性劳动课程实在不是件容易的事，需要教师用心投入，全力付出

为了保证课程质量，我们从以下方面入手：

（1）发挥妇女研究中心的特色与优势，不断明确课程目标，选择、凝练课程主题，精心设计课程内容；配备课程教师，通过集体备课，统一思想，明确各自分工和职责。

（2）利用好课堂教学环节，为学生服务提供服务理念、知识、方法等方面的课程内容。

（3）课后做好学生辅导，包括实地调研、服务前、服务中和服务后等各个课程阶段。

（4）充分调动学生自主学习、自我管理的积极性，给学生较大的空间并提出相应的要求。

由此次服务性劳动课程的经历，我深切体会到，上好服务性劳动课程实在不是一件容易的事情，需要教师用心投入，全力付出。教师的态度和行为就是学生公益意识教育不可缺少的因素。事实上，由于选课的学生来自全校各个专业，大多不具备妇女/性别研究和实践的基础；并且选修这门课程也带着各自不同的目的，只是为得到学分而来的学生不在少数，这些都给我们上好这门课程带来了挑战。经过大家的努力，我们看到学生通过课程获得的收获和进步，更

看到课程对服务对象产生的积极作用和影响，就觉得所有的付出都是应该的、值得的！

服务性劳动课程可以使学生在服务中得到学习和成长，这点我们体会深刻。尽管我们在课堂教学部分，对潮汕农村女生成长面对的困难和挑战从社会性别视角做了讲解和分析，但不少学生仍缺乏认识和认同。到了服务现场，学生才发现自己要提高的方面有很多：如何通过有效、有趣、有针对性的活动方式传达出应有的内容和信息，实在不简单。学生们提到，“原来性别不平等的情况还是存在，甚至挺严重的，这点从服务对象的发言中了解到很多”。同时对各年龄段的女生有了直观的了解，改变了对她们的刻板印象，比如学生提到“以为她们（服务对象）大多数木讷、害羞，封闭……其实她们很开朗、活泼，可塑性很强。”通过与服务对象的接触，大多数同学增强了推动性别平等、支持女生更好成长的使命感。

服务性劳动课程将服务与学习二者看得同等重要，但是在实践中如何把握二者的关系并不容易，还需不断探索。我们服务的水平、传授的知识和信息都会对她们产生正面或负面的影响，给她们留下深刻的印象，甚至影响着汕头大学的形象。所以对我们任课教师来说，从对服务对象和学校（汕头大学）负责的角度，不可放松对学生的要求。

——任课教师方炼教授

服务性劳动课程已经结束，回想这一个月来的点点滴滴，有收获、有遗憾、也有不舍。

我读高中时也有调研过××的一所中学，在那里度过了五天四夜，那里的初中女生特别羡慕我能读到高中，求知欲特别强烈，乖巧也懂事。到现在，我都还在跟一个女生保持着联系。她们没能继续完成学业，初中毕业就开始打工赚钱，她们好奇大学是怎样的，好奇大学生所经历的一切，她们的懂事、坚毅、能干深深打动着我，所以当我看到这个项目，就毫不犹豫地选了，也是希望尽自己所能去帮助她们吧。

理论课因为不知道要做什么，上课的时候有些迷茫，上完课才开始思考调研和服务的内容。面对三个这么大的主题，没有思路，唯一知道的就是不管制定什么内容，都得围绕着主题。虽然有过策划的经验，也有过服务的经验，但是在面对不同服务对象时还是有点束手无策。我又开始怀疑自己，为什么做了两年的策划，还是现在这样，一点思路也没有呢？后来经过小组的讨论，查阅网上资料，还有采纳老师的建议，总算定出了具体的方案，也就放下心来，只管去服务了。

说到服务，如果满分是十分的话，我只能给自己打七分，身为组长，很多细节我都没能落实好。虽然服务活动方案定了下来，但现场的分工不明确，特别是第一次服务，大家都不知道做什么，手忙脚乱的；奖品等物资也没能确认好，很多问题都没有及时发现。还好第二次服务有了之前的经验，即使玩游戏也没有之前那么混乱了。

经过两次的服务，虽然我们每次都是精疲力竭地回来，但也是收获满满。第二次的感觉更为强烈，因为设置了知心话环节，我们跟孩子们的相处更加融洽了。后来发现，虽然制定了目标，但如何达到目标，需要通过什么方法和途径，这都是我们需要考量的。方法不对，有时甚至会南辕北辙。而这所谓的方法，在服务性劳动课程的服务中则显得尤为重要。

几次的服务下来，不可否认的是我们已经取得了一定的成效，但会不会像我们听完励志讲座一样，第二天就开始慢慢忘记，等到一个月、两个月后，甚至忘记了有听过这么一个讲座？公益，应该是一个长期的过程吧，我建议我们的项目设立一个长期的目标、主题，也固定一群服务对象，每次服务性劳动课程循序渐进，让这些主题和概念深入到服务对象的思想中、骨子里。

令我印象深刻的是一个小女生，身体上的不幸、家庭的重男轻女、同学的排斥，都冲击着这个女生的内心。她害羞、腼腆，也敏感、懂事。在我们临走的时候，她一直抹着眼泪说舍不得。当时我是觉得很心酸的，仅凭两个下午的活动就可以让她如此信任我们，她有多久没得到这样的关爱了？也许有时只是需要一个安慰、一点倾听，对于这个小小的心灵就已经足够了。想想我自己，真的幸福很多，有爱我的爸爸妈妈和好朋友，什么不开心的事都可以找人倾诉。但这种想法又会让我有点自责，怎么可以通过这样的对比来增加幸福感呢？公益需要的可能是同理心而不是同情心吧，我这样的怜悯如果表现出来，对服务对象会是一种打击和伤害。

还有，我觉得对于志愿者来说，最容易产生的就是无能为力之感，这种感觉如何解决，我到现在都还没想到什么好的方法。比如上面说到的那个女生，她的这种处境是家庭、社会施加的，对于她的困境，我很无力，也很无助。除了听她诉说，告诉她没关系，好好坚强以外，我们还能做什么呢？是跑去告诉她的家长，不能这样对她？还是告诉她的同学，不能歧视任何一个同学？这种现状我们暂时无力改变，无力解决。就像我接触的智障儿童的家长，智障儿童的康复训练价格高昂，是他们无法承担的；带着孩子出去，旁人的眼光让他们受伤，孩子心里也明白，只是不说而已……除了说坚强点，我们什么也做不了。

服务性劳动课程已经结束，孩子还跟我们一直保持着联系，老师说要做好离情别绪的处理，渐渐淡化，也不要让孩子受到伤害。我觉得怎么处理确实需要技巧，渐渐淡化也是应该的，但我也不想断了联系，因为我还想听听她们的故事、她们的烦恼，尽我所能去倾听、去帮助、去关怀。

总的来说，这次服务性劳动课程，让我再一次去思考了公益的价值与意义所在，自己的活动策划和其他能力也有很大的提升。过程很苦、很累，感谢两位指导老师的陪伴，没有你们的鼓励与支持，我们很难撑到现在。公益，是我的爱好，我正在想是不是也可以作为我的事业。感谢有这样一次机会，让我再去思考、感悟。

——2013 级应用化学颜思佳

第二节 走向海洋——海洋国土意识及海洋生态保护宣教行动[①]

一、课程背景

海洋，伴随着人类生生不息的成长；而海洋意识与海洋发展战略，对每一个国家来说都具有至关重要的意义。“向海而兴”，这也是很多国家和民族的历史都证明了的一个事实。特别是在当今世界，随着地球人口的日益增加，生活环境恶化与水土大量流失，陆地已不堪重负，而海洋因其拥有的丰富资源和广阔空间，越来越多地受到人们的重视与关注，海洋已经成为世界各国高科技竞争的新热点。“走向海洋——海洋国土意识及海洋生态保护宣教行动”（以下简称“走向海洋”）服务性劳动课程在此时代背景下应运而生，该课程旨在加深学生对于环境、自然与人类的关联，以及对环境问题与社会生活关联的理解。

环境教育的具体目标在于培养学生保护环境的实践能力，该门课程从这个着眼点出发，描绘了促进这种实践能力的要素（也就是环境教育的具体目标），即对海洋环境的认知和环境伦理，设定海洋环境学习的综合单元，展开运用跨学科的方法解决问题的活动，培养学生利用所学知识积极参与社会公益事业，增强海洋意识，并通过公益实践帮助国人一起关注海洋，转变“重陆轻海”传统观念，使他们成为具备现代海洋气度的国家公民。

二、课程设计

课程的培养目标及预期学习结果包括如下 8 个方面。①中国人的海洋国土意识，预期学习结果表现为了解国人海洋国土意识薄弱的历史原因；了解当前严峻的海洋形势；提高国人的海洋国土意识。②浩瀚的海洋，预期学习结果表现为了解海洋环境的理化特征、潮汐及其变化规律；意识到海洋的重要性；了解我国海洋生物资源保护面临的挑战并提出对策。③海洋生物概览，预期学习结果表现为

① 课程负责人：汕头大学理学院孙泽伟副教授。本课程为首批国家级社会实践一流课程。

了解海洋生物主要类群及其特征；了解中国近海海洋生物资源概况；了解中国四大海产。④服务性劳动课程和服务学习模式介绍，预期学习结果表现为了解本课程的教学内容和模式；通过小组讨论和分享，增强团队合作能力。⑤项目设计及社会调查研究方法、项目设计汇报及点评，预期学习结果表现为学习项目设计的方法；熟悉社会调查研究的基本内容及要求；学习问卷设计方法与技巧及社会调查报告的写作；提高项目设计能力；优化教学方案及社会调查方案。⑥海洋生物资源保护现状，预期学习结果表现为了解红树林生态系统的重要性及保护现状；了解珊瑚礁生态系统的主要海洋动物类群；了解鱼翅消费与鲨鱼灭绝对全球生态系统的影响；了解海洋哺乳动物的生存现状及保护策略。⑦社会服务实践，以小组为单位，进行海洋知识教育服务和调查研究、边服务边反思，调整和完善服务方案；以小组为单位，撰写服务实践总结报告和社会调查研究报告。预期学习结果表现为增强小组合作能力；提高相关报告撰写能力；提高社会责任感；修正大学生的人生观和价值观；树立服务意识和奉献精神。⑧总结、分享与评估，预期学习结果表现为以小组为单位，以口头座谈形式进行项目汇报、分享、提交个人课程反思报告、总结课程收获，最终由各方评分。

课内共 48 学时，含理论 16 学时、实践 32 学时；课外约 52 学时，含理论学习、研讨、项目设计及在线学习等。课程对学生的评估含两大部分：课程学习表现（占 70%），其中课堂表现占 30%、服务实践占 40%、课程总结与分享占 30%；公益实践接受单位及受惠者评价（占 30%），由公益实践接受单位及受惠者对学生团队的表现给予评价。

三、课程实施及效果

课程实施可分为如下五个阶段。

第一阶段：选择确定服务对象。通过实地考察和资料搜索，确定服务地点，了解服务对象的需求，并结合所学知识考虑可以提供的服务。

第二阶段：专业知识及服务学习技能培训。第一，开展培训活动，内容包括三类：①基本信息介绍："服务-学习"模式、项目背景、海洋科学知识（包括国民的海洋国土意识、海洋生物与海洋环境保护的相关知识等）。②专业知识深度讲授：海洋科学知识、服务及访谈技巧、社会科学调查研究及报告撰写、公益项目设计与策划等。③团队构建、素质培训与安全和环保教育。第二，指引志愿者自主研习，包括深入了解海洋知识，学习向青少年乃至人民群众宣教的方法技巧，并思考与探索如何结合自身的专业知识进行项目设计与服务实践。

第三阶段：策划并制定服务计划。与服务对象充分沟通合作，共同制定服务计划，包括选定服务对象、确定服务主题、计划日程、服务实施时间、地点、人员分工、项目经费预算、项目评估方法、项目实施时间表、安全评估、安全预案等。

第四阶段：公益实践。以科学调研、中学宣教和举办“海洋生态保护”公益日等大型公益活动向全民普及海洋科学知识，提高全民海洋国土及海洋生态保护意识。

第五阶段：反思、评价和分享。要求学生开展结构化的反思活动和自我评价，明确活动给他们带来的收获，以及未来将如何做，由任课老师与其他同学做出评价和建议。在此基础上分享经验和心得体会。

该课程取得了良好的实施效果并产生了较广泛的社会影响。“走向海洋”服务性劳动课程是汕头大学极具特色的应用服务学习模式的课程，首次在汕头大学自然科学中引入服务学习理念，吸纳各专业学生，开展海洋知识普及及宣教活动，真正实现“在学习中服务，在服务中学习”。通过服务学习的模式开展海洋知识通识教育，教学主体在教学活动中发生了很大的变化；能促使学生更好地掌握学术知识，让学生从知识的被动接受者转变成了主动的学习者；教师也从知识的传授者转变成为学生学习的引导者，成为学生学习的伙伴。

1. 学生从知识的被动接受者转变成了主动的学习者

选修课程的同学绝大部分学习积极主动，但服务性劳动课程作为必修课带来的弊端就是出现个别“混学分”现象；但服务性劳动课程与传统课程明显不同的地方是，学生要把在课程中学到的知识传递给中学生，传递给社会上其他的人，他们必须保证自己掌握知识的科学性和准确性，所以“混”不得。实践中，学生还会发现自己知识远不够用，他们就会主动深入研习，从“要我学”转变为“我要学”。比如，通过调查得知潮州市饶平县大埕海边的孩子，经常由于不熟悉潮汐规律而发生溺水事件，他们的家长还经常因为误食河鲀等海洋生物而中毒。同学们要去给他们普及这方面的知识，给他们讲授如何科学地计算潮汐，才能避免因退潮而发生溺水事故；帮他们弄清楚河鲀的主要种类，哪些种类在哪个季节身体的哪个部位毒性较高，如何科学处理才能避免中毒。当然，最科学的预防措施就是拒绝食用。这些关乎生命安危的知识，学生们慎之又慎。

2. 教师从知识的传授者转变成为学生学习的引导者

“知行合一”是明朝思想家王守仁提出的，他认为只有把“知”和“行”统一起来，才能谓之“善”；为了让“走向海洋”的服务学习模式有个“善”果，作为教师，在这中间扮演什么角色显得非常重要。身教胜于言传，教师必须告诫自己，首先应该是一个具备高度海洋意识的环保人，并由里及外，散发出对海洋的拳拳热爱和对环保事业的满腔热情，这样才能感染学生，点燃学生的公益热情，用行动影响行动，才能够让公益深入人心。

“走向海洋”服务性劳动课程实践活动和社会调查部分都是充分放手让学生去策划和执行，学生以小组为单位，运用所学的理论知识，在真实的社会情境中，去寻找相关的研究问题，并主动去搜集和分析所获得的资料，提出研究假设并努力加以验证，最后解决研究问题。在公益实践中，教师给予了学生充分的自主权，在真实的社会情境中，激发学生的创新思维，引导学生自己去解决问题。

服务学习模式的课程是在教师的指导下，以学生为中心的学习。与传统的课程不同的是，教师不再是知识的传授者和灌输者，而是学生学习的促进者和引导者。在服务性劳动课程的学习过程中，学习不再是教师把知识简单地传授给学生，而是学生通过合作学习、主动探究等方式对社会情境信息主动选择、加工、处理，从而主动建构知识。在指导服务性劳动课程的过程中，教师的角色从传授知识的权威转变成为学生学习的引导者，成为学生学习的高级伙伴。

在服务学习中，“教”“学”的两个主体都得到了很好的成长，这就是植入服务学习模式的课程优于传统课程的地方；服务性劳动课程还是社会进步的推动力量，让大学课堂教学走进社会，影响更多的人。正如“走向海洋”服务性劳动课程的核心理念所要传递的：浩瀚海洋，我们渺小如一滴水，想改变世界很难，但我们竭力而为，做应该做的，改变能改变的；“走向海洋”是一颗种子，我们播种梦想、点燃希望，用行动影响行动，让公益深入人心。

四、师生感想节选

我曾多次在校园里被同学拦下来，和他们探讨即将要去宣教的专业问题，而这在以往的其他课程中还没有遇到过；同学们感叹道：“‘走向海洋’这 1 学分修得真不容易，但因为公益，心里满满的收获。”还有同学说：“真的很累，但有机会我还想参加。”比如万丽娟、袁新越、张凯等同学，他们在参加课程学习之后，还以课程助理的身份连续参加了 3 次课程，学生还成立了“走向海洋”护航编队，专门为课程公益实践服务。专业知识的学习及运用专业知识去服务社会这种课程模式，会促使学生成为主动的学习者，而不仅仅是知识的被动接受者。此外，还会提高学生的学习热情，培养学生的社会责任感，修正他们的人生观和价值观。

——课程教师

我虽然是大学生，但以前对海洋方面的知识知之甚少，通过“走向海洋”这门服务性劳动课程让我在课堂上学到了许多关于海洋的知识，这包括对海洋的基本认知、它的现状，以及生活在我们未探索完全的海洋中的动物等，还在实践宣教中与幼儿园、高中等校园里的学生们一起认识了关于各种海洋动物的奇异特征。

但是，让我收获更多的是一起策划中海“海洋保护公益日”活动的时光。我没有管理经验，起初在选组长的时候也是因为想锻炼一下自己而举手。在团队建设中，遇到了很多问题，但是我们都会寻求方法去解决。我们一起开会，从起初的浪费大量时间进行会议讨论却并没有讨论出多少有用的策划，到一次又一次的提出问题、否决，再提出、再否决……最后制定了中海“海洋保护公益日”的活动策划案，虽然并不是专业的策划案，当天活动的物资也出现些问题，但最重要的是我们在一起成长的时光。团队的分工与管理、会议的讨论、海报的制作、文案的整理等，这些东西让我们从各方面都得到了提升。实践是检验真理的唯一标准，我们一次次通过实践检验了我们的努力与成果，也一直为海洋保护贡献出我们的力量。

——汕头大学学生

第三节　关爱智障儿童①

一、课程背景

智力障碍（intellectual disorder）是遗传、环境不良因素导致的个体脑功能发育迟滞，其核心特征是认知障碍和社会适应行为障碍，还可能伴有运动障碍、感觉障碍、情绪行为障碍等。据世界卫生组织估计，智力障碍的出现率为1%—3%，全世界大约有1.93亿智力障碍人士。根据最新数据统计，在我国现有人口中，因各种先、后天性疾病引起的智残、智障人口已达1300万人左右，其中有一半是未成年人。

揭阳市榕城区智障儿童康复训练部是一所较大型的智力残疾儿童康复训练基地，自2008年6月成立以来在揭阳市民政局和揭阳市残疾人联合会的大力支持下，一直致力于为智障儿童提供康复评估、运动能力训练、感知能力训练、认知能力训练、社会适应能力训练、感觉统合训练等，被中国残疾人联合会授予“十一五”全国残疾人康复工作先进集体称号。本课程与揭阳市榕城区智障儿童康复训练部合作，连续多年不断完善实施方案，走进智障儿童的康复训练生活，坚持为他们送去关爱和温暖。

二、课程设计

课程师生在调研基础上，设定了课程的目标及预期学习结果，包含如下几方

① 课程负责人：汕头大学学生处林蓉老师，本课程已获得广东省社会实践一流课程。

面：①学习公益服务的理念，具体课程内容涵盖“服务-学习”模式与关爱智障儿童服务项目简介，预期学习结果表现为正确把握公益、服务学习概念；能够根据课程要求，设计智障儿童康复训练的方案。②掌握关爱智障儿童公益服务的技巧，具体课程内容涵盖智障儿童心理特点，注意、记忆、肢体协调性概述及训练技巧；智障儿童沟通、辅导训练及实践服务要点；公益实践活动；活动方案策划、汇报与点评；总结分享与课程评估，预期学习结果表现为掌握智障儿童的心理和行为特点；能够开展智障儿童方面的调查研究，了解智障儿童的现状；能够根据智障儿童的特点，设计相关活动方案，帮助智障儿童进行康复训练。③增强公民意识与社会责任感，使其形成包容、负责、关爱的价值观，预期学习结果表现为关注社会热点与突出问题；学会主动参与社会服务，并对社会服务的理念在生活中进行推广与宣传，预期学习结果表现为关注与智障儿童相关的社会热点问题；在公益服务实践中，关爱智障儿童，并就公益服务、包容、关爱的理念进行宣传与推广。

课程共计 48 学时，其中课内 16 学时，含理论讲授（如服务学习模式介绍、智障儿童沟通及辅导训练要点等）、项目策划及点评、总结分享与评估；服务实践环节 32 学时。课程对学生的评估分为三部分，课堂表现占 20%，考察内容包括考勤、学习态度、项目设计；公益服务实践占 60%，考核依据包括项目执行情况、积极性、合作能力、协作精神、领导才能、沟通能力和服务效果等；课程总结与调研报告占 20%，主要了解总结与调研报告的全面性与深刻性。

在服务体验环节，课程将大学生志愿者与智障儿童配对，重点完成以下服务：大学生提前了解智障儿童的基本情况与心理特点，进行自我意识训练。探索智障儿童的个体沟通特点，进行针对性训练，提升智障儿童沟通与人际交往能力。探索智障儿童的个体注意力特点，对智障儿童进行注意力与记忆力提升辅导。跟进智障儿童的个体特点进行肢体协调性训练，全体学生与智障儿童做好爱的传递。

三、课程实施及效果

“脑残”“傻子”……网络和日常聊天语境中时常听到用这些词汇来表达对方理解力的偏差，调侃中带着对智障人群的轻视。然而生活中真正智障的那类群体，他们真实的处境是怎样的呢？他们真的如网络中别人说的“智障人群欢乐多”吗？为了深入了解并帮扶智障儿童，该课程赴教学实践基地——揭阳市榕城区智障儿童康复训练部，通过“服务-学习”模式，关注智障儿童的自我意识、情绪情感、沟通与人际交往、注意与记忆、肢体协调性、社会适应性等方面，也在培养选课学生的公益意识、社会责任感、愉悦情绪、感恩意识等方面发挥了积极作用。具体实施效果如下。

选课学生：通过服务他人、自我成长公益理念的渗透，让他们真正了解了公益的内涵、领悟了公益的魅力、播下了公益的种子、酝酿了公益的行为潜能，在此过程中对自我及社会也产生了新的领悟。

服务对象：课程师生通过设计丰富多彩的认知、情感、注意记忆等，给康复中心的孩子带来感觉统合能力的多方训练，此外，孩子们通过与选课学生的互动，温暖了心灵，感受了大爱。孩子们时常到了饭点还徘徊在感统室外迟迟不愿离开。

康复中心老师：实践中带去了大量的活动用品，丰富了康复中心的教学用具、教学人力资源，为日常单调的教学带来了新鲜的活力。

四、师生感想节选

4 年 12 期服务性劳动课程、48 次公益实践，每一次都能带来不一样的心灵感触。这期的服务性劳动课程，除了带领学生去服务单位实践并引导其自我成长外，我想最有意义的是在公益实践中发现了学生中存在着需要被关注、被关怀的境况，于是以课程实施为契机，实现了对服务对象的心灵关怀。公益是个生命影响生命的过程，希望在这个过程中，能有更多的心灵被彼此温暖着。

——课程教师

一个多月的服务性劳动课程对自己的提升还是挺大的，也深深地体会到做公益的难处，仅仅靠我们这四次的实践，对于小朋友们的作用是微乎其微的，但是另一方面，实践扩大了我们对公益的认识，对于整个公益事业的推广是十分必要的。做公益是快乐的，在以后的人生中，我们一定会投入更多时间和金钱来加入这个事业当中，希望云帆（服务对象的代称）们能开开心心过完这一生。

——汕头大学学生

通过此次公益，我收获颇丰，在一定程度上改变了我对公益的看法。以前以为公益仅仅是单方面给予，实践过后发现，我自身也得到了发展。公益是在别人能接受的范围内帮助他人，而帮助别人又给自己带来了快乐和成就感，使自身能力得到了发展。公益不仅是个人的事情，更是大众的事情，只有更多的人投身于公益活动，社会才会有更多的正能量，生活才会更和谐美好。公益的道路是漫长的，需要许多人承前继后，作为一名已经体验过公益的学生，更应该向其他同学推荐，让他们也参与到公益中来。当然，公益不是一次两次的问题，我们应该保持一颗继续公益的热血之心。如果时间宽裕，更应再次投身公益，贡献自己的一份力量。

——汕头大学学生

第四节 让爱带您回家——黄手环公益服务课程[①]

一、课程背景

黄手环作为阿尔茨海默病患者的特别标识，附有患者及其家庭的相关信息，可引起路人关切，帮助患者回家，是一种行之有效的事前防范事后施救的社会救助方法。“让爱带您回家——黄手环公益服务课程”主要围绕阿尔茨海默病患者群体展开，学生通过理论和技能学习，完善自身的认识，加强技能本领，在此学习基础上，通过公益实践活动服务社会，探访阿尔茨海默病患者，面向社会大众宣扬关爱阿尔茨海默病患者，宣传黄手环精神和使用方法，以此获得反哺社会关爱弱势群体的体验和价值塑造，提高社会责任感，培养无私奉献的精神。

本课程分为理论知识讲授、公益实践、反思评价和分享三个阶段实施，理论知识讲授不仅包含介绍阿尔茨海默病的现状、表征、护理技能训练，同时也积极开展沟通方式和技巧的引导，尤其是针对阿尔茨海默病患者的特殊沟通方式，以帮助学生在公益实践环节中能更快更好地交流沟通。公益实践环节包括敬老院服务和公益宣传活动两种形式，从此传递社会互助的理念，帮助走失的阿尔茨海默病患者找到回家的路，同时希冀在潮汕社区部署一个社会自助救援系统，人人均能帮助走失的阿尔茨海默病患者回家！

二、课程设计

该课程设定了三个方面的培养目标及预期学习结果：①提升知识素养，预期学习结果表现为能够正确运用 MMSE 和画种测试判别患者，教授患者及其家人照护技能和康复减缓技能，并能针对性设计公益服务；②掌握访谈、策划相关知识，提升领导能力和沟通协作能力，预期学习结果表现为能够根据沟通信息列表进行资料搜集、整理并创立记忆档案，并将记忆档案反馈给患者及其家人；③深化反哺社会关爱弱势群体的社会责任感，提升公民意识，预期学习结果表现为正确理解服务学习和公益理念，更加认同黄手环行动愿景并为此进行宣教推广，营造社会互助意识环境。

课程共 48 学时，其中课内 16 学时，包含“服务-学习”模式与课程简介、团队素质拓展（3 学时），阿尔茨海默病专题（4 学时），沟通方式及技巧（2 学时），方案设计、孵化及反馈（4 学时）和总结分享（3 学时）；课外实践 32 学时。课程

① 课程负责人：汕头大学开放学院黄仕娜老师。

对学生的评估包含三部分，第一部分是课堂表现（占20%），包括考勤、课堂讨论及回答情况、学习态度；第二部分是公益服务实践（占50%），包含教师和服务单位对方案执行情况、积极性、合作能力、协作精神、领导才能、沟通能力和服务效果的综合评价；第三部分是课程成果性产出（占30%），包含实践设计方案、反思报告和经验分享。

三、课程实施及效果

该课程在理论讲授基础上，开展了公益实践，旨在宣传阿尔茨海默病的相关知识，引领群众关注和爱护阿尔茨海默病患者，从服务对象的分类角度分成四站：第一站是汕头市养老院，服务对象是养老院的老人们；第二、三站是汕头市福利院，服务对象是福利院的老人们；第四站是华侨公园，针对对象是汕头市的市民。

课程取得了如下效果。

对学生而言：同学们经过理论学习与实践活动，对阿尔茨海默病及其相关知识有了一定的了解，激发了同学们的公益热情。同时活动也锻炼了学生策划活动、处理紧急突发事件的能力，增强同学们团结协作和服务社会的意识。

对服务对象而言：为养老院和福利院的老人送去关爱；向市民宣传有关阿尔茨海默病的相关知识，唤醒群众对阿尔茨海默病的关注和爱护阿尔茨海默病患者，促进关爱阿尔茨海默病患者的和谐风气的建设。

对汕头大学服务性劳动课程而言：作为一门服务性劳动课程，该课程以阿尔茨海默病患者为关注对象，拓宽了服务性劳动课程的模式，对以后课程的开展起了借鉴作用。

四、学生感想节选

这么深切地体会到他们的疾苦与艰辛，这么近距离地接触一段这样的经历，还是第一次，心中不免波澜万千。我想，我不会忘记这一段经历，当我能自己工作自给自足的时候，我会付出行动回报社会，帮助他们，并且要号召更多的人帮助他们。我想，这便是汕头大学服务性劳动课程的意义吧。

为阿尔茨海默病患者这个群体带去快乐，哪怕只是短短的几天，通过陪他们聊天，陪他们锻炼，为他们带来多一点的陪伴，帮助他们留住最好的回忆，那么，我们的到来就是值得的。虽然他们老去了，记性不如以前，行动也渐渐地变慢了，但依然值得我们去爱他们，而不是远离、歧视与害怕。多一点点的关爱，让他们知道自己存在的意义，让他们老得慢一点。

在此次服务性劳动课程中收获的不仅仅是知识、不仅仅是友谊，还有做人的品质。只有懂得关爱社会，奉献社会、回报社会的人生，才是有意义的人生。赠人玫瑰、手留余香，在每次帮助和关爱的过程中，内心都是满足的，想着：今天我又做了一件不仅仅是为了自己的事情，原来自己也能亲身为社会做点什么，能够将自己的爱心付诸实践，而不只是在作文中写着“弘扬社会正能量”。

——汕头大学学生

第五节　潮汕“妇女与社会”创意研习服务①

一、课程背景

潮汕“妇女与社会”创意研习服务课程由汕头大学妇女研究中心开设，旨在促进社会发展和性别公正。该课程通过为有需求的潮汕妇女社群提供创意服务并助其能力提升而回馈社会，同时各学科的师生通过创意服务和行动研究相结合而做到教学相长，提升学生对性别议题的敏感性和行动能力，促进妇女增权及潮汕地区社会协调发展和文化进步。

课程采用学生主导、课堂讲授、小组辅导与实践相结合的方式，注重锻炼学生的想象力和创造力、运用专业知识和技能的能力、沟通能力、团队合作精神及有创意地解决实际问题的能力。

二、课程设计

该课程设定了六个方面的培养目标及预期学习结果：①提升学生对性别议题的敏感性；预期学习结果表现为定义社会性别，讨论男女平等的定义与意义；解释不同性别如何被差别化对待、语言文字中的社会性别、教育领域的刻板印象和社会生活中性别歧视的表现，分析其对妇女的影响；阐释分析两性之间差异的理论。②锻炼学生创造性地运用专业技能的能力，大处着眼，小处着手，促进性别平等，预期学习结果表现为应用观察法、访谈法等社会研究方法，分组进行实地调研，了解、评估农村妇女的生存状况与需求，运用服务妇女群体可采用的工作方法、具体工具与活动形式；记住服务活动方案的撰写内容，应用于小组方案设计中。③通过服务，促进妇女增权及潮汕地区社会协调发展和文化进步，预期学习结果表现为根据服务方案进行社区服务，并在服务中反思，完善方案。④通过不同学科师生的组合拓展见识，通过团队合作有效运用专业知识和技能，预期

---

① 开课单位：汕头大学文学院妇女研究中心。

学习结果表现为学生以小组形式开展调研、服务及反思活动，体验团队合作的重要性。⑤培养学生的领导和组织能力，预期学习结果表现为在小组合作中依据分工所意识和体验到的领导和组织能力的重要性及发展提升过程。⑥培养综合采用多种思维方式分析和解决问题的能力，预期学习结果表现为在课程全过程中对各环节的反思心得，包括反思日志、周志、调研报告、反思总结等。

课程对学生的评估方法：

总成绩＝教师评分（50%）＋合作服务单位/服务对象的评分（30%）＋学生总结自评（20%）。其中教师评分＝课堂和准备阶段的表现（30%）＋实地服务实践（40%）＋课程总结与分享（30%）。

三、课程实施及效果

课程采用学生主导、课堂讲授、小组辅导与实践相结合的方式，按照“理论教学—学生分组—需求调查—设计服务方案—实地服务学习—实践成效总结”六个步骤开展。课程注重服务前的需求调查，以社区需求调查为基础，开展服务方案的设计及后续的服务。针对不同年龄段的女性，即青春期、已婚青年、中年、老年女性开展了有针对性的服务，如普法、义诊、青春期生理教育、健康茶话会、健康交流会、亲子沟通团体活动、感恩教育等形式多样、内容丰富的服务活动。

课程取得了如下成效。

青春期生理健康知识在社区的宣传，使社区更加关注女童成长，女童得到更多尊重。完善学校生理卫生健康教育方面资源，授予进入青春期的学生生理知识，促进学生身心健康，学校更加重视青春期的生理教育。

服务潮汕妇女，促进社会性别平等，促进服务对象对这一思想的认识。让服务所在地的政府和村民们了解活动的重要性和积极意义，在一定程度上给该地区带来积极的影响，甚至是改变。

课程激发了学生的创造力，使他们学会创造性地运用专业知识和技能，从大处着眼，小处着手，多对社会、对生活进行观察，从而制定出切合实际的服务方案来为有需要的群体提供帮助。通过不同学科师生的组合，加强了彼此的沟通和协调能力，培养了学生的责任感，通过发挥团队的力量有效发挥每个人的长处，使每个组员的价值都能在服务实践中得到体现。

四、师生感想节选

实地的需求调查过程中，始终是三个小组分头进行。我和李老师逐个小组随访观察，但不会干预他们的访谈。遇到困难的小组，会以适当的方式私下交流。

这样一来，三个小组之间的沟通和“大团队”意识就成了薄弱环节。无论白天的调查再累再辛苦，每晚的总结会议也必不可少。这也是作为任课老师的我唯一的一项硬性干预，尽管会有个别组员抱怨。第一晚的总结会从大家洗完澡后开始一直进行到午夜十二点，三个小组逐次总结和反思，待到老年组分享已经有人开始不耐烦了。这时就提醒大家，作为一个“大团队”，要学会和适应相互聆听、互帮互助。在两天半的实地调查结束前，我们在实地召开一次总结会议。发现学生对调研报告撰写仍有很多疑问，为学生细致讲解了报告结构及服务方案格式。大家讨论成立“调查报告撰写委员会”，明确任务、分工和时间进度。我认为，“报告撰写中的团队分工”是考验团队合作的一个重要指标。有的小组“能者多劳”，擅长文字的个别组员“包办”的情况也有发生。如此，即便这一组的调查报告写得再好，也绝非服务学习课所鼓励的团队合作形式。作为任课老师，在组员的团队工作方面密切观察、适时提醒是很有必要的。

——指导教师王晓莉

课程培养了我的团队合作精神，提高了我的实践及沟通能力，培养了我的奉献精神和节约精神。

——汕头大学 2009 级计算机科学与技术专业学生郭雪霞

护蕾计划（课程中一个小组的名称）小组让我收获了很多的东西。我发现自己的服务理念、思维分析问题能力、应变能力、与人交际的能力及责任感在助蕾活动中都得到了很大的提高。

——汕头大学 2007 级英语专业学生马行怀

这门课程给予我们一个非常好的机会把学到的理论知识应用到实践中去，通过不同年级不同专业学生的合作，在创意服务中学习，让创意服务在潮汕社区普及起来。

——汕头大学 2007 级英语专业学生林月娥

第八章　服务性劳动课程调研报告案例

第一节　农村女性生存环境及发展状况调研报告①

一、背景分析

潮汕传统文化的特征是存古性和保守性。潮汕人民受着传宗接代的社会风气影响，还迟迟摆脱不了旧社会“只有男孩才能续香火”的思想。在潮汕地区，祭拜祖先是重要的习俗之一，祭祀时，子孙满堂是向祖先最先报喜的事件。潮汕人民被“传宗接代”的思想所束缚，养儿防老是这个地区人民普遍的心态。

我们所服务的对象是××学校，其所在社区现有常住人口 1170 户，5968 人。农业人口和非农人口各占一半，以老年人与女性偏多。他们大部分处于待业状态。女性与男性不同，她们不需要在外打拼支持家庭，只是有时会做一些女红补贴家用，重心主要在家庭内事。这种现象一方面受“男主外，女主内”的文化传统的影响，另一方面也与当地的经济产业结构有关系。当地第三产业发展滞后、占比不高的问题仍然突出；工业持续低速增长，新增产能不足；进出口贸易持续低迷，出口贸易降幅较大。而第一、第二产业的高比重，不利于女性走出家门就业。在当地的第二产业中没有服装、纺织之类的产业，由此在剩下的企业中并没有多少工作适合女性，当地的女性大多选择照顾家庭也是无奈之举。

××学校是当地的海外侨胞共同投资建立的，特别为当地的孩子提供小学和初中的基础教育。我们试图从学校孩子和村民的调查中窥测该地区的人们对男女平等的观念意识。

二、调查目的

了解××社区农村女性的生存环境及发展状况，为走进××学校的活动做好前期的准备及调研工作。

① 汕头大学“助蕾行动——关怀农村女生成长”课程调研报告案例，指导教师：汕头大学妇女研究中心张丽玲老师。

三、调查方式

面对面访谈。

四、调查对象

××社区的村民。

五、访谈提纲

详见附录一。

六、采访过程与分析

采访对象共 17 组。

1. 访谈对象 1

年纪为 50 岁上下的奶奶，现居老家帮忙带孙子，儿女外出务工。有一儿两女，儿子年龄最小；儿女受教育水平不高，均为小学程度；他们认为学习作用不大，因自身学习能力差导致对学业缺乏信心，最终都辍学外出务工。

访谈者：黄锦璇，张嘉丽，陈志刚

访谈时间：40 分钟

访谈地点：室内

访谈内容：

（1）女儿恋爱与婚嫁由自己决定，父母不参与和干涉；

（2）由于自身缺乏受教育经验，母亲在孩子的学习情况和学习兴趣的引导和帮助上无能为力，只能在经济上提供扶持，以口头劝导为主；

（3）学习成绩差导致孩子意志消沉，选择辍学外出务工；孩子认为读书的作用不大，课外时间从事简单的手工作业；

（4）论及养老的话题时认为生男生女区别不大，都是自家孩子；

（5）平时母女双方有互通电话，沟通日常情况；由于孩子的生活压力大，较少回老家探望父母。作为母亲表示理解，指出简短的问候也是孝顺的表现；

（6）目前当地没有存在歧视女性的社会习俗和风向；

（7）对孩子只进行过自我保护教育。

访谈总结：

教育意识较强，但行为与观念脱节，多进行道德培养；在后代的养育原则上没有因性别而区别对待；视教育程度为话语权；性与青春期相关教育缺席。

2. 访谈对象 2

年龄为 40—50 岁的中年妇女，身强力壮。有一儿一女，儿子年龄较大；文化水平均为大学生，儿子已经大学毕业参加工作。

访谈者：黄锦璇，张嘉丽，陈志刚

访谈时间：10 分钟

访谈地点：室内

访谈内容：

（1）孩子小时候寄养在公婆家，父母外出务工赚钱；

（2）认为当地的社会习俗较好，很少有歧视女性的情况发生，类似扫墓殡葬的活动女性也可参与其中。

访谈总结：

由于受访者很忙，访谈时间很短，故采集的信息量较少；在孩子未成年阶段的教育参与频率较低；据了解没有存在重男轻女的倾向。

3. 访谈对象 3

××中学初一女生，有一个初二的姐姐，有一个幼儿园的弟弟，放学后接弟弟回家；体型较胖，处于发育期；成绩不太好但英语比较好。

访谈者：黄锦璇，张嘉丽，陈志刚

访谈时间：20 分钟

访谈地点：幼儿园门口小操场

访谈内容：

爸爸妈妈忙于工作，一般是自己放学接弟弟回家；平时会帮忙做一些家务，放学回家先煮好饭，等爸爸妈妈回家炒菜；当问及父母会不会更疼弟弟时，她认为自己相比弟弟而言，父母更宠爱弟弟；平时学校没有对性意识、青春期、自我保护等相关知识进行教导，没有开设相关的课程；家长平时会提醒她注意安全，但没有进行性教育，没有提醒她防范性侵；被问及兴趣爱好时很茫然，在补充提问之后觉得自己喜欢绘画（有没有什么兴趣爱好呢？比如说弹琴、画画、唱歌……）；有绘画方面的兴趣，但是没有在课外培训机构进行学习，学校也没有开展相关的兴趣班；学习成绩不太好，最擅长的是英语，平时没有在课外进行补习；当被问及未来的理想时很茫然，在补充提问之后表示自己很想做老师，而且之前有和家长说过，如果以后考不上大学，就去校外机构学习英语或自学英语，将来成为英语老师，家长也表示支持。

访谈总结：

（1）女生在访谈过程中表现得比较内敛，而且从家务、学习这些方面的表现来看，家长、学校的教育都让她成为一个懂事、乖巧的孩子，自身的个性有可能不能得到充分的展现；

（2）家长的教育方式比较开明，但对于性意识、自我保护意识、青春期等方面的教育还是有所欠缺；

（3）从对话中可以看出家长对她学习成绩的要求不高，没有给她学习成绩上的压力，但从另一个角度来看，可以发现家长对她的学习可能没有足够重视，学业上的进度及将来是否能够上大学全靠女生自己，考得上大学或是有其他理想，家长会支持，考不上也没有关系；

（4）兴趣爱好对于这个女生而言似乎有点遥远，一方面自己可能没有意识到兴趣爱好也是提升自己的一种方式，另一方面也可以看出家长没有培养孩子兴趣爱好的意识；虽然学习成绩不太理想，但是有自己喜欢的学科，并且对未来有一定的想法。

4. 访谈对象 4

××小学三年级女生，有一个弟弟和一个妹妹，性格较为害羞、内向。

访谈者：黄锦璇，张嘉丽，陈志刚

访谈时间：20 分钟

访谈地点：幼儿园外三岔路口

访谈内容：

（1）在家里会帮忙做家务活，自己也很愿意去做，抽空写作业；

（2）会把玩偶花束分享给其他朋友；

（3）父母会让她参加一些补习班或者兴趣班，但是问到是什么补习班的时候答不上来；

（4）父母会疼弟弟一点，有时候会觉得不公平；

（5）家长平时会提醒自己注意安全，但没有进行性教育，没有提醒孩子防范性侵；

（6）在学校里面也没有被男生欺负，一般都是女生比较活泼；

（7）父母会送妹妹去补习，因为妹妹做作业比较懒，经常不及格，相比于妹妹，自己的学习成绩比较好，最擅长的是英语；

（8）很早放学，放学后和朋友们去玩；对于未来的梦想，表示没有想过。

访谈总结：

小女生较内向，在对话过程中发现她某些回答的真实性还有待考量，如一开始在问到分享花束时她说花是自己做的，在问到家务方面的问题时，她表现得很乖巧，从中可以看出她很渴望得到他人的关注及肯定；

小女生是家里的老大，在对话过程中可以看出她在家里承担得更多，相比弟弟妹妹也更加懂事一些。

5. 访谈对象 5

小卖部阿姨，30 多岁，结婚早，很年轻。大儿子读初一，两个小女儿分别读六年级、二年级。

访谈者：黄锦璇，张嘉丽，陈志刚

访谈时间：20 分钟

访谈地点：小卖部

访谈内容：

阿姨目前为止完全没有意识到要给两个小女儿灌输性的自我保护意识；也不了解孩子们的情感问题，阿姨明确表示男女一样对待。

访谈总结：

小卖部阿姨的回答都很开明，没有重男轻女的现象，可能与经济条件有关。

6. 访谈对象 6

药店阿姨，30 多岁，有两个小孩，女儿高一，儿子初中。

访谈者：黄锦璇，张嘉丽，陈志刚

访谈时间：15 分钟

访谈地点：药店

访谈内容：

当我们问到是否一定要生男儿，阿姨回答："这里应该还会有这种思想。"阿姨与孩子沟通得比较好，之前为孩子提供过性方面的教育及自我保护的知识。

访谈总结：

阿姨相对来说是很开明的，认为男女都一样，也为孩子提供过性方面的教育。

7. 访谈对象 7

三个三四年级的男生，其中两个男生 A、B 有姐姐，另一个男生 C 有个妹妹。

访谈者：黄锦璇，张嘉丽，陈志刚

访谈时间：15 分钟

访谈地点：篮球场

访谈内容：

A、B 两个男生的姐姐在家都要做家务，洗衣服做饭，但是 A、B 不用做家务。A、B 和姐姐吵架打架，A 的家长不管他们，B 的家长要打姐姐，不打弟弟。B 很明确的说："他们比较疼男的。" C 的家长对他们还算公平，都要做家务。

访谈总结：

从男生们回答的情况来看，重男轻女的现象还是比较严重的，有的家长对待女孩很不公平。

8. 访谈对象 8

一对老夫妻，有一儿一女，都已经成家立业，孙子孙女都上初中小学了。

访谈者：黄彬，陆子静，高樱彤

访谈时间：25 分钟

访谈地点：家中室内

访谈内容：（由于语言限制，有些内容未能很好地表达）

（1）老夫妻现与儿子住在一起，并表示不曾也不会前往已嫁到市区的女儿家；

（2）因年轻时工作辛苦，在育儿方面对儿子、女儿并无差别对待，反而作为长子，儿子较女儿承担了更多家务；

（3）以前家中生儿子都会给邻里亲戚送上一碗面，生女儿则无任何习俗，现在此风俗已被淡化，无论生儿生女均无特殊习俗；

（4）对于孩子的教育问题，老夫妻表示支持，但是两个孩子在小学的时候均选择了辍学。

访谈总结：

老人们认为重男轻女的想法极为落后，主张男女平等。对于孩子读书的问题，老人们是全力支持。尽管老夫妻均表示男女平等，在聊天过程遇到不同意见时，仍能从老爷爷对老奶奶的说话态度与语气中感知到女性处于弱势地位。

9. 访谈对象 9

店铺的中年老板，有两个儿子

访谈者：黄彬，陆子静，高樱彤

访谈时间：8 分钟

访谈地点：家中室内

访谈内容：

老板表示现在的家庭是希望能生儿子，还是认为传宗接代只能是儿子能够完成，对于生儿生女婆婆还是会给予媳妇一定的压力。年轻一代不会太重男轻女，认为男女平等；但还是认为能够生儿子是最好的。

访谈总结：

年轻一代的重男轻女思想远不如老一辈的人严重，但还是有许多人认为男孩是传家的，最好还是有一个。但是如果真的没有男孩的话，老人们也不像从前一样计较。他们对待女孩和男孩一样，但在内心还是偏向男孩。

10. 访谈对象 10

接孩子的家长，家里有三个孩子，分别是读高中的大女儿、读小学三年级儿子和读幼儿园的小女儿。

访谈者：黄彬

访谈时间：8 分钟

访谈地点：校门前

访谈内容：

阿姨表示自己没有重男轻女的想法，自己反而更加疼爱小女儿。对于提出的是否为了生儿子，所以才隔了很久再生第二胎，阿姨表示说顺其自然，怀上了就生下来。对于目前上学经费等问题，认为经济压力不大。大女儿在隔壁县读高中，每天中午都会回家吃饭。这个村的学生一般是到隔壁县读高中，车程大概 20 分钟，相对较近。而且基本上这些学生中午都会一起包车回家吃饭。对于孩子的教育问题，阿姨表示，无论如何，只要能够继续上学，自己愿意付出一切。

访谈总结：

社区内配备中小学，使得生活与教育成本降低，所以对生育的想法顺其自然。基本无重男轻女的现象，反而会比较疼女儿。对于孩子的教育是非常支持的。另外这边的孩子较为恋家。

11. 访谈对象 11

在店铺乘凉的五六十岁的男性，原来是医生，受过高中教育。家里有三个嫁到香港的女儿和一个小儿子。

访谈者：黄彬，陆子静，樱彤

访谈时间：15 分钟

访谈地点：室内

访谈内容：

叔叔表示自己是受过教育的人，有男女平等的观念，认为男女是一样的。但是和自己同一辈很多的人都有重男轻女的想法。另外自己还是比较排外的，没有办法接受自己的女儿嫁到广东省以外，而且也不允许自己的儿子娶外地的媳妇（儿子至今大学毕业之后尚没有找到工作也没有结婚）。

访谈总结：

个别年纪稍大一些的人会有排外的想法。受教育程度对男女平等的观念有较大影响。聊天过程问及子女成长阶段的问题时，叔叔表示得去问孩子的妈妈——认为育子就是母亲（女方）的责任。

12. 访谈对象 12

在小巷里乘凉的两名女性，其中一位生了第一个女儿（1 岁左右），另外一位有一个小孩且当时处于怀孕状态。

访谈者：黄彬，陆子静

访谈时间：10 分钟

访谈地点：室外

访谈内容：

已经生了一个女儿的年轻妈妈表示自己还会再生小孩，不一定是为了生儿子，但还是会生，最好能生一个儿子。另外一个怀孕的妈妈表示，在这边农村，一般家里都不止 1 个小孩。重男轻女的老思想还是有的，虽然倡导男女平等，但还是会存在这种思想，表示自己能理解老一辈的这些想法。

访谈总结：

重男轻女的思想仍然存在。

13. 访谈对象 13

放学回家路上的初一女学生，家中有一个哥哥

访谈者：黄彬，陆子静

访谈时间：5 分钟

访谈地点：室外

访谈内容：

女生非常害羞，基本不太愿意回答。但是表示家中男女基本平等，哥哥还是比较疼爱自己的。在学校里受过性教育。

访谈总结：

男女平等，学校里有基本的性教育课程。

14. 访谈对象 14

接孩子放学的一位母亲，有 3 个女儿，大女儿上六年级。

访谈者：陆子静

访谈地点：××学校校门口

访谈内容：

阿姨对于生了三个女儿是满意的，表示不会再生儿子。并且对我们提到的对

孩子们进行性教育的想法是支持的，认为家长不太好开口。另外，阿姨并没有听说过附近有少女被性侵的事件发生。

访谈总结：

从家长口中得知××很少有少女被性骚扰或者性侵的案件发生。关于活动内容中性教育方面，家长表示，站在家长和老师的角度，性教育都有些难开口，所以很高兴我们可以用适当的、科学的、有趣的方式教授给女孩，提升她们对自己身体变化的认识，提高自我保护的意识。

15. 访谈对象 15

年纪为 70 岁上下的老爷爷，家中经济条件尚好。有两个上中学的孙女。

访谈者：袁漪琳，吴媚妙

访谈时间：20 分钟

访谈地点：室外

访谈内容：

（1）家里的经济条件能支持孙女上大学；

（2）老爷爷的儿子儿媳是初中文化水平，对两个女儿的学习比较关心，希望她们能读大学；老爷爷平时对孙女们的教育很少干涉；

（3）孙女们放寒暑假会去工厂流水线打短工，打工的钱用来补贴学费；

（4）村中的年轻一辈上大学的人数比较多，也有很多家庭把孩子送到汕头市区读书，而不是在村里接受初等教育；

（5）家中两个女儿和长辈交流比较少，在家也是看手机，不知道她们有什么兴趣爱好。

访谈总结：

据老爷爷反应，村中人对教育比较看重，在教育资源的分配上没有男女不平等的现象。但父母一般只注重孩子的学习，在生活和兴趣爱好等方面缺乏交流。爷爷奶奶辈觉得自己对小一辈的教育没什么话语权，自己也没什么文化，在家中对孙女的成长教育关心得很少，和孙女们的关系也比较疏离。

16. 访谈对象 16

40—50 岁的中年妇女，经济水平一般，开一家手工纸钱店，临近祭祀时生意会比较好。会说普通话，思想比较开通，人非常和善。一家人感情很和睦。其丈夫腿有残疾，在游泳场工作。家里有两个儿子一个女儿，长女的文化水平最高，上过大专，现在在外地工作；小儿子初中后就辍学务工，经常自愿用工资补贴在外读书的哥哥姐姐。已经有收入的孩子都会将每月一半收入给家里补贴家用。

访谈者：袁漪琳，吴媚妙

访谈时间：45 分钟

访谈地点：纸钱店

访谈内容：

（1）夫妻两人都很疼爱大女儿，夸大女儿很乖很懂事，对她的教育也很重视。大女儿从小就很懂事，帮家里干活和带两个弟弟，姐弟之间感情非常好。家里的男孩也积极参与家务和纸钱店的工作。

（2）女儿和父母的沟通很频繁，每天晚上都会打电话回家和父母聊天。

（3）夫妻两人会和子女谈论“什么时候结婚”之类的话题，她表示自己和丈夫都会尊重孩子自己的想法，不会用传统的观念束缚他们。

访谈总结：

夫妻两人思想很开通，和女儿无话不谈，支持女儿走出村子，对女儿做的决定没有干涉。在她看来长女“懂事”“乖巧”是很难得的品质。在她的教育下家里的儿子很尊重姐姐。

17. 访谈对象 17

40 岁左右的大姐，会说普通话，经济条件很好，开一家茶叶店，还负责收发快递。初中没毕业，但思想还算比较开通。一儿一女，儿子上高三，女儿上高一。

访谈者：袁漪琳，吴媚妙

访谈时间：30 分钟左右

访谈地点：茶叶店

访谈内容：

（1）家里会支持两个孩子上大学，女儿成绩比较好。

（2）家里两个孩子和父亲交流比较多。女儿也很愿意把自己的想法和未来规划对父亲讲，父女关系很好。夫妻俩对儿女的自我意愿比较尊重，目前对他们各自的未来没有太多想法。

（3）大姐很少和女儿沟通，觉得自己没什么文化，不如她丈夫懂得多，在子女教育上最多起到督促他们学习的作用。

（4）大姐从没有和女儿讲过性教育的内容，甚至没有给女儿普及月经初潮的知识，也没有给女儿讲过如何保护自己防止性骚扰。她对自己的女儿很放心，觉得女儿性格温顺，不会在外面“乱来”。女儿关于性教育的知识都是从网上看来的，看到女儿已经自己从网上获取了这方面的知识，也就认为没有必要给女儿讲解。

（5）大姐对女儿的兴趣爱好不是很了解，只知道儿子喜欢打篮球，女儿在家一般就是看电视节目。可能是沟通少的原因，毕竟女生的兴趣可能没有男生热爱打球打游戏那么明显。

访谈总结：

大姐承认自己在女儿的性教育、安全教育上做得不足，对我们的活动也表示支持，觉得给她们讲讲这些东西是好事。

七、观察与思考

从采访对象身上获得的信息可以总结出以下几个现象：

（1）村中成年女性受教育程度普遍较低，发表个人见解的意识比较薄弱，在对子女特别是女生的教育上较少起到榜样作用。

（2）在回家的路上能够发现，较少女生是独自回家，一般家里的人（多为母亲）会亲自接送。

（3）相比活泼甚至有点“粗野”、“坏坏的”的男孩们，女孩们看起来更加温顺、安静，而这种乖巧的品质也被她们的家长看作女孩应有的品质和表现。在我们所接触的小学生群体中，男女生间的性格差异呈现明显的两极分化。男生活泼好动，性情直爽且略带调皮。相较之下，女生在交流过程中则一直表现得非常拘谨，对大多数问题往往用点头的形式答复。由此可见，社会对不同性别的刻板印象与要求在孩子的身上表现得淋漓尽致。

（4）村中人虽然重视子女的教育，但大部分家长没有对子女进行过兴趣爱好的引导与培养，包括未来发展的指引。由于在观念上跳不出上一辈教育模式的框架，受访者往往单纯地认为子女年纪尚小，不适合与他们谈论兴趣和理想。另外有些家长仅仅在学业上有所要求，还没有意识到性教育、安全教育、心理健康教育等方面在孩子，特别是小女孩成长过程中的重要作用。

（5）家境一般的女孩往往年纪不大就去务工，这种出身的女生虽然在日常生活中没有遭到明显的不公平对待，但她们在家庭中没什么话语权，也没意识到话语权的重要性。

（6）受生活压力所迫，大部分家长选择背井离乡，漂泊于都市中务工赚钱，并让年岁已高的父母帮忙带孩子。可见，教育意识与亲情的缺失使父母在自身的角色、形象上趋于干瘪，作为子女生命中第一任老师的作用大打折扣。

八、总结

总的来说，该社区重男轻女的意识较轻。对于年轻一代来说，相对于以前较为严重的重男轻女观念，更多的是认为男女平等。但老一辈人或许是深受这种观念的影响，在生孩子这方面，虽不强求，但还是希望能够生男孩。在对孩子的教育观念方面，多数人表示十分重视以及支持孩子的教育。但是对于男女的教育方式大为不同，多数人认为女孩应该是乖巧的、内敛的，所以一般女生是带在身边进行“圈养式”教育，但男孩就是“放养式”教育。对于理想教育这一方面，还是非常欠缺的。对于性教育方面，多数家长表示自己比较难开口，希望学校能够帮助教育。

九、反思

（1）在采访过程中，我们的目的性过强，可能导致没有得到真正的信息。采用聊天式的引导，却往往引不出想问的问题，收集较多无关信息。我们不能从访谈对象那里获取到很准确的信息，只能通过他们的一些表现、行为举止来判断，但是这种判断是较主观的。

（2）问题较局限，有一些问题没有进一步深入，只是比较浅层地了解情况，最后得到的也只是表层的事实现象，而且许多预先想好的问题在交流过程中无用武之地。

（3）从样本的角度分析，访谈对象的经济情况在当地处于中等偏上，经济上的富裕削减了后代性别的重要性。

（4）当我们抛出与性别相关的问题时，得到的答案几乎都是正面的，这与设想的情况大相径庭，与访谈对象换位思考后可发现，一些带有负面评价的问题往往让他们陷于两难的抉择。于是他们在社会形象认同需要的驱使下选择正面回答的情况时有发生。

（5）访谈对象的范围有些窄，女性偏多，实际调查的人群与目标调查人群存在较大差距。

（6）由于语言障碍，有些语句听不懂或者听错。

（7）因为没有经验，而且是第一次合作，组员之间配合不够默契。

第二节　留守儿童的自我意识和孤独感调研报告[①]

为了对留守儿童的自我意识与孤独感的现状进行了解，本课程利用心理学问卷对汕头市潮南区××小学的学生进行调查，并运用 SPSS 对调查数据进行分析处理。通过揭示留守儿童自我意识和孤独感的特点，帮助人们了解留守儿童的心理健康现状，对于留守儿童关爱措施的制定具有积极的借鉴意义。

① 汕头大学“关爱留守儿童”课程调研报告案例，指导教师：汕头大学曾凡奇老师。

一、调查过程

调查选用问卷为《自我意识问卷》和《儿童孤独感量表》（附录二）。这两份问卷是自我意识和孤独感研究常用的调查工具，能够较好地反映儿童的自我意识和孤独感的情况。本研究利用这两份问卷，对 63 名学生进行调查。

在调查者中，留守儿童为 28 名，占 44%，非留守儿童为 35 名，占 56%；男学生为 28 名，占 44%，女学生为 35 名，占 56%；一年级到六年级的学生分别为 5 名、6 名、10 名、9 名、19 名和 14 名。

二、调查结果

调查者自我意识与孤独感的平均数和标准差见表 8-1。以自我意识和孤独感为因变量，以留守情况为自变量，进行独立样本 t 检验。结果显示，二者在自我意识与孤独感上具有显著性差异。这差异具体体现在非留守儿童在自我意识水平上显著高于非留守儿童，在孤独感上显著低于留守儿童（表 8-2）。可见，留守儿童在心理健康水平上差于非留守儿童。同非留守儿童相比，留守儿童并没有从父母处获得充分的情感支持。这不利于他们从积极的亲子关系中获得支持性力量，增加了他们的孤独感，并对其自我意识产生不利影响。

表 8-1　调查者自我意识与孤独感平均数与标准差

调查项目	平均数	标准差
自我意识	103.89	4.79
孤独感	48.22	5.66

表 8-2　留守与非留守儿童的自我意识和孤独感差异分析

调查项目	留守儿童	非留守儿童	t
自我意识	101.05	106.21	-5.07^{***}
孤独感	50.95	45.13	4.77^{***}

***表示 $p<0.001$。

表 8-3　留守儿童自我意识与孤独感相关分析

项目	孤独感
自我意识	-0.64^{**}

**表示 $p<0.01$。

表 8-3 显示，留守儿童自我意识同孤独感具有显著性的负相关。这说明留守

儿童的自我意识程度越高，其孤独感越低。自我意识反映了个体自我觉知的能力。具有良好自我意识的留守儿童可以全面地认识自我，更好地同他人进行交往，获得积极的社会支持，拥有良好的人际关系，一定程度上可以降低他们的孤独感。

表 8-4 显示，性别差异对自我意识水平产生显著性的影响，但是二者在孤独感上的差异并没有达到统计学标准。具体表现为男性留守儿童在自我意识水平上显著高于女性的留守儿童。潮汕地区一些农村存在重男轻女的现象，这一现象容易使女性产生习得性无助感。这一点在女性留守儿童身上更为突出。由于重男轻女的社会风气，部分女性留守儿童很难从生活环境中获得必要的关心，这使得女性留守儿童在无法获得父母关爱的情况下，难以获得其他方面的帮助。她们容易对此进行内部归因，将外界对自己的忽视归结为自身的问题。这种行为容易影响女性留守儿童的自信心，使她们对自己产生错误的认识，从而影响她们的自我意识水平。

表 8-4　留守儿童自我意识与孤独感性别差异分析

项目	男	女	t
自我意识	102.62	99.50	2.84^{**}
孤独感	46.50	43.21	1.90

**表示 $p<0.01$。

对留守儿童的自我意识与孤独感进行年级差异分析，统计结果如表 8-5 所示。自我意识和孤独感存在显著性的年级差异。留守儿童的自我意识随着年级的增加而增加。随着年级的增加，留守儿童对自己的认识不断深化，对自己的评价也逐渐理性，这促使其自我意识水平得到不断的提高。在孤独感方面，调查发现留守儿童的孤独感具有显著性的年级差异，孤独感由高到低的顺序是一年级、五年级、三年级、六年级、二年级和四年级。一年级的留守儿童刚入学，对学校环境和同学不熟悉。这种陌生感加剧了他们的孤独感。同时，调查显示，四年级的留守儿童的孤独感最低。导致这一方面的原因可能在于儿童经过四年的生活，对学校环境有了比较全面的了解，并可能与同学建立了良好的关系。另外，四年级的学生在学业压力上没有五年级和六年级的儿童大，有更多的时间同其他同学开展积极的人际互动，降低孤独感。为此，四年级留守儿童同其他年级留守儿童相比，具有较低的孤独感水平。

表 8-5　留守儿童自我意识与孤独感年级差异分析

年级	一年级	二年级	三年级	四年级	五年级	六年级	F
自我意识	98.21	102.34	103.89	104.33	106.05	115.21	67.90^{***}
孤独感	53.26	46.22	48.54	45.03	49.67	46.50	2.64^{*}

*表示 $p<0.05$，***表示 $p<0.001$。

统计结果显示，父亲学历对留守儿童的自我意识产生显著性的影响（表 8-6）。具体体现为父亲学历越低，儿童的自我意识越高。但是，父亲学历对留守儿童的孤独感没有产生显著性的影响。在一般情况下，个人的收入水平同其学历具有紧密的联系，学历高的个体往往具有较高的收入水平，学历低的个体收入水平相对较低。在当地不少家庭，父亲是家庭的经济支柱。为此，父亲的学历在一定程度上决定了家庭的经济状况。在父亲学历低的家庭，留守儿童可能需要应对物质方面的压力。经济方面的压力促使他们对自身进行准确的认识，在具有良好觉知的情况下更好地应对物质上的难题。为此，经济上的压力可能促使他们具有更高的自我意识水平，并在这一方面显著高于父亲学历高的留守儿童。

表 8-6　父亲学历差异对留守儿童自我意识和孤独感影响

父亲学历	高中及以下	专科	本科	F
自我意识	104.71	104.02	97.56	7.24^{***}
孤独感	49.03	46.25	45.33	2.23

***表示 $p<0.001$。

在母亲学历对自我意识与孤独感的影响的研究中，调查结果显示母亲的学历对孩子的孤独感与自我意识没有显著性的影响（表 8-7）。这可能同农村重男轻女的风俗有关。母亲的权威性不足，对儿童的影响力比较低，导致母亲的学历对留守儿童的自我意识和孤独感没有产生显著性的作用。

表 8-7　母亲学历差异对留守儿童自我意识和孤独感影响

母亲学历	高中及以下	专科	本科	F
自我意识	103.88	103.99	104.12	0.12
孤独感	48.50	48.22	46.03	1.22

二、调查启示

（一）社会要关注留守儿童的心理健康

长期以来，留守儿童的物质生活和生理健康受到了社会极大的关注，其水平在近年来也得到有效的提升。但是，留守儿童的心理健康却常常被社会所忽视。本研究发现留守儿童在自我意识水平上低于非留守儿童，而在孤独感上高于非留守儿童。自我意识与孤独感是人们评价儿童心理健康的重要指标。调查结果表明留守儿童在心理健康上需要得到更多的关注。社会志愿群体在为留守儿童进行物质帮助的时候，应更重视其心理健康水平。社会志愿群体要采取积极的措施促进留守儿童心理健康水平的提高，通过知识宣传、讲座和拓展训练等形式，帮助留守儿童认识自我和消除孤独感，从而为其心理健康水平的提高创造有利的条件。另外，社会要营造关爱留守儿童的风气。公众在日常生活中要给予留守儿童更多的关爱，坚决避免出现侮辱、歧视留守儿童的行为。这种关注留守儿童成长的社会风气，可以为留守儿童的健康成长创造良好的社会氛围，有效消除其孤独感。

（二）学校要为留守儿童提供帮助

留守儿童出现心理问题的一个重要原因在于缺乏父母的关爱。为此，学校应该对留守儿童多加关心，弥补其缺乏父母关心的不足。教师在课堂之余，要对留守儿童的生活进行关心和帮助，聆听他们的心声，并提供力所能及的帮助，这可以为留守儿童提供精神性的支持，帮助其更好认识自我，降低孤独感。另外，教师要帮助留守儿童正确认识自己。留守儿童由于缺乏父母的有效教育，有时并没能进行正确的自我认识，这容易制约其自我意识水平的提高。为此，教师在教学的过程中，应该帮助留守儿童进行正确的自我认识，不仅要悦纳现实的自我，而且要懂得实现理想的自我。这有利于在提高留守儿童心理健康的同时，强化其学习动机，推动其全面发展。

（三）女性留守儿童需要得到更多的关注

本调查发现，女性留守儿童在自我意识上显著低于男性留守儿童。这一现象同女性留守儿童没有得到有效关注有关。为了更好地帮助女性留守儿童，家庭与学校需要对女留守儿童给予更多的关注。家庭要消除重男轻女的观念，真正做到男女平等，并在学习和生活上对女性留守儿童进行关心和支持。学校要关心女性留守儿童的成长，多关注女留守儿童的发展，并给予她们更多在公共场合表现自我的机会，提升她们的自我效能感，使其以积极的心态去应对生活和学习中的困难。

第三节　农村妇女法律意识调研报告[①]

随着我国法制建设的推进、普法活动的不断进行，妇女的维权工作取得了很

① 汕头大学“潮汕‘妇女与社会’创意研习服务”课程调研报告案例，课程指导教师：陈瑜、王润老师。

大进步，但就农村妇女而言，她们的法律意识仍然不高。受社会风气影响，人们的婚姻家庭观念发生了很大的转变，农村婚外恋的现象层出不穷，离婚家庭增多，妇女遭受家庭暴力的现象也呈上升趋势。受家庭条件的限制和传统观念的影响，加之本身文化水平偏低，法律意识淡薄，很大一部分妇女在权益受到侵害时不会运用法律武器保护自己。

我们于2011年8月对广东省揭阳市××村的部分女性村民针对法律意识方面进行了社会调查。

一、选题需要

（1）针对身处潮汕地区的广东省揭阳市××村的两次踩点，得知该村实际的情况为：交通不便，村民接受外界信息受阻，年轻劳动力大多外出务工，但由于法律意识不足，受到外界某些不良企业克扣工资、压榨劳动力等不公平待遇。尤其是农村女性，受家庭条件的限制和传统观念的影响，加之本身文化水平偏低，受到的不法待遇更是严重。

（2）为了了解农村妇女法律意识及权益保护意识的状况，研究在新农村发展中存在的法律问题，推动社会主义法制建设；在汕头大学潮汕“妇女与社会”创意研习服务课程中，调研组通过两次踩点，从该村实际情况入手，确立了关于“妇女法律意识”的社会调研主题。

二、预期效果

（1）通过问卷和访谈的调研方式得到数据，分析结果，从而得出该村妇女的法律意识及权益保护意识的认知程度和普及情况。

（2）在调研过程中，宣传小组的其他活动，也会涉及“妇女法律意识”方面的内容，在这个过程中达到普法的效果。

（3）通过该村的个案，深入了解农村妇女法律意识及权益保护意识的状况，了解在新农村发展中存在的法律问题，推动该村法律宣传和法制建设。

三、调研安排

1. 调研时间：2011年8月28—29日
2. 调研地点：广东省揭阳市××村
3. 调研对象：××村的女性村民

4. 调研方法、程序：主要采用问卷调查和访谈相结合的调查方法，以问卷调查为主，访谈调查为辅

5. 调研分工：以调研组为主干，加上小组其他成员

四、问卷调查及结果

（一）基本情况

（1）本次调查问卷（附录三）是面向××村的女性村民发放的。

（2）因为不同的年龄段有着不同的文化水平，接受到的知识机会和获得的知识水平都不同，所以我们关于“妇女法律意识”社会调研活动就要针对不同年龄段的女性村民进行。在问卷调查中，我们把对象按年龄段分类：14—20 岁年龄段；21—30 岁年龄段；31—50 岁年龄段；50 岁以上年龄段。不同年龄段发放的调查问卷数见表 8-8。

表 8-8　不同年龄段发放调查问卷数

年龄段	份数/份	比例/%
14—20 岁	15	25
21—30 岁	15	25
31—50 岁	22	37
50 岁以上	8	13
总计	60	100

（3）在调查内容上主要分为七部分：①对切身法律的了解程度；②平时对法律信息的关注程度；③对法律功能的认识程度；④面对平时生活的法律事件，是否主动有意识地保护增加的权益；⑤面对司法问题上的法律意识方面；⑥面对执法问题上的法律意识方面；⑦在法律监督问题上的法律意识方面。

（4）为使调查能够真实客观地反映调研对象的思想和观点，在设计问卷时充分考虑调研对象文化水平的参差不齐，尽量做到文字浅显易懂。本次调查共发放问卷 64 份，因为采用了当场收回式，回收效果较好，但有 4 份未按要求答写，实际收回有效问卷 60 份。

（二）调查结果

1. 分年龄段总结

14—20 岁年龄段：总的来看，在 14—20 岁年龄段的女性村民，我们发放收

回的问卷调研对象多为初中水平，现在大多在校读书，接触法律知识和教育的机会也较多，但对与切身利益相关的法律了解程度不够。

（1）对于《中华人民共和国妇女权益保护法》，大部分人并不了解，大多都只是听说过而不了解的层面；

（2）她们往往对法律知识有需求，通过看法制节目来学习法律知识，她们能够认识到法律是用来保障广大人民合法权益的工具，并且希望运用法律武器维护自身的合法权益；

（3）她们大部分人对法律的功能方面有正确的认识，相信法律是公正的；

（4）在真正面对法律事件时，态度比较积极，并愿意用行动来维护法律的尊严；

（5）在监督村委会干部的不正确行为方面，只有少数人敢于向他们提出批评和意见。

21—30 岁年龄段：总的来看，21—30 岁年龄段的女性村民，我们发放收回的问卷调研对象多为小学水平，现在大多在外务工或留在家里当家庭主妇，文化程度较低，接触法律知识的机会也较少。

（1）对切身法律知识了解不够，大家都只是停留在听说过而不了解的层面；

（2）平时对法律知识的关注比较被动，体现在一部分“有时间就看看这些节目”和“没有看过”；

（3）从认识法律的功能方面上看，大多能有正确的认识，但也有部分人存在误区；

（4）在真正面对法律事件时，态度并不是很积极；

（5）在执法和法律监督上意识不强。

31—50 岁年龄段：31—50 岁年龄段的女性村民，我们发放收回有效的问卷 22 份，调研对象多为小学水平，大多是外出务工者或农民，文化程度较低，接触法律知识的机会也较少，对切身法律知识不够了解。

（1）对关乎切身的法律知识了解程度不高，甚至听都没听过；

（2）平时对法律知识的关注大多也是被动的，体现在“有时间就看看这些节目”和“没有看过”；

（3）对于犯罪事件都是比较憎恨的，而且她们相信法律是在保护自己的，从认识法律的功能方面上看，大多能有正确的认识；

（4）在真正面对法律事件时，态度大多还是消极的，跟着村里的习惯走；

（5）在执法和法律监督上意识不强。

50 岁以上年龄段：总的来看，50 岁以上年龄段的女性村民，我们发放收回的问卷调研对象都为小学水平以下，现在大多留在家里干些农活，文化程度较低，接触法律知识的机会少。

（1）对法律这一概念很模糊，对切身法律知识不了解，平时也不会关注法律知识；

（2）约有 1/3 的人明白法律的正确功能：使犯罪分子得到应有的处罚和保护老百姓；

（3）在面对一些可以通过法律手段解决的事情时，她们很少人会用法律去维护权益；

（4）面对一些司法问题时，她们都认为打官司是不体面的事，要获得胜利得靠熟人、金钱；

（5）在执法层面和法律监督方面法律意识也不高。

2. 不同年龄段比较分析

问卷选项是按照一定的等级排列【A（对切身法律知识了解的程度较高或法律意识较高）、B（对切身法律知识了解的程度中等或法律意识中等）、C（对切身法律知识了解的程度较低或法律意识较低）】。

（1）不同年龄段女性村民对切身法律知识的了解程度（图 8-1）。

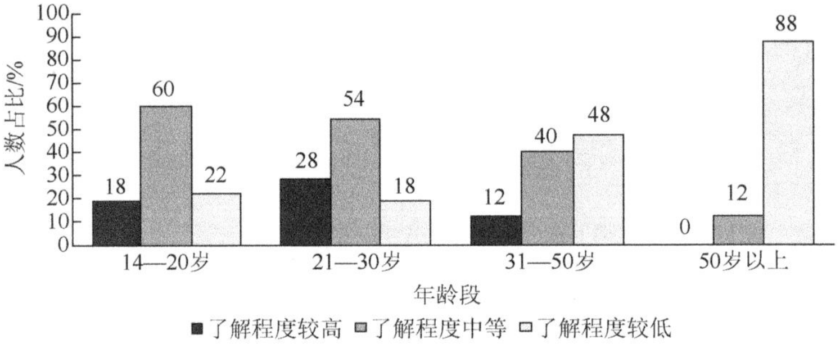

图 8-1　不同年龄段女性村民对切身法律的了解程度（第 1—3 题）

（2）不同年龄段女性村民平时对法律信息的关注（图 8-2）。

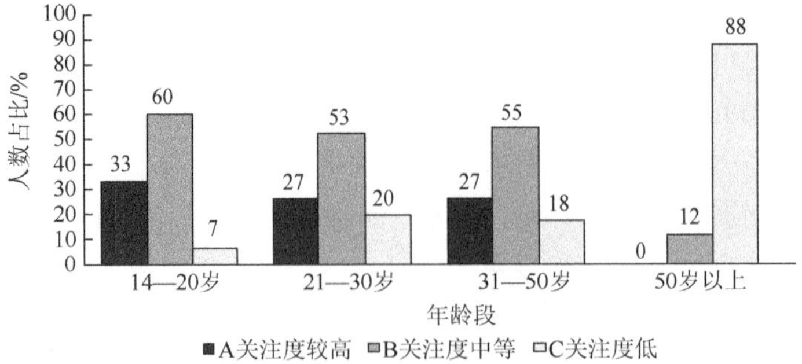

图 8-2　不同年龄段女性村民平时对法律信息的关注（第 4 题）

（3）不同年龄段女性村民对法律功能的认识（图 8-3）。

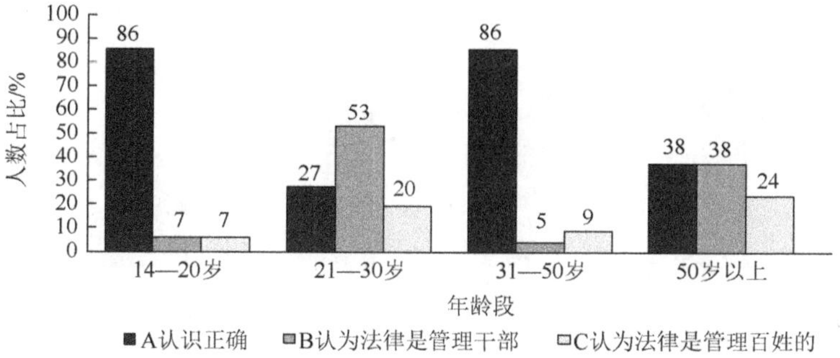

图 8-3　不同年龄段女性村民对法律功能的认识（第 5 题）

（4）不同年龄段女性村民面对平时生活的法律事件，保护增加权益的意识（图 8-4）

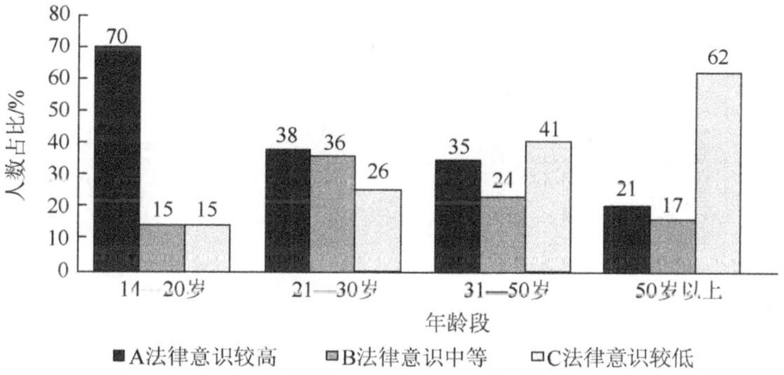

图 8-4　不同年龄段女性村民面对平时生活的法律事件，保护增加权益的意识（第 6—8 题）

（5）不同年龄段女性村民面对司法问题的法律意识（图 8-5）

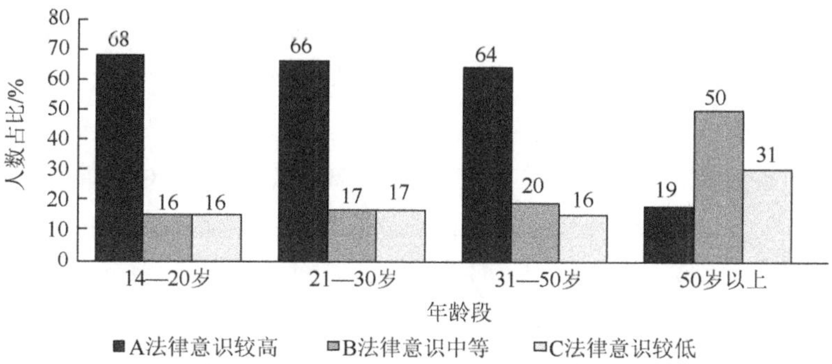

图 8-5　不同年龄段女性村民面对司法问题的法律意识（第 9—10 题）

（6）不同年龄段女性村民面对执法问题的法律意识（图 8-6）

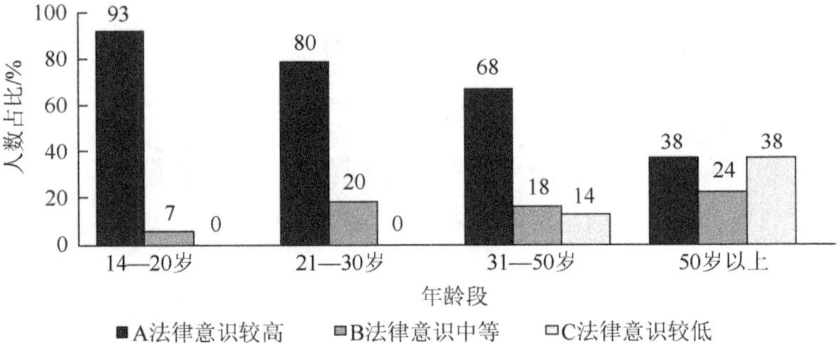

图 8-6　不同年龄段女性村民面对执法问题的法律意识（第 11 题）

（7）不同年龄段女性村民在法律监督问题上的法律意识（图 8-7）

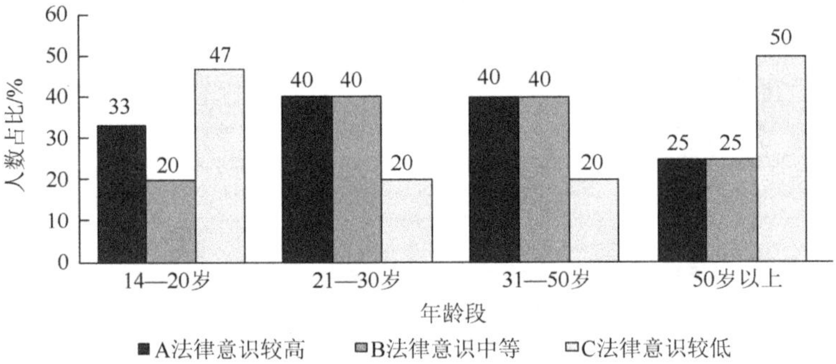

图 8-7　不同年龄段女性村民在法律监督上的法律意识（第 12 题）

3. 调查问卷主要发现

综合以上七部分内容，可以发现：

（1）在对切身法律知识的了解方面上，大多女性村民都只是听说过而不了解的层面；年轻一代（14—30 岁）对切身法律意识了解程度较高，而年老一代（50 岁以上）对法律概念十分模糊（图 8-1）。

（2）在平时对法律信息的关注方面，大部分女性村民对法律性电视节目是“有时间才看看”，而根据各个年龄段的生活习惯、文化水平的差异，年轻一代女性村民对法律的关注度比较高，而 50 岁以上的女性村民基本上不看这类型的节目（图 8-2）。

（3）对法律功能的认识方面，女性村民对法律持较积极的心态，对法律的功能认识还是正确的，但各个年龄段还是存在着一定的差异（图 8-3）。

（4）面对平时生活的法律事件，是否主动有意识地保护增加的权益，年轻一代更懂得正确的做法（图 8-4）。

（5）面对司法问题上的法律意识方面，女性村民对法律都比较信任，司法观念比较正确，“相信法律和法官的正义”，但从图 8-5 也可清楚看出年老一代的司法观念不强。

（6）面对执法问题和法律监督上的法律意识方面，从图 8-6、图 8-7 总体来看，年轻一代所体现出来的法律意识比较高。

五、个体访谈及主要发现

××村有四个自然村，我们调研组分别到村中走访，就“村中摩托车被抢事件”，“切身法律的了解程度和法律事件关注度”，“面对纠纷的解决途径”，“运用法律自我保护部分”及“人情与法”等问题进行访谈。访谈提纲见附录四。共走访了 8 户村户，访谈对象如下。①初中女学生，15 岁；②初三女学生，16 岁；③郑女士，年龄：23 岁，职业：家庭主妇，文化程度：小学；④小卖部女店主，30 岁左右，在家带小孩、看小卖部；⑤邓阿姨，50 岁左右，在家带孙子；⑥书记家附近的阿姨，35—40 岁，在家种田；⑦村委会旁边的阿姨，45—50 岁，在家带孙子；⑧来串门的阿姨，45—50 岁，在家带小孩。

（一）访谈结果

（1）由摩托车被抢事件切入，几乎所有的访谈对象都知道抢摩托车是违反法律的行为，也应受到法律的严惩；

（2）当问及自己的摩托车被人抢后是否会报警，87.5%的人说不会；

（3）对于法律的关注方面，62.5%的人不会主动去关注法律方面的知识，接受知识比较被动；

（4）对于纠纷的解决，87.5%的人不会寻求法律方面的援助，并且 87.5%的人不知道有中国消费者协会；

（5）对于签订劳动合同，62.5%的人没有签订劳动合同，并表示不会主动要求签订劳动合同；

（6）对法律的信任程度来说，37.5%的人不相信法律，认为人情比较重要（图 8-8）。

（二）访谈总结

总的来说，从此次访谈的结果来看，大部分人并不是很清楚“法律”这个抽象的名词是什么，但她们了解哪些是正确的法律行为，哪些是错误的法律行为。尽管如此，由于当地治安的落后，周边维护权益的氛围不强，种种因素导致她们的法律意识不强，很多情况下她们即使明知自己是对的，也不会主动寻求法律方面的援助。

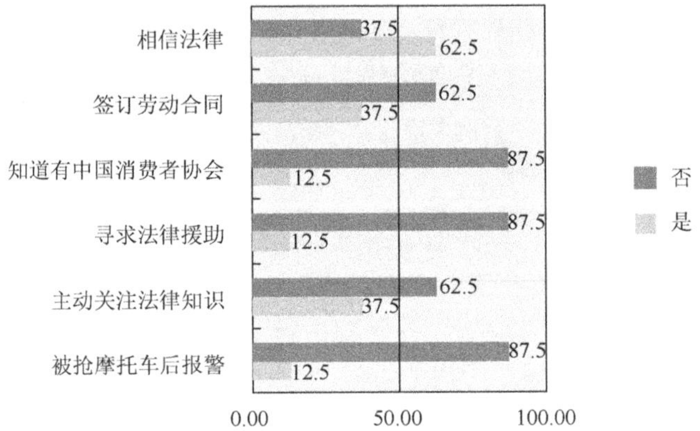

图 8-8　访谈对象对摩托车被抢事件的处理结果

六、调查总结

由于法律意识具有复杂、多样的内涵和外延，想要准确把握公民的法律意识现状及其特征是比较困难的。此外年龄的差异、职业的不同和文化水平的差异，法律意识也不同。

该村的妇女法律意识总体上不高：

各个年龄段中，年轻一代的法律意识较高，年老一代的法律意识较低。

1. 妇女法律意识上：传统观念与现代意识交织

该村地处山区，距离县城有一定的距离，交通十分不便，村内年轻劳动力外出较多，村内留守儿童现象严重；村中只有一所小学，而且由于经费不足，教育资源缺乏，导致该村村民思想较为保守，传统观念较浓厚，权利意识很淡薄。村民普遍有一种耻讼、贱讼观念。虽然我国自 1985 年以来，普法宣传已经深入基层，法律开始走进并影响着人们的生活，但不可否认妇女的传统观念也影响到她们的法律意识，表现出来的就是传统观念与现代意识交织。体现在：相当一部分妇女，尤其是年老的一代，对“法律”一词的认识很模糊，习惯于按传统观念参与社会生活，认为打官司是件不光彩的事，认为法律是管理干部或管理老百姓的，对解决纠纷及维护自身权益的意识不强，甚至对“权大于法”“人情大于法”相当认可，某些妇女还存在一种畸形的法律观念，“领导人讲的话就是法”。这表明，法律权威的削弱和法律观念的认识缺失成为法制建设中不可忽视的问题。

2. 妇女法律意识上：积极态度与消极态度并存

妇女们对现行法律的态度总体上是积极的，一般都能肯定法律的价值，而且部分人也能够运用法律去维护自身的合法权益。但有相当一部分的妇女认为法律是离她们很遥远的事情，对与法律有关的事情有着能避就避的观念，没有积极地去寻求法律的保护和社会法律的援助，体现在如下方面：对切身法律内容不了解；对法律事件没有特别的关注；在面对具体的法律纠纷时，通常不会主动维护自身的权益；在司法、执法、法律监督上也存在事不关己的心态。总之，在法律意识上，妇女们的积极态度和消极态度并存。

3. 妇女法律意识上，文化程度和所处的环境起着重要作用

妇女职业和文化水平的不同，导致其法律意识也不同。如 14—20 岁年龄段有 13 位是学生，2 位是外出务工者，其文化程度有 13 位是初中水平，2 位是小学水平；21—30 岁年龄段多为务工者，文化水平也多为小学水平；31—50 岁多为农民，文化水平多为小学水平；50 岁以上多为农民，文化水平多为小学以下。四个年龄段的妇女，相比之下，年轻一代的法律意识较强，而 50 岁以上的妇女对法律的概念很模糊。这与所受的文化教育有很大关系。因为周边维护权益的氛围不强（村中摩托车被抢事件、对于签订劳动合同的态度），妇女们的法律意识不强，所以很多情况下她们即使明知自己是对的，也不会主动寻求法律方面的援助，而且她们对社会上的援助机构（如中国消费者协会）也所知甚少。而外出务工者，由于受所处环境的影响，法律意识较强。

在问卷调查和入户、走访过程中，村民了解了我们活动的意义，活动得到了村民的大力支持，而且结合我们“妇女法律保护”的调研主题也达到了普法的效果。

通过调查，我们可以了解农村妇女法律意识及权益保护意识的基本状况，研究在新农村发展中存在的法律问题，可推动该村法律宣传和法制建设。

七、调查感悟

（1）法律意识的提高需从学校教育抓起。保证教育的质量，提高教育的水平，加深学生对法律的了解，让学生关注法律现象，明确法律的意义；学生的影响是广泛的，学校教育不仅会在学生身上起作用，更会在家庭中体现出来。

（2）坚持普法教育，深入农村底层，涉及各个家庭、各个成员；在普法的内

容上要选择事关村民，尤其事关女性村民切身利益的法律，深入浅出；通过电视、广播、报纸、杂志等大众传播媒介传播法律信息；以案说法、新闻调查、解释新法等形式，缩短农村与外界的时空与心理距离，潜移默化地促使农民变革思维和行为方式，使法制成为他们的一种生活方式。

（3）提高妇女的法律意识不单单从妇女自身入手，也要从其家庭成员，从男性的身上入手。在潮汕地区，现在还存在着不利于女性自由发展的诸多因素，改变女性身边的环境对其法律意识的提高有着重要的作用。

第九章　服务性劳动课程学生反思录

第一节　“潮州山区基础小学教育服务与研究”课程学生反思节选

早在 2010 年 7 月，结合学校公益课程的实施，汕头大学文学院组织开展了服务性劳动课程“潮州山区基础小学教育服务与研究”，共有 130 名汕大学生、2 名任课教师参与了此课程，分组到潮州 2 所山区基础小学进行教学服务与研究活动。学生们独立设计了公益项目方案，并在各自的活动地点积极实践。教学服务针对主干课程的课堂教学设计教案，开发小学生思维，提高小学生的学习兴趣，拓展综合素质；各小组通过实地走访，详细地调查研究了山区小学教育的观念和现状等，形成调研报告，力求在一定程度上促进山区基础小学教育事业的发展。以下节选了一位课程学生的反思内容。

2010 年的 7 月，我参加了汕头大学文学院主办的服务性劳动课程下乡活动。对课程进行回忆，有很多美好的画面，也有很多遗憾，但也有很多的思考。

在下乡过程中，可以实现很多的第一次：第一次作为老师站在讲台上讲述你所知道的事情，第一次为了同一个目的和同学走街串巷，第一次感到语言沟通上的障碍……我庆幸自己在这次下乡活动中和 3 个香港大学的学生一起聊内地和香港的一些事情，和他们一起完成教学活动。但是，未能完成教学上制定的全部计划，我也感到些许遗憾。

2010 年是汕头大学第一次大规模地组织学生进行下乡实践活动，这个出发点是好的，而且应该持续下去。因为象牙塔里面的大学生不知不觉就会忘记外面的世界究竟是什么模样，不知不觉就会忘记自身的处境以致失去生命的潜能。大学生，不能只读圣贤书，而要更加注重实践；大学生不应该只沉迷于象牙塔的温馨和舒适，还应该体验多种生活模式。

经过一年多的思考，笔者以为服务性劳动课程下乡活动，可以从以下几个方面进行改进。

首先，应该从认识上理性地重视它。下乡活动既是一种体验，更是一种实践。它不需要轰轰烈烈地开展，而需要细水长流的滋润。因此，大学生需要转变以往的观念——我只是去体验生活。下乡活动其实应该是一种互利双赢的活动，而不是单方面的给予或者单方面的收获。作为当代大学生，下乡，不仅仅是传授小学生以知识，更重要的是给他们理想信念的教育，即给他们一个可以感知的梦想或者给他们一些学业上的指导建议。因此，大学生下乡需要明白不是给他们灌输知识，更不要把初中知识小学化。

作为应试教育的过来人，我们不能只是向他们“满堂灌”，因为一个小孩的接受能力是有限的，他们的消化能力并非如我们所想的那么强。如果我们下乡过于强调传授知识，那么我们也许在不知不觉中扼杀了孩子创造和思考的能力。诚然，知识传授很重要，但教育的本质是让每一个孩子的潜能得到最充分的发挥，让他们都拥有创造的能力和思考的能力。也许，是因为我们太注重传递知识，以致孩子们被动地成了知识的接受者，或者说被知识给绑架了。他们为了获取知识，沉浸在无尽的题海中。这是教育的一个悲哀。

也许是我们太注重培养人才，以致当代的教育出现某种程度的扭曲。教育出现一个很严重的问题是：初中知识小学化，高中知识初中化。一个在小学阶段的孩子需要承受初中阶段的知识，一个初中阶段的孩子需要掌握高中阶段的知识，这明显就违背了教育的规律和人的发展规律。教育是一项长期的系统工程，并非一朝一夕就可以培养出卓越的人才。人类智力的发展，需要靠大脑的不断完善。而大脑的完善，同样需要时间的积累。所以大学生下乡需要明白：不要理所当然地以为所传授的知识他们可以接受，可以消化。因此，下乡过程中，需要理性传授知识。

其次，下乡是团队工作，需要每一个队员积极配合，更需要学校的配合。在我们下乡过程中，发现一个比较严重的问题就是有的学校只把成绩好的学生留下来。下乡的目的除了要传授知识外，更需要发现当代小学教育存在的问题。如果大学生下乡面对的都是一些成绩优秀的学生的话，那么下乡也就失去了其真实的意义。孔夫子有言“有教无类”，因此学校把成绩好的学生留下来给大学生作为支教的试验品，是十分错误的。如果把一次下乡都看成是粉刷门面的工程，那么就说明当代教育出现了“荣誉重于发展”的倾向。学校看重荣誉、不想所谓的大学生看到他们学校的“真实情况”，也许他们本初的愿望是希望大学生能够控制住教学的局面，能够欣赏他们教育的成果。但是这种好的初衷可能会带来不好的影响，因为这伤害了绝大多数人的感情。所有的学生都有权要求得到与大学生一起学习、一起成长的机会，然而绝大多数的他们却被学校“流放”回家或者让他们与大学生保持两条平行线之间的距离。其实，学校没必要把下乡看成“面子工程”，没必要“晒”自己的教育成果。大学生下乡本来就是要发现问题的。他们这种做法，只能把问题掩盖起来而永远得不到解决。

其实，大学生下乡，不仅是大学与小学（中学）之间的关系，还牵涉到教育部门，因此接受地的教育部门需要介入。如上文所言的现象，教育部门应该制止。教育公平成为当今中国教育发展的一个普遍关注的问题。如果教育部门不制止这种“选秀”的行为，最终也无法贯彻国家的教育方针。每一个孩子都有权接受平等优质的教育资源和教育发展机会，因此，对待孩子，需要有一颗平等的心。如果听之任之，那么伤害的不仅是一群孩子的心，还伤害了举国人民的期盼。教育公平，不仅是政府的责任，更需要教师、学校及教育部门的密切配合。

再次，大学生下乡不应该只是流于形式，不能为了下乡而下乡。下乡其实也应该成为一项系统工程，这样才能促进教育的发展。据了解，第一，很多大学生下乡其实并非由于他们喜欢，而是为了学分。有目的的下乡，肯定会使下乡活动的意义大打折扣。因此，笔者以为，下乡不需要轰轰烈烈的行动，而需要你情我愿的付出。第二，很多下乡回来后的学生都没有进行回访的活动。也就是说，下乡回来后，他们基本上断绝了与下乡所在学校的联系。这很容易让人觉得下乡只是流于形式。教育要想对一个人有所影响或者是持久的影响，必须要有时间保证。短短的几天下乡不能给孩子太大的影响，但回访活动却可以让他们知道那些大哥哥大姐姐还惦记着他们。这样，他们学习也会更有动力。当然，回访活动能否成功涉及多方面的因素，如大学生的时间安排、资金，还有安全问题等。因此，为了下乡活动更有成效，应该进行回访，学校及大学生需要积极支持。第三，下乡的学校不能随便更换，而应该与他们有一个长期的合作关系。如果随便更换支教的学校，那么与打鸟换地方是没有什么区别的。如果能够在一所学校支教5—10年，相信对那一群孩子的影响会很深，对他们的成长也会更有利。

曾经在网络上看到一则帖子，名字叫作“叔叔、阿姨，我们不希望你们来支教”。这一则帖子给我很大的震撼，它促使我更深层地思考下乡支教的意义。里面有这样一段话：

“在这之后，我们开始有点反感，我开始明白你们所给予的远不是我们想要的，你们的爱心破坏了我们心灵的安静，你们的奉献破坏了我们传统的善良，这些，也许你们永远无法察觉，毕竟，你们是旅游来的，你们是让这块热熟着的黄土地见证你们的爱情而来的，你们是带着爱心寻求自我心中的安静而来的，你们是寻找呼吸西部贫瘠的空气而来的，我们以肤色的名义同意，以档次的不同疏远着。”

大学生是一个很特殊的群体，他们有支教的热情，却还要背负上课的负担，不能像“三支一扶”的老师那样3—5年待在一个地方，他们支教本质上是正确的。但是，如果大学生不能理性地认识它，那么正如帖子原作者所言，我们是以他们贫穷的名义，挤进他们的细胞，渗入他们的骨髓。所以支教过程中，我们也需要反思：怎么样才能给他们持续的影响，怎么样才能不给他们带来困扰和纠结，怎么样才能不影响他们的正常生活。

曾经有一个感动中国的大学生，他的名字叫作洪战辉。他说：“苦难的经历不是我们博得别人同情的资本，奋斗才是最重要的。”其实在支教过程中，我们也没必要刻意强调贫穷二字，因为这对他们是一种打击，这伤害了他们的尊严。所以不要把下乡当成一场走过场的仪式，不要去咀嚼别人的贫穷，而应该站在他们的角度考虑问题，多去想想怎样才能帮助他们脱贫致富。贫穷不是那一群孩子所愿选择的，也不是他们所能选择的，所以对于他们，我们应该给以更多的关爱。

据了解，大学生支教一般都安排在暑假。当然，这主要是受大学生课程的影响，他们唯一比较空闲的时间就是在暑假。然而，小学生他们此时也已经放假了，所以我们选择暑假支教从本质上会给他们带来很大的困扰，会让他们很无奈。虽然过来上课遵循自愿的原则，但我们的到来，对他们来说是一种麻烦。他们不好意思拒绝我们的热情，想过来上课，但是也想开开心心过暑假。所以，支教在时间上存在很大的冲突。国家法律规定每一个公民都有自由休假、休息的权利，所以大学生选择暑假支教，从本质上说是违法的，因为我们剥夺了一部分学生休息、休假的权利。那么，这种矛盾怎么调和呢？怎么能让小学生们在正常时间上课，又让大学生们有时间准备？我们以为，有必要在每一个学期设立社会实践周或者实践月，实践周或实践月没必要设在开学初或者学期末，而应该设在学期中。之所以要设在学期中，那是因为学期中有一个短暂的时间出去社会上实践，对大学生来说是极其有利的。因为他们学习了半个学期，会有某种程度上的疲劳和厌学情绪，如果此时他们能够去社会上走走看看，那么就可以缓解疲劳，甚至可以重新找到学习的动力。

最后，谈谈支教过程中存在的其他突出问题。首先，分数问题。支教回来后，很多人这门服务性劳动课程的分数相差很大，激起一部分同学强烈的不满。所以设立评分标准很重要，如果没有评分标准，那么就会使老师打分随意性比较大。同时下乡的领队（老师）应该有一颗公正的心，认真评价每一位下乡同学，给分要有理有据。此外，要严格控制每一个分数段的人数，不能让所有下乡的同学都集中在一个分数段。因为有些老师严格，有些老师宽松，而同一门课程如果出现具有相同贡献的人但分数差距却很大的情况，那么这是对教育公平另外一种形式的违背。其实每一个下乡同学的分数分布应该如橄榄形的收入分配格局一样，这样下乡的同学才没有太多的怨言。其次，在下乡的准备过程中，应该分工明确，耐心准备，把所有能考虑的问题都考虑进去。下乡第一天很容易发现支教者的准备工作做得不充分，主要体现在活动设计不合理、教案准备不充分、安全措施没到位、教师形象没注意等方面。站在三尺讲台，就意味着你是一个老师，要时刻注意自己的形象。再有就是有些学校的支教者分工不明确，忙的人很忙，闲的人很闲，而且支教者还出现打牌现象。当然，支教者也应该有娱乐活动，但是应该在课程之余和调研之余进行。最后，下乡结束后，每一个小组都应该提交两份调查报告，一份是关于该地区的发展情况，另一份是关于该学校的发展情况。之所以要提交两个报告，是因为我们以为不应该只是把支教当成支教。其实，支教活动可以完全变成“三下乡”活动，我们除了教学外，还可以给他们宣传科技知识、法律意识和医疗知识。

为了让更多的孩子享有平等优质的教育资源和教育机会，为了让下乡活动取得更多的成果，我提出以下几点建议。

第一，把下乡活动当成一个系统工程来落实。汕头大学应该与汕头、潮州的其他中小学签订5—10年的合作协议。让大学生走基层，看基层，爱基层；让大学生的爱能够持续地影响这一群孩子；让孩子们能够在蓝天下茁壮成长。

第二，做好下乡活动的存档工作。下乡，不能每年都抱着“摸着石头过河”的态度，而应该越来越有经验，越来越有成效。首先，大学生下乡回来应该尽快写出下乡的调研报告。其次，负责下乡活动的部门、单位应该做好存档，以便第二年下乡之前可以借鉴前一年的经验。

第三，理性认识下乡活动，用真情关爱每一个孩子。下乡没必要轰轰烈烈，而要细水长流。站在孩子的角度，考虑问题；站在老师的角度，传授知识和解答他们的疑惑。不要仅把下乡当成一次体验，更重要的是学会用爱心去付出。

——汕头大学2008级汉语言文学专业学生刘开南

第二节　“潮汕‘妇女与社会’创意研习服务”课程学生反思节选

“潮汕‘妇女与社会’创意研习服务”课程旨在提升学生对性别议题的敏感性

和行动能力；通过服务，促进妇女赋权及潮汕地区社会协调发展和文化进步。2011年，该课程通过不同学科师生的组合，以团队合作的形式有效地运用专业知识和技能为潮汕地区妇女儿童设计服务方案并实施。课程共分为四个小组："赫拉之光"妇女保护宣传小组、青春期健康教育"启航小组"、关注老中青女性身心健康"Half the Sky"小组，以及感恩于心关爱母亲"朝阳小组"。以下是节选自小组同学的反思。

经历了连续两个星期的调查与服务过程，其中的酸甜苦辣只有身在其中才能感受到。

初次的服务性劳动课程体验，总结为三个词语就是：责任、变通和共同学习。

无论是调查或是服务活动，每个人都有明确的岗位和责任，每个人都必须对自己的岗位负责，只有每个人做好自己岗位的职务后，整个团队才能更好运行。在一个真正的团队里，没有人需要"帮忙"，正像一部机器，每个零件都做好自己的本分，那么这部机器就能不断运行。

从选题开始我们就不断强调个人责任，以自己的视角去选择自己感兴趣的话题，这里我们每个人都是策划者；之后的调查任务，有提问者、记录者、摄影；分享调查情况时有人整理数据、访谈资料，有人制作PPT，有人查资料准备下期活动；服务活动中更有详细的分工。这里的每个步骤，每件任务都必须有条理地落实到每个人身上。有能力的人可以身兼数职，但身兼数职的前提是做好每一"职"。在团队合作中，追求的不是数量多、范围广，而应该是质量高。高质量的团队合作就能做到事半功倍。

为了达到更好的团队合作目标，必须做好工作安排与落实。在每次会议讨论时，必须记录下会议决议，并且将工作落实到每个细节和个体。例如要举行晚会，必须将晚会每个条目列出，然后将每个条目细化，再将每个细化条目的工作落实到每个成员。如晚会中的后勤工作，可以细化为食物分配、维持人员秩序、道具奖品准备、舞台设置等工作，每份工作让不同的人负责，最后再安排一个总负责人，负责不同工作中的沟通工作。在一个完整的晚会中，工作者与负责者都必不可少。

除了以上启示外，在调查中我也有一点新发现：当不能直接跨过眼前的障碍到达目的地时，不如试试绕过去。一开始调查访问时，我是采取问答、记录的形式，按照访谈提纲的问题顺序一个个问下来，这就让被访问者像是在做试卷一样，会使其给出更倾向官方的答案。例如问到父母：你对待男孩女孩会不一样吗？父母的答案通常是"不会"。此处如果用问答的方式会让被访问者的思考现象化，因为问题的范围太广，"对待男孩女孩”究竟指的是什么方面？教育、家庭地位、性格培养？被访问者可能会只根据自己的想法回答，而由于人的本性，又会将答案“美化”，从而使答案趋向官方化、普遍化，就会失去调查的真正意义了。但如果改变一下方式，例如用聊天的方式，绕点弯路，从看似不相关的细节问起，慢慢从真实的细节中得到被访问者的真正态度。同上的问题，先与父母聊聊家里的基本情况，再自然地把话锋转到儿女身上，例如，“你儿子/女儿学习怎么样？你儿子/女儿在家里通常做什么？家务活通常是谁做？自愿的吗？”等，旁敲侧击，最后还可以直接重提问题以检验自己的猜想。

在服务活动时，参与工作坊使我受益良多，首先我和中学女生都共同学习了有关的生理知识，这是共同学习的过程。而看到中学女生恍然大悟的神情更令我欣慰，因为我们的活动的确对她们有影响，而且是有益的影响。

——汕头大学2011级汉语言文学专业学生陈子君

在汕大读书的两年里，这是一门能够让我忘记学分、成绩的课程。也许过程短暂，有遗憾，有缺憾，但更多的是大家毫无芥蒂的欢笑，大家齐心协力地想办法把活动搞好，大家劲往一处使，都让我深深地喜欢这个团队、这门课程……然而短短两周，我发现了自己多方面的不足，让我感慨万分，说真的，也非常痛恨自己。

刚开始向董主任获取渡头村的相关信息时，由于董主任说到村里是九年义务教育，所以当大家问我村里有没有初中的时候，我便天真地以为村里是有初中的，这就给我们组的一个小分组的调查带来麻烦。没有经过具体的实证便给出答案，是不负责任的行为，这是我对这个事件的反思。作为调查的组长，首先工作没有主动积极，例如没有联系董主任说明我们的调查安排，没有想到请书记帮忙去联系学校、工厂等，没有做好一个探路者的角色，反而被动而盲目。其次，在服务活动的人员分配安排上，缺乏经验不能成为借口，没有认真地听取和思考别人的意见才是最大的问题。在前期准备就和其他同学一起蛮干，浪费了大家的时间和精力。真心觉得自己太过自以为是，却又一无是处。急于表现自己，可是能力不足，就很容易自我膨胀，这不仅害了自己，还拖累团队。我做事过于浮躁和缺乏团队合作，能力有待提高，缺点也还有很多很多，但是，如果把自己的心放正，把自己投入到一件事情上，虚心地向别人请教，在碰壁中不断反省和学习，踏踏实实地，我还不能够成长吗？有人说，宁愿在大学里多几次碰壁，也要在社会少碰壁。碰壁会带来失落甚至是悲伤的情绪，但我自己，一直在反省，一直在努力，一直在进步，不好吗？加油，关诗茗！

在这次的课程中，也发现同学们身上很多的发光点，让我感叹不已。让我数数每个同学的可爱之处，因为是我自己的一些观察，可能会有些片面。文静的秋旭负责任地带着我们健康小分组；喜爱动漫的蕴施雕出生动的卡通印章；幽默的郑晟成了“师奶杀手”；寡言的祖香准备着不同的保健操教我们；时而静时而动的李雁是个很棒的领操员；仗义的梦婷默默地做了很多东西；麦霸伟能煮得一手好菜；霸气的理贤总能够挺身而出；说着要减肥的子君认真地想着工作坊的每个流程；细心的加仪解决我们的食住行之忧；瘦弱的梓东不厌其烦地替我们翻译；活泼的梓筠总有很多主意；安静的锦平努力地做好每项工作；可爱的楠楠总要挂着相机记录我们的点滴；沉稳的丹娜统筹着我们团队；温柔的祥玲像妈妈一样照顾着我们；经历可以噼里啪啦地数出来的晓莉似乎无所不能……对于我们团队，可以两句话来形容，爱笑的女生运气不会差，会煮菜的男生运气也不会差。我的脑海充满着满满的回忆和无尽的欢乐，现在，傻傻的我在甜甜地回味着……

另外一个感触来自调查过程中。在新闻里看过许多关于农村现状问题的报告，然而当自己去走一走，看一看，却发现一个个鲜活的人物竟是如此的可爱。在调查的过程中，也许有木讷的年轻女工盯着你看，且非要用潮汕话回答你的问题；也许在街上走着，有个阿姨骑着自行车用潮汕话对你嚷着；甚至也有被工作坊赶走的，但是我们从没有埋怨，反而对突然的到来打扰到别人而感到深深的歉意。回来后有一天我就在想，我们说服务学习、说服务性劳动课程，真的可以给村民带来他们需要的东西吗，还是能够改变他们某些方面的不足呢？似乎都是难以完成，那么究竟我们能做到什么，只是打扰到他们的生活，然后又悄无声息地离开了吗？我突然想到一篇文章，是村里的孩子写给支教的志愿者，题目好像是“姐姐，请你们不要再来了”。大意是志愿者在假期来了，“我们”都被要求去上课而不能在家里帮父母干农活，虽然带来了糖果、带来了游戏、带来了文具，但陪着“我们”玩了一个星期却要走了，如此“打扰”“我们”的生活，请姐姐们还是不要来了。

刚开始我是觉得自己打扰了村民的生活。可是，在我们办了一个小活动、工作坊及回访后，我看到人们的开怀大笑，看到孩子们的兴高采烈，看到女孩们由于知道更多的生理心理知识而满足，看到回访时阿姨回答问题的热情，突然间，我觉得我们做的事情不是没有意义的。我们的力量很有限，可是运用我们的知识，运用我们的力量，即使只能帮助少量的人，甚至只是向十来个女生和妇女传递某些方面的知识，也是很有意义的。看着她们的笑容，看着她们了解了一些知识后的领悟，我发现，影响了一个人，或许会影响一个家庭，或许还会影响其他家庭，谁知道呢？只要我们的初衷、我们服务的心不变，又怎会差呢？我突然发现，每个人都怀有一颗善心，这个世界，又怎会变差呢？不过我们如果无法改变别人，那就改变自己，首先让自己变得更美好。

最后，以英国圣公会主教的墓碑上的一段话结束：

当我年轻自由的时候，我的想象力没有任何局限，我梦想改变这个世界。当我渐渐成熟明智的时候，我发现这个世界是不可能改变的，于是我将眼光放得短浅了一些，那就只改变我的国家吧！但我的国家似乎也是我无法改变的。当我到了迟暮之年，抱着最后一丝努力的希望，我决定只改变我的家庭、我亲近的人——但是，唉！他们根本不接受改变。现在在我临终之际，我才突然意识到：如果起初我只改变自己，接着我就可以依次改变我的家人；然后，在他们的激发和鼓励下，我也许就能改变我的国家。再接下来，谁又知道呢，也许我连整个世界都可以改变。

唯有改变自己，通过改变自己来积聚自己的资本、力量，在这种改变中逐步成长。通过课程，我发现：改变自己，从拥有一颗善心开始。没有心，又何谈其他呢？

——汕头大学2010级行政管理专业学生关诗茗

第三节　“关爱农村留守儿童”课程学生反思节选

“关爱农村留守儿童”课程旨在通过让学生参与公益活动，帮助学生深入理解自己的思想和行动所依据的信念和价值，理解关爱和社会责任。学生通过公益实践活动与专业课程相结合，达到实现汕头大学人才培养目标的需要。本课程分为理论知识讲授和素质拓展训练、公益实践活动、反思评价和分享三个阶段实施。公益实践环节通过设计和实施温馨亲切的团队活动，以及一对一的悄悄话家访沟通，面向汕头市农村留守儿童和家庭开展持续的关爱行动。以下是课程学生反思节选。

我希望从更宏观的角度发掘出细节的感动。

留守儿童成长中的心理、家庭境况特点让人揪心。在现今中国城乡二元经济结构体制之下，留守儿童问题无疑是一种社会进步的副产品。让孩子的父母们回家不只是钱的问题。

但留守儿童并不知道这些。这种信息的不对称让我们在活动中对情感无法取舍。

给予留守儿童的关怀与帮助，不应该是居高临下的施舍，而应是平等的交流。儿童留守只是因为父母没有陪伴在身边，本身不应该被贴上异样的标签。

我曾有幸对一个六年级男孩进行家访。了解到其父母外出务工，家中姐弟常与祖辈分隔两居，他们自己管理自己的食宿。家访过程中男孩不愿意过多聊及家事，姐姐倒是可以面对这些，有所透露；问问题的进展情况不顺畅，场面有些尴尬。家访时姐姐曾误认为我们为高中生。不得不说他们很热情。

在后来的活动中，我体会到课堂上的心理学和应用的心理学完完全全不是一码事。和孩子们玩游戏、做手工、旅游、烤番薯是很有趣的，最后我还送给孩子们一些寄语。希望文字的力量能像冰山一样化掉、滋润他们成长中干涸的道路。

除了性格有些孤僻、些许孤立之外，孩子们都还是很健康的。我们和他们在一起收获了很多的快乐。

我们和孩子们一起玩的四天中，感受更多的不是他们的变化，而是他们对我们的一种依赖和不舍。他们眼中的某种依偎，无以言表。

无法评说农村留守孩子应该如何如何，因为每个人成长中都有或多或少的遗憾。相信他们最终会成长。虽然留守儿童自我成长的历程一定很困难，甚至痛苦，但他们能做到。他们的眼神中没有对孤独的妥协。

在给他们写同学录时，我注意到往届师兄师姐留下的同学录。关爱留守儿童就像不断往熔炉加炭，我在活动中最希望给他们带来快乐，即使这一届的活动可能不会温暖他们微冷的心灵，系列的项目也一定会让他们有所回忆。希望回忆的关怀能带给他们温暖与希望。

心得最后，思考对弱势群体的认知。我们要如何面对他们，悲伤、困苦、惆怅、手足无措、怨天尤人，还是积极乐观地面对，把快乐传递给阴影中的人们。就我而言，后者。

——汕头大学 2013 级法学专业学生姚泽亮

第四节　“曙光助学服务”课程学生反思节选

2002 年汕头大学启动了一项面向汕头市贫困家庭子女的长期义务助教活动——曙光助学工程。2010 年暑假，曙光助学工程运用“服务-学习”模式，成为了学校服务性劳动课程的首批试点项目。本课程运用“服务-学习”模式与实施方式进行课程设计，强调把社会实践服务活动与课程学习相结合，在教师的组织指导下，在理论学习的基础上，利用汕头大学曙光助学工程的平台，通过计划性的服务活动与结构化的反思过程，在最大限度地满足被服务者需求的同时，深化学生们对知识的理解和能力的运用，促进他们在知识、技能和经验的提升，并使他们在关注社会和关心他人的过程中，成长为一个有社会责任感并有能力服务于社会的大学生。以下是课程学生反思节选。

出于对公益教学活动的热衷，我参加了一年汕头大学青年志愿者协会曙光助学工程平台主办的启曙行动（针对视障儿童进行教学），大一期间也参与了几次以主课学业辅导为主的常规义教活动。作为曙光大家庭一员，这一次我很幸运地参加了“曙光助学服务”课程，即短期支教服务性劳动课程，让我能继续为公益教学活动奉献自己微薄的力量。

选课目的

大多数人报名这门短期支教服务性劳动课程的原因有——对曙光的热爱，对支教的热忱，耗费时间短，对下乡的期待，等等。对于我来说，以上原因或多或少都有涉及，但最主要的原因是我希望可以了解一下不同类型和层次的孩子，并给他们带来一些积极深远的影响。具体来说，就是与他们接触交流从而更多了解他们的思想，明白他们的真正需求，从而在短期支教的过程中尽可能多地为他们带来不一样的体验，引发他们更多的思考。

前期准备

虽然短期支教下乡的时间短暂，仅有五天四夜，但前期准备十分重要，特别是对于教务组和策划组来说。我认为准备分为两个部分，一是各个组熟悉工作及明确分工。为了做好这点，选修课程的同学不能单靠助教、营长等对林田小学的情况介绍和他们对各项工作的说明，同时还应该综合考虑到多方面的因素。在了解的过程中，应该积极主动地提出不明确的问题，从而让自己明确及熟悉工作。二是支教过程中流程的策划与各个环节道具的准备。在这个教学环节准备过程中，教务组安排教案试讲的时候，未准备好相关教具。一旦由于所购教具未能符合教案要求将会导致实际教学效果大打折扣甚至无法进行正常教学。因而，我建议在教案试讲前应事先准备好道具，这样才能更快发现问题、解决问题，从而让试讲达到目的，让实际教学效果更佳。

个人经历及感悟

这次支教中我共担任五次主讲（主题班会、最后一课及三次日常课程），以下将简单介绍分析这五次的情况。在筹备主题班会的过程中，我们直到班会前一天才获知相关要求，导致在主题班会的前天晚上加班准备了流程。在我看来，主题班会的主要目的是加深学生与支教老师之间的相互了解及启发他们思考。基于此标准，我们的主题班会是比较成功的。三次教学课程分别是在低年级教授创意音乐、在低和高年级分别教授趣味实验课。其中第一次的音乐课只有二十分钟的互动环节较为满意，没有达到预期的教学效果。造成这一结果的原因有：第一，道具的准备与教案不符合，不能完成教案的要求。第二，第一次授课对学生情况不够了解。第三，修改教案时间匆忙，未进行试讲与改进，新教案的教学内容对于低年级学生过于抽象，难以接受。接下来的实验课实际教学效果很好，主要原因总结如下：第一，在教学前多次模拟实验来不断完善实验的流程与注意点，以此减少教学过程中失误的发生。第二，授课前与助教进行了充分的沟通，明确了实验要求与注意事项，从而在课堂中与助教默契配合。最后一课的教学目的是总结课堂知识及配合调研组完成学生问卷的填写。在填写问卷的过程中，由于低年级的学生对问卷文字内容难以理解，在解答问卷时耽误了很长时间，场面秩序很混乱。之后利用游戏倒计时才使场面恢复正常。最后我以关键字抢答的形式总结了这几天的课程知识。

学校及授课情况

在授课过程中，我们发现××小学的学生们非常积极，每次上课都会提前很长时间到校。究其原因，他们大多数人都是因为暑期在家期间比较无聊，想多与我们接触，获得不一样的知识与乐趣。参与多次课程后，我发现他们更喜欢动手实践环节多和互动多的课程，而不喜欢单纯依赖板书进行理论讲授的课程。事实上，因为我们每一个人讲的课程主题都没有实际的关联性，所以想通过一两节的课堂讲授来为他们传授知识是很难的。我们能做到的只有激发他们的兴趣，拓宽他们的眼界，启发他们对人生的思考（针对高年级）。因此，我建议之后教务组可以事先定下来四个大的主题，每一天的课程围绕一个大的主题来讲，在最后课程总结的时候通过大主题来回忆所有的课程。

下面说一下个人对学校的观察情况。关于学校的设备问题，很多同学都抱怨教学设施比较差，但是实际上他们的课桌是新的，也有实验室和多媒体室（无法播放声音），由于学校只设置语数英主课和体育课且师资力量过于缺乏，这些特殊课室几乎不被使用。希望以后我们可以多利用这些教学设备来为他们带来不同的教学体验。

关于短期支教意义的思考

最后的总结会上很多人质疑短期支教的意义，就像老师之前提到的那篇文章。文章中多次强调“哥哥姐姐们，请不要再来了，不要再来打扰我们的生活”。它的观点有两点：第一，支教时间过于短暂，在学生对老师产生依赖心理后，老师们突然离开，对学生心理造成了伤害；第二，支教内容只能让学生了解外面世界的繁华而不能切实改变他们的生活，这样仅会让学生们更加自卑。这些观点太过于片面，不能完全让人信服。对于第一点，我认为与其说短期支教会给学生带来伤害，不如说是留下一段难忘的回忆。对于第二点，他们的生活范围相对狭窄，生活方式规律，我们几乎成了这些学生在小学阶段了解不同方面知识的唯一渠道。从这个角度来讲，我们的教学是有很大积极意义的。

最后希望我们每一个热爱支教的公益者都能够坚定自己，随时反思我们要教给他们哪些东西。我们不仅能传授知识，帮助他们开阔眼界，拓展思维，我们还可以在一定程度上启发他们对梦想的思考，鼓励他们努力去拥有更美好的未来。

——汕头大学 2015 级数学与应用数学专业学生闫瑾

第五节 “关爱智障儿童”课程学生反思节选

汕头大学服务性劳动课程以“高服务，高学习”为基本特征，通过学生参与社区服务的过程，将学校所学理论与社区实际相结合，在服务别人的过程中，自我的公益意识、社会责任感、积极心理品质等得以挖掘和培育，该模式对学生成才、学校教育、社区发展都有多重裨益。“关爱智障儿童”服务性劳动课程自 2014 年开课以来，经过了 15 个学期的摸索与实践，课程趋于成熟，大学生在给康复中心的孩子们带来自我意识、积极情绪体验、沟通与交往能力、认知能力等知情意训练的同时，孩子们也给选课学生上了一节生动的人生课。以下是该课程学生反思节选。

短短一周的课程，让我们从陌生走向熟悉，也从相遇相知到不得不依依惜别。这个夏天，我记住了这样一张张的笑脸，也深深地明白了学校让我们修读服务性劳动课程的原因——为了让我们更宽容地去理解这个世界，去接纳与我们不一样的人群。

理论课给我们科普了很多自己专业没有涉及的知识，了解了智障的成因，也学习了如何与智障儿童相处。不得不承认实践出真知，我们幻想过千万种与他们见面的方式，准备了各种各样的游戏，也脑补过遇到种种情况时的处理方法，到最后却发现，我们遇到的，永远是我们想不到的那一种情况，他们爱玩的，也并不是我们精心准备的游戏。有过很挫气，很失望的时候，但更多的是，一次又一次的尝试，一次又一次的重新开始，从聊天到游戏，从自言自语吃闭门羹到他们偶尔也会给我们回应，4 天的实践课像透支了一整年的耐心、热情与精力，却又乐此不疲。诚如我的好友所说，那几天，坐车吃饭散步看剧，互相碎碎念最多的就是自己带的孩子，而我们每一个人也都怀着一种严重的“护犊”情结，处处维护着他们，生怕他们受伤，也容不得别人诋毁。我们在他们的记忆里如此的短暂，他们也许还没有来得及将我们的脸记清，我们就已经要离开了。但我相信，这一期接着一期的“粉红哥哥”和“粉红姐姐”，却会永远留在他们的记忆中，会潜移默化地改变他们。

曾经我以为，我们是在守护残缺的花朵，后来才发现，我们对他们的关怀仅如沧海一粟，我们对他们的改变可能微乎其微，他们却真真切切地改变了我们。他们的眼中，有千千万万颗星为他们闪烁，他们将会遇见很多的“粉红少年”；但这个夏天我记住的名字，在这个夏天发生的故事，却会永远留在我的人生当中，因为我不会再遇到第二个他们，所以这些时光，这些回忆才显得弥足珍贵。我也开始意识到，智障儿童并不残缺，他们与我们，只是颜色不同的烟火罢了。期待下一次重新的相遇，期待看到他们的成长，哪怕下次相见他们已经认不出我们的模样，但能见证他们的改变，已经是足够大的回报了。

公益，并不是说在做所谓多高尚、多有意义的事情，它是一件小事，是我们都可以去做的小事。而我们，也真的可以去改变很多人，改变我们自己。高晓松说过一句话：“生活不只是眼前的苟且，生活还有诗和远方。”我们能做的，并不只是关注自己，关注眼前，人区别于动物的是，我们有所追求，我们能关怀他人。愿常怀一颗安稳慈悲之心，勿以善小而不为，勿以恶小而为之。正春华枝俏，待秋实果茂，与君共勉。

——汕头大学 2014 级数学与应用数学专业学生陈芷征

第六节　“走向海洋——海洋国土意识及海洋生态保护宣教行动”课程学生反思节选

“走向海洋”是汕头大学一门与专业紧密结合的服务性劳动示范课程，自 2012 年开课以来，以海洋科学专业知识为基础，融入“服务-学习”模式，旨在提高全民海洋意识。通过公益实践，关注社会、提高服务社会的能力，带动更多的人一起关注海洋，为全民提高海洋国土及海洋生态保护意识，力推中国早日建成海洋强国做出贡献。课程的开展实现了课内外一体化的教学育人模式，指导学生知行合一；探索了教育扶贫的有效途径。课程已建立了10个教学服务实践基地，深入超过15所中小学、幼儿园，为近5000名学生带去生动的海洋环保知识。通过与地方政府和企业联手打造大型公益品牌活动，以行动服务基层群众，带动地区文化旅游业发展，助力服务地区脱贫致富。已连续7年举办汕头市“海洋生态保护公益日”宣教活动，发起并主办5届“穿越北回归线——南澳徒步”大型海洋保护公益活动，为促进濠江区和南澳县滨海旅游业做出贡献。课程吸引了香港地区的高校学生一同参与，多次与香港大学、香港理工大学师生共同合作开展课程教学与服务。在社会上产生了良好的社会影响。下面是该课程学生的反思节选。

> 作为汕头大学的学子，修读服务性劳动课程是我们大学四年所必须的。我很幸运地被选拔进入“走向海洋”这一服务性劳动课程，在这学期有机会和其他同学一起了解海洋、探讨海洋，于我而言真的是获益匪浅。
>
> 过去的我只是一个单纯喜欢看海的人，然而经过十几周的学习，我的海洋知识面得到了拓展，比如我了解到当前我国严峻的海洋形势、鱼翅消费、鲨鱼灭绝对全球生态系统的影响等内容。相信别人问到为什么红树林不是红色的，以及中国鲎这三个字怎么读时，我定能快速地回答他们。
>
> 除此之外，我对“走向海洋”课程印象最深的部分还是课程中的团队合作。短短十几周，却有三次大任务。先是探秘考察苏埃湾红树林区，然后到东山二中宣教，再到中信“海洋保护公益日”活动，它们都考验着我们的团队合作能力。从开学初的相识，到后来一起策划东山二中宣教活动和中信“海洋保护公益日”活动，我们慢慢收起了初次见面时的腼腆，敞开心扉一起交流。尽管有时候彼此意见不合，我们也学会了协调，学会了谦让，最后一同享受成功的喜悦。东山二中学生及中信员工们的微笑就是最好的证明。
>
> 当然团队合作中，我也吸收了小组中师兄师姐的一些经验，例如，如何提高个人项目设计能力，提高微信推文及报告撰写能力。事实上，课程下来我们小组也暴露了不少问题，对于我，一名尚未入门的管理人士而言，可谓获益良多，这启发我以后要审时度势，准确判断，适当调动合作成员的积极性……如果被问到最大的收获是什么，我想那就是自己对公益的看法又变了。过去，我暑期有空的时候都去社区当导生，辅导小朋友做作业，和小朋友一起玩，我那时候认为公益就是从事人道主

义救援或者救济活动，这次我切切实实体会到了以社会公共利益为目标指向的公益。

——汕头大学 2015 级通信工程专业学生陆汝椿

“走向海洋”是一门充满着汗水与快乐的服务性劳动课程，过程是美好而又艰辛的，初次经历，总会害怕它的艰辛，导致还来不及细细地感受它的美好，这个过程就结束了。但是，结束后看着每天拍下的照片，满满的都是美好的回忆。那些一起走过的日子，是多么的迷人，而现在，只能无奈地痛恨着它的流逝。

我手上似乎还有着些什么，对的，就是那“记录的语言”——照片。这几天一直忙着筛选照片，其实有些时候更多的是找寻当中的记忆，照片就是有这个功效，化瞬间为永恒，这让我无比地尊崇它。那么，现在就让我们循着照片的轨迹去寻找那一段日子吧。

团队建设。中信龙虎滩户外拓展，大家都站在同一起跑线上，对未来几天要发生的事情还停留在很浅的了解上。大家各尽其力，显得特别的团结，为着组内的荣誉而战。围坐成一圈的那个游戏，我们小组坚持了最久，是大家积极协作的表现，我们互相鼓励，出主意让自己能坚持久一点，左右两只脚轮换着坐，就轻松多了，换脚的时候总是会默契地与前面和后面的队友说一声，记得当时我的脚因为较长时间绷紧在发抖了，是身后的队友给了我依靠。事实上好些队友都出现了相同的状况，大家都在咬紧牙关，我们从这个游戏收获了丝丝的感动。传递沙包的竞赛开始前，我们组内作了演练，但是比赛中出现了较大混乱，主要问题是大家扎堆传递，过于着急，导致体力消耗增大，速度变慢。我当时来回四圈后就感觉体力不支，跑起来很吃力，而且缺少队友的替补，感觉大家都慢下来了。

准备阶段——老师是这样炼成的。接下来的几天，大家都在学习海洋知识，准备 PPT，准备题库，策划宣教方案。白天总能看到同学们在 E405 课室进行各种讨论，晚上则是 PPT 演讲，里面的知识亮点频出。我一开始就被安排到宣传和“老人说海”的事情上了，很少涉及 PPT 的制作和准备题库，于是认真听课，希望在课上有限的时间里获取多一些海洋知识。也正是因为如此，我告诉自己，队伍里每个人都在忙着宣教和知识竞赛的事情，我不能闲着，我要把拍照和“老人说海”的事情做好。这让我想起了香港理工大学的一个同学说的关于分工的事情：组长的分工完之后，组员就开始各做各的，互不干扰。我很赞同这种小组模式，这应该和我的性格有一些关系，不会太主动发起对话，喜欢一个人或者少数几个人完成任务。因此在小组“老人说海”的策划中，我自己思考的比较多（其他队友都比较忙），这给了我独立思考的机会。

实战阶段。7 月 7 日，实践活动第一天，饶平，虽然那里条件比较艰苦，但是队友们在那一天立下了汗马功劳。下午快两点钟，全组开了个出发前的小会，临时有一点改动，从采访队伍里抽出了一些同学去购买晚饭食材。组长小富君在策划食材方面颇有造诣，各种营养保留、搭配都注意到了，很快就在零准备下做好了购买目标。接着由我细化“老人说海”的流程和人员分配，我重申记者的重要性，要求记者和记录者都对采访问题提前熟悉。两点半，我们信心满满地出发了。

烈日炎炎，行走一个多小时，在“小翻译员”当地中学生的带领下，我们小组的两个小分队分别在海滩和渔民家里采访了多位老渔民，渔民的热心回应，让我们对我们的主题“探究饶平县海岸‘捕鱼习俗’、‘动物保护意识’和‘捕鱼数量和环境的变化及其背景和原因’”有了新的认识。整理采访稿的过程中，我们受益匪浅，了解到，近海海域都让一些老板承包了，渔民去远海捕鱼太危险，只能替这些老板工作。渔民和老板的工资分配基本上是 1：1，也就是老板和渔民们对半分，但是老板只有一个，渔民有几十个呢。近海能捕到的基本上是蓝圆鲹，捕鱼期一般只在 5—7 月，可见当地捕鱼业的萧条。在这里很感谢那位热情的中学生及她的姑姑、姑丈。

7 月 9 日我们 7：30 准时从云澳中学出发，前往南澳县第三中学，路上“小老师们”开开心心地讨论，以熟练宣教的内容。课堂上“小老师们”围绕海洋生物、海洋国土、海洋生态等知识，竭尽所能把课讲授得生动有趣，在讲课过程中穿插有奖问答、海洋生物背后的故事等有趣的形式来普及珍稀海洋动物知识、海权知识，如中国鲎“女汉子”和“海底鸳鸯”的故事。上午到的学生下午都到了，没有一个缺席，这使我们特别有动力。我进行了全程的拍摄，拍到了许多感动的画面，孩子们听课很认真，一直在做笔记，举手发言也很积极，着实令人欣慰。下午的“重新认识鲨鱼”，通过视频播放了鲨鱼被割鳍后沉入海底的惨状，让孩子们对鲨鱼和鱼翅有了新的认识。最活跃的是在各个话题结束后的“纸条游戏”，每个小组派一位成员上台抽有题目的纸条，给 10 秒钟的小组讨论时间，然后说出答案。孩子们学得开心，收获礼物的同时也收获了海洋知识。活动顺利进行，孩子们的优异表现让我们欣慰。活动结束后我采访了几位孩子，了解到这个活动“很好”“学得很开心”“这个活动对我们挺有帮助的，特别是海洋保护方面的知识，我愿意和家人分享”。这样的反馈正是我们想要看到的。

反思。事实上，“走向海洋”这门课程和我起初想的差别实在很大。我当时想通过我们校方的努力，建立一个海洋保护试点，并渐渐地扩大到整个南澳岛。事实上环保要想做得令人满意，需要政府政策的导向。经过这次公益课，一方面我对环保事业更加觉得任重而道远了。唯一能做的是做好自己及影响身边的人。我知道自己不可能做到绝对环保，但我想我至少能够做到其中的大部分，让自己的生活尽量低碳，减少垃圾产生。另一方面，我觉得“走向海洋”服务性劳动课程的意义很大，接受的对象主要是学生，这种海洋生物、海洋国土、海洋生态等知识的宣教，在一定程度上能促进生态环保进一步发展，虽然在短期内看不出来效果，但是我相信它的价值。

“在服务中学习，在学习中成长”，孙泽伟老师关于这一句话的阐释和汕头大学创新培育大学生奉献文化的解释让我受益匪浅，“我们不清楚中学生们到底收获了什么，收获了多少，我们的宣教效果好不好，但是我们知道自己收获了什么，这就是服务学习模式的意义，对我们课程的同学来说最需要反思的就是这一点”。短暂的宣教活动，给我们和中学生提供了一个了解海洋知识、提高海洋保护意识的平台，我看到了自己的成长和孩子们脑海中充满美丽海洋时的笑容。

——汕头大学2012级机械设计制造及其自动化专业学生俞瑞华

第七节 “助蕾行动——关怀农村女生成长”课程学生反思节选

青春期是人生成长的关键时期，也是发现自我、确立自我形象及未来自我发展目标的重要阶段。无论男孩女孩，青春期都是一个需要学校、家庭和社会共同关爱的时期。我们之所以要设计一个“助蕾行动”，是基于对农村女生成长的特别关注。潮汕农村地区由于地方文化具有较浓重的传统色彩、农村环境相对封闭、观念相对保守，这些都有可能对女孩的成长存在不利影响；父母对女孩的期待往往不如男孩，甚至可能忽视她们成长的需求，这对农村女孩树立远大理想、积极进取和未来发展形成某种不利的局限。

基于以上的现实问题，我们提出“助蕾行动”，目的是通过公益项目的形式，以性别平等为最基本的理念，以专业社工自助助人的成长模式、志愿者的热忱，助农村女孩像花蕾一样健康绽放。“助蕾行动——关怀农村女生成长”课程将公益服务聚焦于潮汕地区农村女学生的全面成长，在了解、认识她们的生存状况，以及成长中面临的困惑、需求的基础上，学习运用专业知识，设计服务活动，助力她们健康成长；在这过程中，自身收获对社会及所服务人群的认知，增强服务她们的动力和能力。以下是该课程的学生反思节选。

“助蕾行动”是我参加的第二门服务性劳动课程，之前参加过的关爱视障儿童的启曙行动，接触的是与这次同样年龄段的学生，但经历却完全不同。

报名本课程的初衷，是想给那些我们眼中的农村女生带来一点，哪怕很微小的帮助。我也是农村出来的女生，比较了解农村教育的环境，重男轻女在农村是司空见惯的现象，身边和我同龄的一些女生有些已经结婚生子或者外出打工，很多女生在小学就开始有辍学的念头，这是我很不想看到的局面。

我们小组的服务对象是小学高年级组的女生，第一次到服务点时，很意外，她们比我想象中的要小。和当初设想的一致，总有一些很文静很内向的女生，也有一些活泼外向、爱开玩笑的女孩。我给自己定的任务是，认真观察、了解她们每一个人的性格爱好，和她们建立友谊。

作为组长，最先要开始做的就是，召集组员，做好分工。在这一点上，我自认为做得不好。由于组员专业都不同，各自的课程交错，还有繁杂的课业和组织事务，以至于很难找到一个合适的时间开会讨论，而我只能在我空闲的时间内选择，这很被动，最后只能保证每一个活动至少有一次讨论会。这带来的问题是，一次讨论如果不能保证效率，服务方案的质量就会受到影响。

有一天晚上看到带队老师在群里点名批评我们小组比较涣散的时候，我心里很惭愧，晚上想了很久也没睡着。我反思是自己花的时间和精力不够，可事实上有些环节都花了很多时间去想和准备，出来的效果却依然不理想，比如自我保护的环节，我想，是我们一开始的方向就不对，我们习惯了课堂上灌输知识的方式，并且认为这没有什么毛病。我们就是想认认真真“讲”，由于我们组员性格都偏于内向，不擅长调动课堂气氛，也不擅长和学生们互动玩游戏，组员之间的配合也不够默契，因而影响了服务效果。

但服务学习本来就是一个抛弃传统课堂学习的过程，我们要学的就是以其他的方式，把我们的知识和理念教给学生们，让她们在活动中体会和理解。这是这个活动里最重要也最困难的地方。

在责任感的培养上，活动也给我了很大帮助。组长本身就意味着更多的责任，不仅要对课程负责，对组员负责，对服务对象负责，也要对自己负责。

我们课程本身的内容就是挑战，关于成长发育，性教育，还有理想。

事实上，即使我们已经是大学生，很多人依然谈性色变，缺乏相关的知识。还有对自己的未来和理想感到迷茫。如果我们自己都难以启齿，要把这些教给小学生的难度就可想而知。

让我很感动的一点是，我们的服务对象一直在认真听我们讲，把我们当作知心姐姐，问我们问题。在最后一次活动的时候，好几个平时不怎么开口说话的女生终于肯开口表达自己的想法了，还告诉了我她们喜欢做的事情，不再是我们第一次去的时候说的“看电视和吃东西”。这让我感到很欣慰，真正觉得自己这段时间的付出得到了回馈。

短期的服务总是有弊端，很难说我们的出现能给这群女生的生活带去什么。哪怕只有一个女生，将来因为我们这几次的志愿活动中的一句话、一个举动而受益，我也觉得这一切都是值得的。

而这几周来的折腾，也让我更加明白，真正的“助人”不是简单的伸出手，或者给予什么东西，这是一门需要思考的学问，思考别人需要什么，如何给予。从团队合作到与人相处沟通和交流，都是其他的课程很难教我们的东西，只有真的去做，身处其中，才能有切身体会。

——汕头大学 2016 级新闻学专业学生李婷

这（儿童性教育）是个棘手的问题，同时又很必要。接到这个课题之后我实在是不知道从何说起，而且对方是农村的女生，会不会对这个问题更加羞涩，于是我上网去找了很多资料，有的网页打开后甚至是显示出“根据相关法律政策搜索结果不予显示”。后来终于找到了一位香港插画家画的关于儿童性教育知识的绘本，内容画得非常好，也恰到好处，我们小组就从该绘本的内容为蓝本制作了讲义，作为这节课的小课本。上课的那一天，我们把这些讲义发下去给她们，她们好奇地看过之后竟然是都羞涩地把讲义给反扣了过去，然后脸红得面面相觑。但是后来通过和她们做游戏、奖励礼物，把问题简单化的方法让她们对这个问题有了不一样的态度。其实这个问题在中国还是难登大雅之堂，可是并不代表不重视，不关注。性的问题对于儿童来说还是个比较困难的问题，她们还小，不懂是非黑白，没有足够的见识和人生阅历，家长也羞于跟孩子展开这个话题，于是坏人的一点点诱惑就可以把她们迷惑得神魂颠倒，从而酿成悲剧。所以我想我们的服务性劳动课程可以用一种巧妙的办法，可以让她们懂得如何保护自己不受伤害，幸运的是，我们基本做到了。

——汕头大学 2014 级公共艺术专业学生张恩闰

这次服务让我印象最深的是知心话环节，第一次服务看到她们都很开心，我以为她们应该都没什么烦恼，但没想到还是有那么一些特殊的女生隐藏着躲在笑脸之下的辛酸。我带的那组，有一个叫晓冰的女生，每次都很喜欢黏我，却不跟身边的同学来往。后来找她单独聊，才知道她是一个有着与同龄人不同经历的女生。从八九岁就开始打工，一个人揽下所有家务，身上负伤还要扛重物，要自己打工赚钱上高中，在家不被重视，在学校遭同学排斥……我难以想象一个年仅 13 岁的女生是如何承担这一切的。后来她又跟我说，她从我们第一次来之后的每天都很想我，还梦到我带她去玩，当她听说我们周三还有第二次服务时，她整整盼了三天，头一晚兴奋得睡不着觉。离别的时候她哭得稀里哗啦，一直不肯离开。后来她还一直发消息说很想我们，想看到我，让我们去找她……这让我十分震撼，我从未想过我们对她来说那么重要，我们的到来给她的生活带来了这么多阳光和希望。但也值得我们深思的是，她的内心是孤单到何种程度，才会让她对一个跟她相处不到一天的陌生人产生如此的信任甚至依恋。我想也许是她难得遇到一个对她微笑，拍她的肩膀，愿意听她倾诉藏在心中的苦痛的人。可能对我们来说，她们只不过是一面之缘的过客，而对她们来说，我们也许已经改变了她们的生活。

——汕头大学 2014 级公共事业管理专业学生覃修苹

第八节　“情聚康复村爱心行动”课程学生反思节选

“情聚康复村爱心行动”课程的前身是“萤火虫”康复村项目。该项目于 2007 年开始开展，由汕头大学团委指导，汕头大学青年志愿者协会“萤火虫”爱心行动大队主办，至今已在揭东西坑、潮州岭后、普宁甘石径、梅州兴宁四个康复村开展过多次访村、工作营活动，每次活动均受到了康复村老人和校内学生的热烈欢迎与大力支持。2010 年该项目成为汕头大学服务性劳动课程的试施项目。本课程通过家政服务、义务劳动、改善基础设施、沟通娱乐等服务性劳动，让身处象牙塔的大学生提高自身沟通、协作与实践能力，增强社会责任感，学会感恩社会、回馈社会。

课程的开营地潮州岭后康复村，建立于 20 世纪 60 年代，现在常住人口只有 4 位村民。当时，由于缺乏有效的药物治疗，麻风病的防治主要采取隔离措施，各级政府在远离城镇、交通不便、人烟稀少的地方建立麻风病院或麻风病村，收容和治疗麻风病人。随着医学技术的进步，康复村中的老人早已经被治愈，但因年老畸残、生活无法自理或终身未婚，以及社会上对麻风病及其患者产生的恐惧和歧视，导致他们无家可归、无人收留，仍长年居住在康复村内，无法回归社会，并且康复村中老人的生活水平较低，仅靠当地政府每月 200 元左右的补贴生活。课程师生以课程形式带给老人们更多关怀，丰富他们的日常生活。以下是该课程的学生反思节选。

八月二十四日大清早，早早起床吃完早餐，我开始了从家前往麻风康复村的旅程。这是我第一次去岭后康复村，带着一点点兴奋和紧张，经过两个多小时的颠簸，我来到了这个位于潮州东北方山里的小村。这里群山环绕，树木繁茂，路边的植物不断“侵占”本就不宽的小路。虽然这里交通不便，也没路灯，连手机信号都很微弱，却有着城市没有的宁静安详。

到了村里，其他参加服务性劳动课程的同学已经开始在准备午餐了，在伙伴创煌的一一介绍下，我们逐渐认识了其他朋友和康复村的老伯伯们。做好饭后，同学们会先帮各位老伯伯盛好饭菜，送到他们那里，然后我们在吃饭前一起唱萤火虫之歌。对我而言，这有种很特别的感觉，听着从身边传来的歌声，我能感受得到身边朋友的团结和对老人们的关心。

下午，我先是去了若深叔那里，陪他聊聊天，若深叔听不懂普通话，而在我们同行的十二人中，就只有三人是来自潮汕地区，所以我也充当了一个普通话和潮汕话互译的翻译了……若深叔的房间收拾得挺干净的，简单实用的几件家具，桌子上放着一台 DVD 播放机还有几本相册。若深叔很喜欢那台 DVD 播放机，几乎每天都会看，而且喜欢武打片，他有一堆成龙和李连杰的 DVD，还会反复地看上好几遍，看电影似乎已经成为他的主要消遣方式了。

下午四点多钟的时候，和其他的伙伴拿着锄头镰刀等工具去帮虾叔除草和打扫房子。虾叔房子前的杂草真是生长得很旺盛，已经覆盖了大片的空地。因为在学校的时候基本不用干体力活，看得出伙伴们都很累了还坚持继续除草和打扫卫生。屋里的床上和桌面上都蒙上了一层厚厚的灰尘，饼干和其他已经开封的袋装食物爬满了蚂蚁，在一块床板上堆着一大叠快发霉的衣服，地上还有很多老鼠屎之类的东西，看得出来平时这里应该是老鼠、蟑螂的乐园。我很佩服嘉伦和葛晓这两位伙伴能够面不改色、非常利索地进行大扫除，擦去灰尘和清洗各种家居用品，甚至在扫除了各种动物的排泄物后，又抱着一堆满是灰尘的衣服回营地清洗。我和其他伙伴则在门外继续着除草的工作。虾叔很喜欢我们带去的新收音机，他用新收音机播着潮剧，在门外看着我们除草，还直截了当地说“一看你们这动作就知道是没干过活的”，并矫正我们用锄头的动作；我们好不容易才锄完草回到了营地。

晚餐过后，同学们架起幕布，连接好投影仪，开始播放老伯伯们最喜欢的潮剧，他们都看得很入神，还不时地评论哪个人物是好的哪个是坏的。

播完潮剧，阿伯们都回屋准备休息了，我们的例会也即将开始。总结了今天的工作成果和不足，计划好明天的工作和每个人的任务后，结束了例会。虽然今天是我和大家第一次见面，但我觉得我已经融入这个集体。

第二天早上七点半起床，吃过早餐。我们兵分两路，一队人马去继续收拾虾叔的房间，另一队则去收拾联浩哥的房间。听木兰姐说过，联浩哥不喜欢别人乱扔他的东西，情绪激动时还会哭。但是我们首先面临的挑战却不是这个，刚一进屋就有股非常重的霉变味扑鼻而来，对于我这个有过敏性鼻炎的人来说真是非常的难受，本能地屏住了呼吸，能感觉到起了全身的鸡皮疙瘩。环看四周，房间里堆满了各种已经长满黄色白色菌丝的盆盆罐灌，可是联浩哥还是不想扔掉。经过一番苦口婆心的劝解，他终于同意扔掉一些已经放了不知多久的东西。大家一起清理出了很多或许是几年前可以称之为食物的东西。就这样一边抑制着自己的恐惧心理一边进行清理，等到清理结束时才得知联浩哥一直不肯别人清理他的房子，我们算是第一批被联浩哥允许清理房间的人，顿时有了一种自豪感。

下午，我去了若深叔那里，他给我看了那几本相册，相册里满满的都是志愿者和若深叔的合照。有些志愿者从大一开始来岭后当义工，直到自己毕业了还与若深叔保持着联系。木兰姐从八年前开始来岭后当义工，直到现在也没间断，真是让人佩服。

我想，来岭后帮助这几位手脚不便的阿伯真不是一个人就能做得到的事，不只是人数，还得有时间的可持续。看着相册里那些和自己年龄相仿的面孔，现在都基本毕业参加工作了，我知道他们就是先行者，而其他学校的同学们则是自己的同伴，为了共同的目标而在一起，延续着先行者们的步伐。

此次活动，给我的最大感受是互助的精神，不论是不辞老远跑来探望阿伯的志愿者，还是在日常生活里相互帮助的阿伯们，或是我们这群互帮互助的志愿者，无不体现着互助的精神。当自己有困难时，别人给予帮助，当别人有困难时，我们给予帮助。我始终相信，这就是美好生活的源泉。

——汕头大学2011级临床医学专业学生洪晨善

“情系康复村”，的确是我们的心声。想起了伙伴艺璇微博说明里的几个字：百年专注康复村。也许只有经常去康复村的人才能明白这几个字的意义，一旦你参与其中，与老人建立起感情，便真的很难再置身事外。康复村老人的身体状况和情绪变化都牵动着我们的心。因此“专注”，进而“百年”专注，因为感情在那里，责任在那里，爱在那里。

怎么说呢？反正还是那句话，每次去村里都很开心，真的，不管是揭东、普宁，还是岭后，每次去之前心里都怀揣着一份小小的开心与期待，回来之后就是一份难得的满足与想念。想念大家出发前一起的等待，想念一路上的欢声笑语，想念在村里坐在老人身边那份难得的平静与悠闲，想念泡工夫茶和老人一起喝茶，想念渴了就可以大大方方接受若深叔的冬瓜饮料，可以逗联浩开心，想念一起锄草、一起洗盆盆罐罐、一起提水、一起玩游戏、一起唱歌，想念我们所有人在一起的感觉。就像木兰姐说的，在村里的感觉很好。我们在付出的同时也在收获，甚而收获远比付出多得多。

以前大家讨论下届义工培训的时候，伙伴梦春问过我，为什么那么爱访村，我开玩笑说，因为我很有爱啊。后来我说，其实要义工爱上访村要看两个方面，一是看我们志愿者彼此之间的感情，二是与老人的感情。而我，喜欢与大家一起，不管是一起去普宁转车，一起去揭东走山路，还是一起去岭后时在车里睡觉；也喜欢陪在老人身边，不管是艰难却又努力地同时运用手势、普通话、潮汕话交流，还是在老人那里做饭洗碗喝茶，这一切都让我非常享受、非常舒服。所以，谢谢我们所有人，彼此融合，彼此相亲相爱。

可能我没有单独从这次服务性劳动课程的感受来写，但是没办法把以前访村的感觉丢掉，这次还是一样，一样的快乐，一样的访村，是更加成功、更加开心、更加充实的访村。每次访村我说都很开心，是事实，但每次都同样的会有一些小小的，怎么说呢，开心之外有些东西会让自己去思考，去自省。

依然记得五一组织揭东工作营之前给揭东县西坑医院（位于揭东县西坑麻风康复村内）院长打电话，院长态度并不坏，但中途挂掉了我的电话。不怕丢脸地说，放下手机后我的眼泪就下来了。我不是一个很会沟通交流的人，那是我第一次给院长打电话，我努力地想让院长同意我们 22 个人三天的工作营计划，但解释依然无效，依然被很突兀地挂了电话。说不委屈当然是不可能，就像帮虾叔清理房间引发不满一样，有些尴尬，也有些委屈。但慢慢地那些感觉就丢掉了，被很多好的东西所代替。好像昨晚讲的“同理心”，从院长的角度讲，他要维护一个康复村的正常秩序，虽说我们去那里不会破坏村里秩序，但或多或少一定会影响老人的生活。从虾叔的角度说，我没经过他同意就贸贸然地用装饮用水的桶来洗拖把，绝对是对他的不尊重。

除此之外，五一工作营结束后，看见大家写在本子上的参营感想都说“好感动好开心”，还有一不小心看见木森伯写在他自己本子上的，说我们大家很团结很有爱，看到这些认可，真的是很满足、很开心。和艺璇一起帮虾叔来回提了几桶水后，虾叔问我们累不累，我们很心虚地说了句不累，又说了句没关系，那种好的、幸福的感觉又回来了。还有以前帮联浩哥洗碗，后来他就主动自己洗，还会对我们说谢谢；还有独自一人从学校去普宁照顾摔伤的伯母，在我走的时候他们对我说，“你不要跟伯母说你要走，要不然伯母会伤心的”；暑假前最后一次和艺璇一起去揭东看望陈云伯，陈云伯第一次主动地抱住我，以前我从来没有拥抱过云伯，因为不好意思，那一次真的好感动，因为云伯听力不好，我也不会讲潮汕话，去揭东也只是在他身边小坐一会儿，逗逗他，而那次，云伯似乎是感觉到我们要很久才会再去看他，他主动而用力地拥抱我，我当时真的是心都要化了。还有一位对我来说最特别的老人，木森伯。木森伯与很多学生都很熟并有联系，他接受我们，信任我们，渴望我们的陪伴，把我们当成他的亲人看待。我曾对瑜琳说觉得木森伯很奇怪，又说觉得对不起他，因为木森伯真的对我们很好，特别是对我和艺璇、瑜琳等，从心里我觉得受不起这份厚爱。我们没办法不去其他老人那里，没办法完全听他的话，也不能像他对待我们那样对他一样好，不能为他做什么。

好啰嗦，好吧，确确实实因为这些感动，我努力地想我们能做些什么，我们怎样才能做得更多更好。这次服务性劳动课程感受了很多，也学到了很多。木兰姐做得很好，教我们顺着老人的生活轨迹发现老人的需要，教我们尊重和宽容。我们离开之前看到木兰姐轻轻拍着虾叔的手臂说，你要保重身体啊，少抽烟少喝酒，多吃点饭；很令人感动。不管是对老人还是对我们，木兰姐始终保持着一份宽容、细心与关怀。她会向村长提起村长收的几个义女，会去联浩哥那里叮嘱他吃药，一起去喂鸡，还会劝虾叔少抽烟少喝酒而非让他戒掉烟酒，直到昨晚，我们才知道这些细小的行为都是有原因的，都源自内心对老人真诚的关怀。希望我们以后也能做得更好，细心、发现、建立感情建立信任，同时大气大方、平静宽容。一直觉得学校貌似是有很多关注麻风康复村的老师，也还希望我们“萤火虫”能通过微博、微信等建立起更广阔的平台，联系起所有关注康复村的人，为老人做更多的事。

在“萤火虫”待了将近一年，以后也将努力继续坚持。在这一年里，5月，普宁的“泄油伯”去世；6月，揭东的“肉丸阿姨”也离开了人世。岁月无情，未来，希望我们能加快脚步，做得更好！

——汕头大学2012级汉语言文学专业学生葛晓

第十章　服务性劳动课程推广的机遇与挑战

第一节　服务性劳动课程推广的机遇

服务性劳动课程在我国新时期高等教育改革发展的大潮中，有着良好的推广应用机遇。

一、高校立德树人和劳动教育的时代要求

2010年，《国家中长期教育改革和发展规划纲要（2010—2020年）》指出，在执行“以人为本、全面实施素质教育”的教育改革发展战略主题时必须坚持“德育为先、立德树人”。2012年党的十八大报告明确将“立德树人”作为教育的根本任务。在2016年举行的全国高校思想政治工作会议上，习近平总书记特别强调要坚持把立德树人作为中心环节，要将思想政治工作贯穿教育全过程，实现全程教育、全方位育人，努力开创我国高等教育事业发展新局面。在2018年召开的全国教育大会上，习近平总书记进一步强调，“要把立德树人融入思想道德教育、文化知识教育、社会实践教育各环节，贯穿基础教育、职业教育、高等教育各领域，学科体系、教学体系、教材体系、管理体系要围绕这个目标来设计，教师要围绕这个目标来教，学生要围绕这个目标来学。凡是不利于实现这个目标的做法都要坚决改过来……教育引导学生培育和践行社会主义核心价值观，踏踏实实修好品德，成为有大爱大德大情怀的人”①。可见，德育工作作为一项塑造人类灵魂的核心工程，乃是深化教育改革、建设教育强国的关键所在。而加强高校德育建设，强化其与诸育间的联系，全面推进教育事业的良性有序发展，更是高等教育事业的核心重任。作为有效创新德育工作方式方法的服务性劳动课程，必将在立德树人这一核心工程中承担重要任务。这是推动高等教育回归立德树人核心功能、彰显育人强国的时代使命，也是将社会的思想道德要求和思想政治观点转化为个人内在的良好道德品质和思想政治意识的过程；是青年学生个人良好道德修养的习得，也将促进社会的良好运行与发展。

---

① 习近平：坚持中国特色社会主义教育发展道路 培养德智体美劳全面发展的社会主义建设者和接班人[J]. 教育科学论坛，2018（30）：7-9.

此外，习近平总书记在2018年全国教育大会上强调，“要在学生中弘扬劳动精神，教育引导学生崇尚劳动、尊重劳动，懂得劳动最光荣、劳动最崇高、劳动最伟大、劳动最美丽的道理，长大后能够辛勤劳动、诚实劳动、创造性劳动”①。2020年《中共中央 国务院关于全面加强新时代大中小学劳动教育的意见》和《大中小学劳动教育指导纲要（试行）》两个文件先后颁布，2021年4月《中华人民共和国教育法》的修订，将劳动教育上升到国家立法高度，国家对劳动教育的重视程度达到前所未有的高度，采取有效措施切实加强劳动教育是新时代全党全社会必须高度重视的重要内容。服务性劳动作为新时代劳动教育的主要内容之一，是一种适合高校大学生身心全面发展的创造性、复合型劳动形式。

二、“以学生为中心”的人才培养需求

服务性劳动课程以学生自我组织、自我设计服务方案为基础，是“以学生为中心”课程理念的具体体现。随着20世纪70年代人本主义课程理论在西方的兴起和发展，帮助学生认识自我、相信自我、实现自我的“以学生为中心”的课程设计呼声越来越高，并成为了高校课程发展的趋势。世界高等教育发展结果表明，要培养高素质人才，就必须把知识、能力、素质与学生个性结合起来，重视人的发展，重视学生的个性发展。学生在服务实践活动中真正学以致用，实现与他人的良性互动，优势互补、取长补短，互通有无，自我完善，将思想品德教育贯穿到各类课程中，贯穿到实践中，是新时代高等教育贯彻“以学生为中心”课程发展的需要。

三、学生综合实践能力提升的质量要求

习近平总书记多次强调，“青年要成长为国家栋梁之材，要读万卷书、行万里路，既多读有字之书，也多读无字之书，注重学习人生经验和社会知识，注重在实践中加强磨炼、增长本领；要不怕困难、攻坚克难，到基层、到西部、到祖国最需要的地方去，做成一番事业，做好一番事业”②。随着时代的发展，社会对人才的要求越来越高。不仅要求大学生要有精深的专业知识，而且对学生的综合实践能力提出了更高要求。人才培养质量究竟由什么决定？一个比较新的观察视角

① 习近平：坚持中国特色社会主义教育发展道路 培养德智体美劳全面发展的社会主义建设者和接班人[J].教育科学论坛，2018（30）：7-9.

② 中共教育部党组. 深入学习贯彻习近平总书记关于青年学生成长成才重要思想 大力培养中国特色社会主义建设者和接班人[N].光明日报，2017-09-08（2）.

从教师的“教”转移到学生的“学”[①]。即考察本科教育质量不在于教师“教”的怎么样，而在于学生“学”的怎么样。必须给予学生更大的自由探讨空间，学生所进行的是一种探究式学习[②]。服务性劳动课程为大学生提供了一个更广阔、更具体、更现实的教育环境，在这个社会大环境中，学生运用自己的专业知识进行不同类型的服务，在服务过程中综合运用所学所知认识问题、分析问题、解决问题，不同专业的学生交流探讨一些解决问题的办法，这是一种探究式学习，也是综合实践能力培养的体现。随着科学的发展，一些新的难题往往需要多种学科知识综合解决，学科的综合已是当今高等教育发展和满足社会需求的大势所趋。服务性劳动课程实践过程中的这种综合化，能更有效地促进学生身心和谐全面的发展，这是世界各国课程发展的方向，也为服务性劳动课程的发展提供了良好的土壤。

第二节　服务性劳动课程推广面临的挑战

一、高等教育规模扩张导致高校资源不足

自从 1999 年教育部颁布的《面向 21 世纪教育振兴行动计划》中明确提出到 2010 年将中国高等教育毛入学率由当时的 10.5%提高到 15%，中国就拉开了高校扩招的序幕。2000 年，高等教育毛入学率达到 11.5%[③]；教育部发布的《2017 年全国教育事业发展统计公报》显示，我国全国各类高等教育总规模达到 3779 万人，高等教育毛入学率达到 45.7%[④]。高校扩招近 20 年来，我国高等教育以惊人的速度发展，现在我国的高等教育不管是入学人数还是毛入学率都已经排在了世界的前列，成为高等教育大国。高校扩招首先并且主要表现在高校人数的增加和学生规模的扩大，所以，扩招给高校带来的最直接、最明显的问题就是生活和教育资源不足，如教室、图书馆、宿舍、实验设备及其他生活和教学资源不足。在这种背景下，高校领导疲于应对，忙于新建教室、图书馆、实验室等多种渠道筹措教学资源，忙于应对学生的日常教育教学需要，根本没有精力去思考学生培养质量的需要，更不会考虑到开设本来就在国内高校属于“锦上添花”的服务性劳动课程。再者，扩招导致的师资不足也是一大问题。扩招后在一段时间内会出现师资

① Barr R B，Tagg J. From teaching to learning—A new paradigm for undergraduate education[J]. Change：The Magazine of Higher Learning，1995，27（6）：12-26.

② 李硕豪.论一流本科教育的基本特征[J]. 中国高教研究，2018（7）：12-16.

③ 教育部发展规划司统计信息处. 2000 年全国教育事业统计主要指标及简析[J].教育发展研究，2001(3)：5-11.

④ 教育部. 2017 年全国教育事业发展统计公报[EB/OL]（2018-07-19）[2021-06-15]. https://www.moe.gov.cn/jyb_sjzl/sjzl_fztjgb/201807/t20180719_343508.html.

不足的问题，尤其是一些热门专业，教师人数偏少的问题比较严重。学校只能采取大班上课、尽量开足专业课程的做法满足人才培养需要，对于需要生师比低、需投入专业教师与学工系统师资的服务性劳动课程，更是无暇顾及。最后，高校难以拨付相关经费用于开设服务性劳动课程。近年来，相对于在校生人数的增加，国家对高等教育经费的投入反而减少，而我国高等教育经费主要由国家财政承担，这使原来就紧张的教育经费问题更趋严重。虽然一些高校靠增收学费增加了部分教育经费，但由于购置现代化教学设备、改善教学条件、物价上涨等因素使教学成本提高，因此，教育经费的拮据使得高校难以拨付专款用于服务性劳动课程所需的实践活动，服务性劳动课程开设也因此受到忽视。

二、高校领导及管理者对服务性劳动课程功能的认识不足

如前文所述，服务性劳动课程无论对高校、对学生还是对社区，都有着不可替代的功能，服务性劳动课程对学生的成长成才发挥了重要作用。然而，高校领导和管理者对其重要性的认识还不透彻。2018 年 6 月 21 日，以“坚持以本为本，推进四个回归，建设中国特色、世界水平的一流本科教育”为主题的新时代全国高等学校本科教育工作会议隆重召开，吹响了我国建设高水平本科教育的集结号，提出了本科教育是大学的根和本，人才培养的质量和效果是检验我国高等教育质量的根本标准。之后，全国范围内掀起了对“一流本科教育”讨论的热潮。然而，从文献搜索结果看，讨论目前尚处于理论阶段，涉及人才培养改革实践的案例不多，能进一步关注到服务性劳动课程的几乎没有。众所周知，本科教育不能忽视或者偏离教育的本质及最终目标，那就是对于“人”的教育。而课程设置中为服务性劳动课程留下空间，正是我们所热切期待的。

附录一　农村女性生存环境及发展状况调查访谈提纲

一、针对“助蕾行动”三大主题

1. 增强自信，悦纳自己

针对家长的问题如：

（1）您是否了解您的孩子喜欢做什么？就是她的理想或是兴趣是什么？您会支持吗？

（2）您觉得您的孩子的人际关系怎么样，就是与朋友相处得怎么样？会独来独往吗？

（3）您的孩子更倾向于自己做出选择，还是更依赖你们的安排？

针对女生的问题如：

（1）你觉得当男生好还是女生好，为什么？（顺着她的回答可以继续聊。也许回答喜欢做男生的是因为不用做家务，可以去外面玩，父母更疼爱之类的，可以追问会不会觉得很委屈、不公平，父母有没有解释为什么男孩不用做家务等。按实际应变，观察是否因为是女生而有自卑的表现。）

（2）有没有想过自己是怎么来的？（提问的方法可以更多样化、易接受）对自己出生在这个家庭满意吗？为什么？对自己满意吗？为什么？

（3）你在学校的学习成绩怎么样？觉得好的有什么计划，觉得不好的有什么计划，还会继续升学，获取更高学历吗？觉得自己数学成绩好还是语文成绩好？同学中数学成绩好的女生多吗？（观察：是否成绩好的比较自信，有没有男理女文的定势思维）

2. 提升自我保护能力

针对家长的问题如：

（1）中学的孩子步入青春期阶段，您是否会在意自己女儿早恋，是否教导过她如何保护自己？（先了解该家庭孩子的年龄段。）

（2）想问一下，您的女儿回家的时候会受到男生欺负吗？假如有这种情况发生，她会和你说吗？

（3）如果有女生被欺负了，您觉得她会告诉家长或者老师吗？为什么？

（4）家长对自己女儿被欺负是什么态度？鼓励以暴制暴，还是教她求助，还是置之不理，或是其他？（问题：假如您女儿回家路上被人欺负了，您会怎么处理？或会跟她说什么？）

（5）您的女儿之前有没有学习过类似“防狼术”之类的自我保护的方法？

针对社工或村委会负责人的问题如：

村子里有没有早婚的现象？有没有因为对性教育无知而发生不良后果的案例？有无发生对青少年女性性侵/猥亵的案例？家长得知自己的孩子被欺负了之后，会不会寻求社工或者邻居、老师的帮助？一般来说村民的解决方式是什么？

针对女生的问题如：

平时社区或学校有开设过教导女生如何保护自己的课程吗？有没有青春期教育的课程？有没有看过关于青春期的图书、杂志，有没有上网了解过？主要是了解些什么内容？喜欢跟男孩一起玩吗，为什么？有没有特别讨厌的异性？为什么？（主要了解女生对青春期生理知识了解到什么程度，是否懂得自我保护。）

3. 开拓视野，放飞理想

可以从“过去—现在—未来”的思路来问，这些问题适用于：课外活动、学习拓展班、兴趣班、课余工作等。开拓视野还可以包括她们的眼界，除居住地之外，还去过哪里？对世界的想象是什么？最想去哪里，为什么？通过什么方式知道这个地方的？（可以的话，后两题问女生本人。）

（1）过去：想了解一下，您的女儿在平时的课余生活中会做些什么？（兴趣班、做零工、玩……）她是从什么时候开始做这件事的？自己想去的还是父母要求的？她最初是通过什么方式了解到这件事？是受人影响，经人介绍，还是自己寻找？

（2）现在：她现在主要在做哪些事情？为什么选择做这些事情？她喜欢现在做的事情吗？她自己怎么想？

（3）未来：她对自己的规划是怎样的？以后她想要怎样发展，对未来有何想法？想要去见哪些人？想要做哪些尝试？为什么这么做？

二、针对农村女性生存环境以及发展状况

1. 女童工问题

（1）您的女儿平时会做一些小手工之类，帮忙补贴家用的工作吗？（如果有，儿子也要做吗？为什么？）

（2）如果家庭比较贫困的女生，在家里不做手工补贴家用，会被别人笑话吗？为什么？

（3）女生在家做手工的时间长吗？她做手工会不会影响到学业？她愿意吗？不愿意的话家长会怎么做？

（4）女生会不会觉得不公平？会不会有“为什么哥哥弟弟不用做，而我要做这些事情”这种想法？这个时候家长会怎么去安慰她？

（5）如果女生不愿意做手工，会不会用一些传说、古话来说服她们？

2. 独生女问题

（1）有没有认识的人家里是独生女的？（如果有）她的生活状况怎样？（如果没有）你觉得独生女是什么样的？（如何看待独生女？）这里的人会接受独生女吗？

（2）如果只有女儿，没有儿子，会不会领养男孩或者招赘？

3. 男女差别对待问题

（1）您觉得生儿子和生女儿哪种比较有面子？为什么？

（2）村子里有什么事情/习俗是女性不能参与的？

（3）您觉得养老一定要靠儿子吗？即使女儿比儿子更懂事？

（4）如果女生在家里受到不公平对待时，有没有想过反抗？家长、哥哥或弟弟会做出什么反应？（适合问女孩本人）

（5）如果家里的经济条件只能供一人读书，会选择谁？

（6）一般这边女生的受教育水平怎么样？读大学的多吗？读研究生或者出国留学的女孩多吗？相比于男生是更多、持平还是更少呢？为什么？

（7）您觉得您家儿子和女儿做过让您最骄傲的事情是什么？

（8）您希望儿子将来从事什么工作？女儿呢？

（9）女儿比儿子优秀，您会高兴吗？为什么？

4. 嫁女儿和娶媳妇的习俗差异

（1）您觉得女儿和媳妇有什么不一样吗？您更重视自己的女儿还是儿媳妇？

（2）一般女儿嫁出去之后和家里的联系多吗？会不会经常回来看看？

5. 家长的教育方式

（1）女儿在学校跟同学打架或者做出一些违反校规的行为，您会怎么做？如果是儿子做出同样的行为，您会怎么做？

（2）平时和孩子沟通的情况如何，孩子在回家之后会主动和您分享在学校的故事吗？

6. 女性的工作问题

（1）一般女性会做一些什么工作？女性一般会担任级别较高的职位吗？这边“女强人”多吗？（问社工、村委会负责人主任。）

（2）您觉得女性应该在家里相夫教子还是在职场上争取自己的一席之地？

（3）这边有什么工厂或公司吗？招男性多还是女性多？为什么？女性找工作会不会被歧视？比如会不会担心女性生育和照顾家庭影响工作？

附录二 留守儿童的自我意识和孤独感调查问卷

亲爱的同学，感谢您参加这次调查。本次调查只作调查研究之用，不会透露您的信息。同时，题目没有对错之分，请选择符合您情况的一项，并在那一项下面打钩。

您的基本情况：

性别（男　　女）家庭户口（城镇　　农村）父母是否外出打工（是　　否）

您父亲的学历（高中及以下　　大专　　本科　　研究生及以上）

您母亲的学历（高中及以下　　大专　　本科　　研究生及以上）

您年级是（一年级　　二年级　　三年级　　四年级　　五年级　　六年级）

一、自我意识问卷

1. 我的同学嘲弄我。（是　　否）
2. 我是一个幸福的人。（是　　否）
3. 我很难交朋友。（是　　否）
4. 我经常悲伤。（是　　否）
5. 我聪明。（是　　否）
6. 我害羞。（是　　否）
7. 当老师找我时，我感到紧张。（是　　否）
8. 我的容貌使我烦恼。（是　　否）
9. 我长大后将成为一个重要的人物。（是　　否）
10. 当学校要考试时，我就烦恼。（是　　否）
11. 我和别人合不来。（是　　否）
12. 在学校里我表现好。（是　　否）
13. 当某件事做错了常常是我的过错。（是　　否）
14. 我给家里带来麻烦。（是　　否）
15. 我是强壮的。（是　　否）
16. 我常常有好主意。（是　　否）
17. 我在家里是重要的一员。（是　　否）
18. 我常常想按自己的主意办事。（是　　否）

19. 我善于做手工劳动。（是　　否）
20. 我易于泄气。（是　　否）
21. 我的学校作业做得好。（是　　否）
22. 我干许多坏事。（是　　否）
23. 我很会画画。（是　　否）
24. 在音乐方面我不错。（是　　否）
25. 我在家表现不好。（是　　否）
26. 我完成学校作业很慢。（是　　否）
27. 在班上我是一个重要的人。（是　　否）
28. 我容易紧张。（是　　否）
29. 我有一双漂亮的眼睛。（是　　否）
30. 在全班同学面前讲话我可以讲得很好。（是　　否）
31. 在学校我是一个幻想家。（是　　否）
32. 我常常捉弄我的兄弟姐妹。（是　　否）
33. 我的朋友喜欢我的主意。（是　　否）
34. 我常常遇到麻烦。（是　　否）
35. 在家里我听话。（是　　否）
36. 我运气好。（是　　否）
37. 我常常很担忧。（是　　否）
38. 我的父母对我期望过高。（是　　否）
39. 我喜欢按自己的方式做事。（是　　否）
40. 我觉得自己做事丢三落四。（是　　否）
41. 我的头发很好。（是　　否）
42. 在学校我自愿做一些事。（是　　否）
43. 我希望我与众不同。（是　　否）
44. 我晚上睡得好。（是　　否）
45. 我讨厌学校。（是　　否）
46. 在游戏活动中我是最后被选入的成员之一。（是　　否）
47. 我常常生病。（是　　否）
48. 我常常对别人小气。（是　　否）
49. 在学校里同学们认为我有好主意。（是　　否）
50. 我不高兴。（是　　否）
51. 我有许多朋友。（是　　否）
52. 我快乐。（是　　否）
53. 对大多数事我不发表意见。（是　　否）

54. 我长得漂亮。（是　　　否）
55. 我精力充沛。（是　　　否）
56. 我常常打架。（是　　　否）
57. 我与男孩子合得来。（是　　　否）
58. 别人常常捉弄我。（是　　　否）
59. 我家里对我失望。（是　　　否）
60. 我有一张令人愉快的脸。（是　　　否）
61. 当我要做什么事时总觉得不顺心。（是　　　否）
62. 在家里我常常被捉弄。（是　　　否）
63. 在游戏和体育活动中我是一个带头人。（是　　　否）
64. 我笨拙。（是　　　否）
65. 在游戏和体育活动中我只看不参加。（是　　　否）
66. 我常常忘记我所学的东西。（是　　　否）
67. 我容易与别人相处。（是　　　否）
68. 我容易发脾气。（是　　　否）
69. 我与女孩子合得来。（是　　　否）
70. 我喜欢阅读。（是　　　否）
71. 我宁愿独自干事，而不愿与许多人一起做事情。（是　　　否）
72. 我喜欢我的兄弟姐妹。（是　　　否）
73. 我的身材好。（是　　　否）
74. 我常常害怕。（是　　　否）
75. 我总是跌坏东西或打坏东西。（是　　　否）
76. 我能得到别人的信任。（是　　　否）
77. 我与众不同。（是　　　否）
78. 我常常有一些坏的想法。（是　　　否）
79. 我容易哭叫。（是　　　否）
80. 我是一个好人。（是　　　否）

二、儿童孤独感量表

1. 我常常锻炼身体。（　　）
A. 从不这样　B. 很少这样　C. 不一定　D. 基本这样　E. 完全这样
2. 在学校里需要帮助时我无人可找。（　　）
A. 从不这样　B. 很少这样　C. 不一定　D. 基本这样　E. 完全这样
3. 我很喜欢下棋。（　　）

A. 从不这样　B. 很少这样　C. 不一定　D. 基本这样　E. 完全这样

4. 我在学校很难交朋友。(　　)

A. 从不这样　B. 很少这样　C. 不一定　D. 基本这样　E. 完全这样

5. 我在学校里感到孤独。(　　)

A. 从不这样　B. 很少这样　C. 不一定　D. 基本这样　E. 完全这样

6. 我觉得在学校里被忽视了。(　　)

A. 从不这样　B. 很少这样　C. 不一定　D. 基本这样　E. 完全这样

7. 我常看电视。(　　)

A. 从不这样　B. 很少这样　C. 不一定　D. 基本这样　E. 完全这样

8. 我喜欢画画。(　　)

A. 从不这样　B. 很少这样　C. 不一定　D. 基本这样　E. 完全这样

9. 班上的同学很喜欢我。(　　)

A. 从不这样　B. 很少这样　C. 不一定　D. 基本这样　E. 完全这样

10. 我与同学相处得好。(　　)

A. 从不这样　B. 很少这样　C. 不一定　D. 基本这样　E. 完全这样

11. 我喜欢阅读。(　　)

A. 从不这样　B. 很少这样　C. 不一定　D. 基本这样　E. 完全这样

12. 对我来说在学校交新朋友很容易。(　　)

A. 从不这样　B. 很少这样　C. 不一定　D. 基本这样　E. 完全这样

13. 我喜欢学校。(　　)

A. 从不这样　B. 很少这样　C. 不一定　D. 基本这样　E. 完全这样

14. 我在班上没有任何朋友。(　　)

A. 从不这样　B. 很少这样　C. 不一定　D. 基本这样　E. 完全这样

15. 我很难让学校里的孩子喜欢我。(　　)

A. 从不这样　B. 很少这样　C. 不一定　D. 基本这样　E. 完全这样

16. 我在班上没有可以说话的人。(　　)

A. 从不这样　B. 很少这样　C. 不一定　D. 基本这样　E. 完全这样

17. 我在班上有许多朋友。(　　)

A. 从不这样　B. 很少这样　C. 不一定　D. 基本这样　E. 完全这样

18. 在学校里没有人跟我一块儿玩。(　　)

A. 从不这样　B. 很少这样　C. 不一定　D. 基本这样　E. 完全这样

19. 我在学校里与别的孩子相处得不好。(　　)

A. 从不这样　B. 很少这样　C. 不一定　D. 基本这样　E. 完全这样

20. 需要时我可以在班上找到朋友。(　　)

A. 从不这样　B. 很少这样　C. 不一定　D. 基本这样　E. 完全这样

21. 我在班上善于跟别的孩子合作。(　　)

A. 从不这样　B. 很少这样　C. 不一定　D. 基本这样　E. 完全这样

22. 我喜欢音乐。(　　)

A. 从不这样　B. 很少这样　C. 不一定　D. 基本这样　E. 完全这样

23. 我喜欢科学。(　　)

A. 从不这样　B. 很少这样　C. 不一定　D. 基本这样　E. 完全这样

附录三　农村妇女法律意识社会调查问卷

汕头大学潮汕“妇女与社会”创意研习服务课程
“赫拉之光”妇女保护宣传小组
关于“农村妇女法律意识”社会调查问卷

调查说明：为了了解农村妇女法律意识的状况，研究在新农村发展中存在的法律问题，推动社会主义法制建设，汕头大学潮汕“妇女与社会”创意研习服务课程中的“赫拉之光”妇女保护宣传小组特组织本次调查。

年龄：□14—20 岁　□ 21—30 岁　□31—40 岁　□41—50 岁　□50 岁以上
职业：□学生　□农民，果民　□打工者　□商人　□其他（请写出：　）
文化程度：□小学以下　□小学　□初中　□高中　□大专以上

1. “宪法”一词您听过吗？（　　）

A. 知道，而且有一定的了解

B. 听过，但不知道具体内容

C. 不知道，从未听说过

2. 您对《中华人民共和国婚姻法》[①]，即规定了夫妻间结婚、离婚等问题的法律知道多少呢？（　　）

A. 知道，且有一定了解

B. 听说过但不知道具体讲什么的

C. 不知道，从未听过《中华人民共和国婚姻法》

3.《中华人民共和国妇女权益保障法》，即国家专门制定如何保护女性的法律，您的认识有多少？（　　）

A. 知道，且有一定了解

B. 听说过但不知道具体讲什么的

C. 不知道，从未听过《中华人民共和国妇女权益保障法》

---

① 2020 年 5 月 28 日，十三届全国人大三次会议通过了《中华人民共和国民法典》，自 2021 年 1 月 1 日起施行。《中华人民共和国婚姻法》同时废止。

4. 您平时会特别关心一些例如《今日说法》《法治在线》《每周质量报告》之类的电视节目吗？（　　）

A. 有，经常看

B. 知道有这些节目，有时间就看看

C. 没有看过

5. 在您的心目中，法律是：（　　）

A. 使犯罪分子得到应有的处罚和保护老百姓的

B. 管理干部的

C. 管理老百姓的

6. 如果您的摩托车在村里被抢了，您会怎么办？（　　）

A. 打电话报警

B. 在村里自己解决

C. 自认倒霉

7. 如果您自己出去打工或家人出去打工，您觉得有必要和工厂签订劳动合同吗？（　　）

A. 有必要签合同

B. 大家签就签，不签也没关系

C. 没有签合同的必要

8. 如果遇到亲朋好友借钱（数量还比较大），您觉得是否需要立字据？（　　）

A. 需要，以后可以查证

B. 不好意思提出这一要求

C. 从没想过要立字据

9. 您觉得和别人闹到法院上：（　　）

A. 该告上法院就告上法院，没什么丢不丢脸的

B. 有点丢脸，不太想被别人知道

C. 很丢脸，希望没人知道

10. 您认为要在法院打赢官司，最重要靠什么？（　　）

A. 事实才是最重要的，相信法律和法官的正义

B. 靠熟人的关系帮忙解决

C. 金钱和权势

11. 当您知道有杀人犯或抢劫犯就躲在您家附近，您会怎么办？（　　）

A. 报警

B. 不知道怎么办，想报警又怕遭报复

C. 当没看见，反正不关我事

12. 如果村委会干部做得不好，我们作为老百姓是可以对他提出建议和批评的，您知道吗？（　　）

A. 知道且提过建议或批评

B. 知道但不想这样做

C. 不知道

非常感谢您的填写！

附录四　农村妇女法律意识调查访谈提纲

（一）在我们活动来之前有没有组织来到村里开展一些类似的活动，从而引出我们的调研主题（考察村民对我们活动的敏感度）。

（二）介绍我们的活动内容，对我们的活动进一步宣传。

1. 年龄，职业，文化程度（或放在最后）

2. 简单解析“法律”——让法律不那么空洞

国家制度（在国家制度中，规定了一些关于我们可以做什么和不可以做什么的条款，我们的合法权益得到保障，但如果违反了将受到惩罚。）

3. 切入案例——村中摩托车被抢事件（在我们车经过的那条道路上，发生过几起村民摩托车被抢的事件）：

听说村里以前抢摩托车的不少，这种事都是怎么处理的？您有什么看法？

（1）您觉得这种事情是否是违反法律的呢？——违法犯罪的基本认识。

（2）应不应该受到法律的严惩呢？

（3）对此，村里有没有人尝试过报警，交给公安去抓捕罪犯？有的话，结果如何？您又是怎么想的？

（4）如果有报警，为什么还是不能解决这个问题？会不会让您觉得法律不可信任？——对法律实施的评价部分；对法律的信任程度部分。

（5）如果是您的摩托车被抢了，您会不会选择报警呢？——纠纷解决途径部分。

4. 平时对法律问题的关注：法律知识及获得途径部分

（1）您平常都爱看什么类型的电视节目？平时是否关注法律方面的信息，例如：关注电视上的法制节目，如《今日说法》《法治在线》《每周质量报告》之类的节目（比较主动）。

（2）您了解到的法律都有哪些？[如果不能说出，问是否通过普法活动或听别人讲（比较被动）的方式了解法律。]

（3）电视上也会报道一些国家的法律，如《中华人民共和国婚姻法》，您有听过吗？

（4）您觉得颁布这种类型的法律有意义吗？为什么？

5. 生活中：女性就是“半边天”，不管对家庭、社会都有着很大的作用。平时的生活中可能遇到过这样一些情况：

（1）在您的生活中可能遇到过这样一些情况，如您去买东西（这个东西比较贵），回来后发现这个东西已经过期了或是伪劣品，您会怎么做呢？

（2）如果您去找商店老板要求换一个，他不肯，您又会怎么办？您是否想到通过某一组织（中国消费者协会）或法律来维护自己的权益？

6. 打工、签订劳动合同：

（1）您是否有外出打过工呢？（或者您的家人有外出打过工吗？）

（2）是否会遇到工厂等用人单位拖欠工资或者缺少各种医疗、工伤保险等问题？（这与她们的临时工身份、没有签订劳动合同以及用人单位漠视法律有关。）

（3）您是否与工厂等用人单位签订劳动合同呢？（其实签订劳动合同是十分重要的，这可以保障自己的权益。）

（4）如果真的遇到了拖欠工资的单位，您会怎么做呢？有没有想过通过到法院起诉或劳动仲裁的方式来维护自己的权益？

7. 对人情与国法的看法：

（1）我们过去主要靠人情关系来办事，现在是依法治国，面对法律的介入，您觉得人情是否大于法律呢？

（2）您觉得一个官司打赢了，是因为法律的正义和法官的认真处理吗？您对我国的法律、司法活动是否信任？——对法律的信任程度部分。